제국의 아이돌

제국의 아이돌

이혜진

제국의 시대를 살아간 네 명의 여성 예술가

책과함께

'제국의 아이돌'이란 일본과 독일의 제국주의 시대에 프로파간다를 구축해간 은막의 여성스타들을 통칭한 말이다. '아이돌idol'이라고 하면 흔히 빼어난 춤과 노래 등으로 무장한 당대의 슈퍼스타가 연상되지만, 그 어원을 따져보면 17세기 영국의 철학자 프란시스 베이컨의 '우상'의 의미로 소급된다. 즉 인간 오성의 위험한 충동이 갖고 있는 특별한 경향성을 일컫는 '우상'의 개념을 함의하고 있는 '아이돌'은 특유의 친근함과 신비주의를 주요 콘셉트로 하면서 대중의 환상과 동경을 조직해낸다.

전체주의 시대와 제2차 세계대전을 경유하여 전후 냉전 시기의 격렬한 이념적 대치 상황은 필연적으로 대중의 심리를 운용할 수 있는 '프로파간다'를 요청하고 있었다. 현대사회의 미디어가 최적의 프로파간다의 도구가 될 수 있다는 잘 알려진 사실처럼, 대중의 호감을 이끄는 스타는 이미지 전이transfer를 통해 특정 목적의 메시지를 전달하는 데 효과적인 수단이 된다. 이와 동시에 대중은 진실이야 어떻든지 간에 연극적으로 잘 꾸며진 스타의 이미지와 거기서 전달되는 메시지를 너무도 간단히 믿고 싶어 한다. 그만큼 인간은 욕망과 공포심으로 인해 자신을 둘러싼 특정 메시지에 의해 기만당하기 쉬운 경향을 갖고 있다. 오늘날 수많은 상업 광고들이 아이돌의 이미지와 명성을 십분 활용하여 대중의 호의를 사려고 하는 것, 그리고 아이돌의 스타일을 그대로 모방하고 또 그 이미지를 소비하는 대중적 현상은 이러한 점을 잘 보여준다.

제2차 세계대전 중 '제국의 아이돌'이었던 최승희, 리샹란, 레니 리펜슈탈, 마를레네 디트리히의 이야기는 전쟁과 파시즘이 주조한 극단적인 정치 상황에만 국한된 것이 아니다. 즉 어떤 사건의 연쇄가 과거에 일어난 적이 있다면 미래에도 그것이 반복될 수 있으리라는 가정. 거기서 벗어나지 못하고 있는 우리의 현재, 바로 그것이 이들을 이 책의 주인공으로 소환하게 된 이유이다. 오늘날의 첨단 미디어가 여론을 형성하는 방식은 훨씬 더 빠르고 교묘해지고 있다. 우리를 둘러싼 환경 속에 프로파간다가 아닌 것이 없을 정도로 수많은 무형의 이념이 도처에 존재한다. 눈에 보이지 않는 이 사회의 부당한 지배 메커니즘의 소용돌이 속에서 과연 우리는 어떻게 존재해야 할까. 이 책은 이러한 물음에서 출발한다.

이 책을 출간할 수 있도록 지원해준 아모레퍼시픽재단과 도서출판 '책과함께'에 감사의 마음을 전한다.

2020년 2월

이혜진

차례

내셔널리즘과 격투하는 젠더

이 책은 20세기 '제국의 시대'에 활약한 네 명의 여성 스타 최승희, 리샹란, 레니 리펜슈탈, 마를레네 디트리히에 대한 이야기다. 이들은 '제국의 시대'를 관통하면서 다양한 아이덴티티의 '경계'를 경험했던 문제적 인물들이다.

식민지 시기 동아시아 최고의 무용수와 여배우의 삶을 살았던 최승희崔承喜와 리샹란李香蘭은 제국 일본의 프로파간다를 충실히 수행했다는 이유로 전후 '친일파'와 '한간漢奸'으로 몰렸으나 극적으로 자신의 경력상의 오류를 극복한 뒤 북한예술인 최고의 영예인 '인민배우'로서, 또한 일본의 자민당 3선 참의원으로서 주체적인 활동을 이어나갔다.

'나치의 핀업 걸'로 세간에 회자되곤 했지만 전범재판에서 무죄로 풀려난 이후 일생동안 끊이지 않은 논란을 불러일으켰던 독일의 영화감독 레니 리펜슈탈Leni Riefenstahl, 그리고 독일 태생의 배우였지만 히틀러의 제3제국을 피해 미국으로 망명한 뒤 할리우드 섹시 심벌로 등극했던 마를레네 디트리히Marlene Dietrich는 제2차 세계대전 이후 각각 다른 이유로 독일 국민에게 배신자로 낙인찍히면서 독일인으로서의 정체성을 의심받았다. 독일 제3제국의 프로파간다였던 레니 리펜슈탈과 히틀러 치하를 탈출해 연합군의 프로파간다를 수행한 마를레네 디트리히는 패전 독일 국민에게 동종의 배신자로 비쳤던 것이다.

플라톤 시대부터 오늘날에 이르기까지 국가와 예술에 관한 담론은 활발한 논쟁거리 중의 하나였거니와, 20세기에 목도되는 국가와 예술의 관계에 대한 불확실성과 모호함은 다차원적인 재고의 필요성을 제기하고 있다. 이 책에서는 특히 제2차 세계대전 중에 제국의 은막 스타들이 어떻게 국가 이데올로기와 교착하면서 내셔널리즘 미학을 구성해갔는지, 그리고 전후 국제질서의 재편 과정에서 발생한 이들의 급격한 위상 변화의 연원은 어디에 있었는지를 살펴봄으로써 그 역사적 연속성을 재구성해보고자 한다. 왜냐하면 여기에는 제국 은막의 여성 스타들이 경험한 국가 권력과 문화 권력, 그리고 그것을 전유한 대중의 집단기억이 중층적으로 뒤섞여 있다고 생각하기 때문이다.

이 시기의 정치와 예술 혹은 국가 권력과 대중문화의 공모관계는 이 여성들로 하여금 자기 존재의 기반이 되었던 예술 행위가 자기모순을 초래하는 역설적인 결과를 가져다주었고, 그러한 결과에 이르게 된 과정 자체와 후대의 집단기억에는 제국주의-식민주의, 젠더, 인종, 민족/국민 등을 둘러싼 문제들이 빈틈없이 얽혀 있다는 점에서 문제적이다. 이 네 명의 여성들은 일본과 독일 제국주의에 내재되어 있던 유토피아에 대한 잠재적 환상을 기반으로 한 프로파간다를 수행함으로써 당시 스타로서는 최고의 지위를 누렸으나 패전 이후 새롭게 재편된 국가 질서에 따라 그 지위를 완전히 박탈당했다는 공통점이 있다. 이런 점에서 이 네 인물의 사례는 전전과 전후를 연결하는 제국주의-냉전-국민국가로 이어지는 세계질서 재편 과정에 대한 해소 불가능한 정체성의 균열을 보여준다.

일본과 독일 제국은 '스타'라는 상업 자본을 제국주의와 민족주의의 프로파간다로 활용하면서 내셔널리즘 미학의 성공적인 완수를 기도했다. 이때 이 은막의 스타들은 제국의 목적을 충실히 수행하거나 때로는 거부하기도 했지만 결과적으로 그들은 제국에 대한 협력, 스파이 혹은 근대 상업 자본의 유용한 도구라는 평가에서 벗어나지 못했다. 요컨대 최승희, 리샹란, 레니 리펜슈탈, 마를레네 디트리히의 이미지 스펙트럼은 어디까지나 국가와 내셔널리즘 미학을 구성하는 데 소비되었다. 그리고 거기에는 내셔널리즘과 젠더 관계의 중층적인 문제점 또한 존재하고 있다. 이러한 현상은 제국의 국가 권력과 대중의 문화 권력, 그리고 젠더 이데올로기가 만들어낸 일종의 '브리콜라주Bricolage'라고 할 수 있는데, 지금까지 20세기 식민주의-제국주의의 판도에서 서양과 동양의 그것을 비교하고 반추하면서 하나의 범주에서 논의된 적은 거의 없었던 것 같다.

제국 일본에서 '반도의 무희', '조선의 이사도라 던컨'이라는 별칭으로 불렸던 최승희는 명백히 조선인이었음에도 불구하고 당대 식민지 조선은 제국 일본의 한 지방이라는 인식에 따라 이른바 '제국의 무희'로 활동했다. 또한 도쿄에서 14년, 중국에서 4년, 그리고 약 3년간의 유럽 순회공연을 통해 '대동아공영'을 위한 선전·홍보에 복무했다는 이유로 해방 이후 현재까지 '친일' 혐의에서 자유롭지 못하다.

'만영滿映의 전설적인 간판스타'로 불렸던 리샹란은 만주에서 나고

자란 일본인이었지만 뛰어난 중국어 실력을 겸비하여 일본의 국책영화에서 일본 남성을 사랑하는 중국 여성 역할을 도맡아했다. 덕분에 리샹란은 만주국 이데올로기인 '오족협화'의 이미지를 구축해가면서 일본인이 아닌 중국인 영화배우 겸 가수로 대성공을 거두고 스타로 군림했다. 그러나 야마구치 요시코山口淑子(본명), 판슈화潘淑華, 리샹란李香蘭(중국), 리코란(일본), 이홍란(홍콩), 이향란(조선), 셜리 야마구치Shirley Yamaguchi(미국) 등 다양한 이름으로 호명되었던 사실에서 알 수 있듯이, 일본인으로서의 정체성을 전유하지 못한 채 만영의 상업 자본과 만주의 국가 권력이 공모한 창조물로 살아갔다. 패전 후 중국에서 '한간' 혐의로 전범재판에 회부되었다가 극적으로 구조된 뒤 일본인으로 회귀하려 했지만, 일본 대중은 '야마구치 요시코'가 '리샹란'으로 둔갑하여 제국주의에 복무했다는 이유로 그녀를 냉대했다.

한편 영화사상 가장 뛰어난 다큐멘터리 감독으로 평가받고 있는 레니 리펜슈탈은 일찍이 무용수와 영화배우로 대중적 성공을 거두었지만, 히틀러의 나치 정권하에서 독일 제3제국을 찬양하기 위한 프로파간다 역할을 수행했다는 이유로 패전 이후 투옥과 석방을 거듭하면서 죽기 직전까지 '나치의 마녀'와 '천재 영화감독'이라는 상반된 평가에서 벗어나지 못했다.

독일 태생이었지만 히틀러의 제3제국을 피해 미국으로 망명한 마를레네 디트리히는 미국 시민권을 취득한 뒤 독일의 적이었던 연합군을 위한 무대 위에서 노래하고 연기하면서 영원한 병사들의 연인이 되었다. 그녀의 대표적인 이미지로 남아 있는 포멀 매니시 슈트 차림은 세련된 도회적 멋과 치명적인 매력을 지닌 팜므 파탈 이미지를 구축하면서 할리우드의 섹시 심벌로서 영향력을 떨쳤다. 연예계를 은퇴한 후에도 평생 독일에 돌아가지 못한 채 파리에서 사망했지만, 그녀는 자신의 조국이 독일이라는 사실을 분명히 했다. 그러나 패전 후 독일 대중은 그녀에게 조국을 등진 배신자라는 낙인을 찍었다.

이렇듯 이 네 명의 여성들은 자신이 가진 특별한 재능으로 인해 시대의 조류에 휩쓸리면서 프로파간다가 되었다는 점에서 훗날 가혹한 평가를 받았다. 하지만 이러한 평가는 이들에게 본래의 민족적ethnicity 국적을 적용했을 때, 즉 국민국가와 국민문화라는 단일한 영역에 국한했을 경우에만 타당한 것이 아닐까. 왜냐하면 이들은 명백히 자신의 국가적 정체성을 상실한 채 일정 정도 자신의 의지와 상관없이 다국적 정체성을 강요당했기 때문이다. 그렇다면 국가라는 보편 권력 앞에 놓인 한 개인의 선택지라는 것이 어떻게 가능한 것인가의 문제를 생각해볼 필요가 있다.

가령 레니 리펜슈탈 자신은 결코 나치당에 가입하지 않았고 또 거기에 동조하지도 않았다고 주장함으로써 훗날 복권되었다. 더불어 뉘른베르크 전당대회를 찍은 〈의지의 승리Triumph Des Willens〉는 20세기 최고의 기록영화 반열에 올라 다큐멘터리 감독으로서의 명성을 인정받았다. 마를레네 디트리히는 조국인 독일을 등지고 연합군을 위한 위문공연 활동을 통해 사기를 진작시켰다는 이유로 독일 국민에게 배신자의 낙인이 찍혔지만 훗날 일반의 평가는 나치를 거부했다는 점에서 우호적으로 선회했고, 그녀의 사후 '독일 명예시민'으로 추서되었다(그러나 이러한 평가에는 디트리히가 할리우드의 섹시 심벌로서 '자유민주주의'의 이상을 수호하는 미국의 프로파간다를 수행했다는 사실이 도외시되어 있다).

'무용보국舞踊報國'을 위해 '대정익찬회大政翼贊会'에 가입하여 국방헌금을 내고 황군 위문공연을 했던 최승희가 과연 '반도의 무희'였는지

'제국의 무희'였는지, 아니면 '북한 최고의 예술인'이었는지의 문제를 해명하는 데 초점을 두었던 지금까지의 많은 연구들은 제국 일본-식민지 조선-북한 사회주의로 분별되는 내셔널 아이덴티티의 구도가 여전히 후대의 무의식을 지배하고 있다는 사실을 방증한다. 그러나 최승희는 식민지 조선과 제국 일본을 비롯하여 북한이라는 국가를 횡단하고 있는 만큼 그녀의 내셔널 아이덴티티의 경계선은 매우 미묘하다.

리샹란 역시 과거 신비로운 이국의 식민지 처녀라는 이미지로 대중에게 노출되면서 식민지 공간에 대한 환상을 제공했다. 즉 점령지 중국의 순수한 처녀라는 이미지를 소비하면서 대중적 선망의 대상이 되었던 '대동아의 아이돌'이 패전 후 일본과 중국 양쪽 모두로부터 불가사의한 배신자의 상징으로 전락해버리게 된 과정에는 모호한 내셔널 아이덴티티의 문제가 함의되어 있다. 더욱이 제국 일본의 국가 권력과 '만영'이라는 연예기획 시스템의 긴밀한 공조, 즉 만주라는 공간에서 가능했던 초국가적 네트워크 역시 중요하게 다루어져야 할 사안이다.

'국민=주권자'라는 국적 관념은 국가가 일방적으로 부여하거나 박탈할 수 있는 것이라는 점에서 조건만 갖추어진다면 언제든지 배척당할 수 있다는 수많은 가능성들이 도처에 널려 있다. 또한 대중은 국가 이데올로기가 형성되는 계기에 직면할 때마다 언제든지 자신의 감각을 재구조화하기도 한다. 이 책의 주인공들인 최승희, 리샹란, 레니 리펜슈탈, 마를레네 디트리히의 뒤틀린 삶의 과정을 되돌아볼 때 우리는 국가 이데올로기와 대중의 문화 권력 속에 놓인 한 개인의 딜레마, 그리고 상업 자본에 기반을 둔 소비사회의 기만성과 대중의 공통감각 등 우리 삶의 현재적인 맥락에서 반추해야 할 문제들을 발견할 수 있을 것이다.

1부

내셔널리즘과
제국의 은막 스타

제1장

1935년 최승희,
제국 일본 무용계의 여왕으로 등극하다

1934년 9월 20일, 도쿄의 일본청년관에서 개최된 '제1회 최승희 무용발표회'는 '반도의 무희' 최승희를 일약 스타덤에 올려놓았다. 이 공연의 관객이었던 소설가 가와바타 야스나리와 기쿠치 칸, 그리고 잡지《가이조改造》의 사장 야마모토 사네히코山本実彦 등 당대 일본의 저명한 지식인들은 '아무런 주저 없이' 최승희를 일본 최고의 스타로 추켜세웠다. 이 공연의 센세이션을 감지한 도쿄의 언론은 최승희의 사진과 기사를 싣기 위해 발 빠르게 움직였다. 이시이 바쿠石井漠 무용연구소의 운영에 차질을 빚을 정도로 기자들의 출입이 잦아졌다. 그 무용연구소의 문하생 가운데 한 명이 바로 최승희였기 때문이다.

'제1회 최승희 무용발표회'가 대성공을 거두자 일본에서 '최승희 후원회'가 만들어질 정도로 그녀는 출세가도를 달렸다. 이듬해인 1935년 4월 1일, 조선총독부 관보《매일신보》는 〈무용계의 여왕〉이라는 제목

《부산일보》, 1936.3.7. 〈반도의 무희, 무용계의
여왕 최승희 온다〉

으로 다음과 같은 기사를 실었다. "조선 유일의 무용수 최승희가 '무용
계의 여왕'으로 등극하다." 1926년 불과 16세의 나이로 경성을 떠나 일
본의 현대무용가 이시이 바쿠의 문하생으로 들어간 지 채 10년도 되
지 않았던 때의 일이다.

그 이후 스기야마 헤이스케, 무라야마 도모요시, 도쿠토미 소호, 가
미즈카사 쇼켄, 다나베 히사오, 유아사 가쓰에, 기쿠오카 구리, 사이토
모키치, 아리시마 이쿠마, 노리타케 가즈오, 니이타 루, 미시마 유키오
등 일본의 수많은 작가와 평론가, 언론인, 음악가, 화가 등이 최승희의
춤에 대한 감상문을 남겼다.

최승희의 인기는 당시 조선반도와 일본에만 국한된 것이 아니었다.
그녀의 명성은 중국의 정치가 저우언라이를 비롯하여 존 스타인벡, 찰
리 채플린, 로버트 테일러, 게리 쿠퍼, 로맹 롤랑, 장 콕토, 앙리 마티스,
파블로 피카소 등 유럽과 미국의 유명 배우와 감독 등 수많은 예술인
들과의 교유로도 이어졌다. 최근 파블로 피카소가 관중석에 앉아 최

승희의 춤추는 모습을 그린 미공개 연필화가 발견되었다는 소식이 있는가 하면, 로버트 테일러는 연모의 마음을 담은 편지를 최승희에게 보냈다. 프랑스의 작가 로맹 롤랑은 최승희의 무용 공연이 끝나자 대기실까지 찾아와 그가 본 훌륭한 공연에 대한 경의의 뜻으로 그녀의 손에 키스했다. 훗날 일본 최초의 노벨문학상 수상자가 된 가와바타 야스나리의 소설 《무희舞姬》는 젊은 날의 최승희를 모티프로 한 무용소설이었다.

무용가 최승희가 대중의 아이콘으로 급부상하자 일본의 한 영화사는 최승희를 모델로 한 영화 〈반도의 무희〉 제작에 들어갔다. 그리고 일본인들에게 조선 관광을 홍보하기 위해 조선 여성을 대표하는 최승희의 이미지를 십분 활용하여 〈대금강산보〉라는 영화를 제작하기도 했다.

콜롬비아 축음기, 안약, 치약, 은단, 아지노모토, 모리나가와 메이지 초콜릿, 돔보 연필, 마쓰자카야松坂屋 백화점 등 최신 유행 제품의 광고모델로서 최승희의 매력은 당대 최고의 주가를 올릴 수 있는 상품이었다. 콜롬비아 레코드사는 최승희를 불러 〈제사의 밤〉(1936), 〈향수의 무희〉(1936), 〈이태리 정원〉(1936) 등의 노래를 취입하여 서둘러 음반 판매에 들어갔고, 최승희의 모습이 찍힌 우편엽서도 발행되었다. 또한 최승희는 〈전선의 요화(戰線의 妖花)〉라는 제목의 단편소설을 쓰기도 했으며,[1] 25세의 젊은 나이에 자서전을 출간할 정도로 1930년대 중반 '일본에서 가장 영향력 있는 여성' 가운데 첫 번째로 꼽히는 톱스타로 등극했다.

이시이 바쿠의 부인 야에코는 그녀의 인기에 대해 다음과 같이 증언했다. "최승희 씨의 기량과 인기는 하늘 높은 줄 모르고 올라갔어

半島の舞姫崔承喜も松坂屋ファンです。踊りいいステージのやうに買ひ好い店だと彼女は申します。

松坂屋

大阪日本橋

마쓰자카야 백화점 광고 사진. 오사카의 마쓰자카야 백화점 광고에는 모델 최승희 옆에 다음과 같은 문구가 적혀 있다. "반도의 무희 최승희도 마쓰자카야 백화점의 팬입니다. 춤추기 좋은 스테이지처럼 쇼핑하기 좋은 상점이라고 그녀는 말합니다."

요. 정말 일류 무용가를 향해 정신없이 달려가고 있었지요. 우리는 그 당시 출연료로 500엔 정도를 받았는데, 최승희 씨는 5000엔을 받았어요. 그리고 《아사히 그래프》, 《후진婦人 그래프》, 《선데이 마이니치》 등 그 당시 사진이 들어가는 모든 잡지에 아름다운 최승희 씨의 사진이 실리지 않는 경우가 없을 정도로 정말 대단한 인기였어요."[2]

도쿄의 고급주택가 에이후쿠초永福町에 위치한 최승희의 저택은 무용연습실을 포함해 500평 규모의 2층 주택이었다. 스승인 이시이가 방문해보고 부러워했다는 최승희의 저택은 훗날 아시아·태평양전쟁 중

미군의 공습으로 흔적도 없이 사라졌지만 당시 최승희의 위상이 어느 정도였는지를 짐작케 한다. 그야말로 최승희의 인기는 지금의 '한류 아이돌'에 비견될 정도로 최고도를 달렸던 것이다.

• •

최승희는 1911년 11월 24일 식민지 조선의 경성 종로구 수창동(현재의 서울시 종로구 내수동) 134번지에서 2남 2녀 중 막내로 태어났다. 당시 조선의 양반 가문이었던 탓에 어린 시절의 최승희는 아무런 부족함이나 궁색함이 없이 풍요로운 생활을 누렸다. 니혼대학日本大學 미학과를 졸업한 장남 최승일崔承一, 경성사범학교를 졸업한 차남 최승오崔承伍, 그리고 진명여학교를 졸업한 장녀 최영희崔英喜 등 신교육을 받은 가정 풍토에서 최승희도 안락한 생활을 누렸다. 그러나 최승희가 숙명여고보에 입학할 즈음 가세가 급격히 기울면서 그녀의 미래도 불투명해졌다. 최승희가 큰오빠 최승일에 대한 신뢰가 두터웠다는 것은 잘 알려진 사실인데, 가계가 빈곤해지자 최승일은 그나마 돈이 적게 드는 사범학교 진학을 추천해주었다.

1926년은 열여섯 살이 된 최승희의 운명을 결정해준 중요한 해였다. 숙명여자고등보통학교 졸업생 중 8등으로 졸업한 최승희는 최승일의 조언에 따라 100명 정원의 경성사범학교의 입학시험을 치렀다. 총 800여 명의 지원자들 중 7등이라는 우수한 성적으로 합격했으나 입학 연령에 한 살이 미달한다는 이유로 불합격 통보를 받았다. 우울해하고 있는 최승희에게 최승일은 당시 세계적인 일본의 현대무용가였던 이시이 바쿠의 무용 공연 관람을 주선하면서 일본으로 건너가 현대 무용을 배워볼 것을 권유했다. 훗날 최승희의 인생에 강력한 영향을 끼친 최승일은 1922년 최초의 프롤레타리아 문학단체인 '염군사'에 가입하여 박영희, 한설야, 이기영, 임화 등과 함께 계급문학 운동에 참여한 청년 문사였다. 1925년에는 조선프롤레타리아예술동맹인 '카프' 조직에 참여했고, 이후 경성방송국에 근무하면서 당시 문화계의 유명인사가 되었다. 훗날 최승희에게 안막을 소개해준 이도 최승일이었으며, 당대 연극·영화계의 유명 배우였던 석금성은 최승일의 부인이었다.

당시 조선에서 무용이라는 것은 기생들이나 하는 천박한 것으로 인식되었기 때문에 무용을 배운다는 것, 그것도 무용을 배우기 위해 일본으로 유학을 간다는 것은 있을 수 없는 일이었다. 그러나 최승일은 세계적인 신무용 운동가였던 이시이 바쿠의 예술세계에 크게 공감했고, 또 조선이 신무용의 처녀지라는 사실을 직시하면서 주저해하는 최승희를 독려했다. 1926년 3월 21일 경성공회당에서 개최된 이시이 바쿠의 공연을[3] 관람한 최승희 역시 그의 무용에 매료되었다.

이시이 바쿠 선생님의 춤에 매료된 것은 그의 춤이 보여주는 어두움 때문이었습니다. 〈수인〉이라든가 〈멜랑콜리〉에는 인생의 고뇌를 표현한 억센 힘이 있었습니다. 오랫동안 기구한 운명에 시달리던 조선민족의 고뇌를 무용을 통해서 세상에 호소하고 싶은 생각이 그때 작은 나의 가슴에 하나 가득 차올랐던 것입니다.[4]

일본 아키타 현 출신의 이시이 바쿠는 1911년 제국극장 가극부 제1기생에 합격하면서 본격적인 무용수의 길을 걷기 시작했다. 35세의 나이에 유럽으로 건너가 서구 현대무용의 신조류를 공부하고 돌아온 그는 일본 현대무용의 개척자로 명성을 떨치고 있었다. 1920년대 중반 이시이는 유럽의 표현주의, 구성주의, 다다이즘과 같은 신조류에 영향을 받은 무용으로 활발한 발표회를 추진하고 있었다. 만주 공연을 마친 뒤 조선을 경유하여 일본으로 돌아갈 예정에 있었던 이시이 바쿠는 1926년 3월 21일부터 23일까지 사흘간 경성에서 공연을 가졌다. 이 기회를 틈타 최승일은 최승희를 이시이 바쿠에게 보내려고 했지만, 부모의 완강한 반대에 부딪힐 것은 불을 보듯 뻔한 일이었다. 그래서 최승일은《경성일보》학예부장 데라다 히사오에게 최승희를 소개하는 한편, 이시이 바쿠와 접촉하고 부모의 승낙을 얻어내기 위해 동분서주 움직였다. 이렇게 최승희의 운명이 결정되는 데까지 걸린 시간은 불과 나흘이었다.

1926년 3월 25일 최승희는 이시이 바쿠와 함께 일본 도쿄로 떠나기로 결정했다. 이날 최승일은 경성역 2층의 레스토랑에서 최승희의 무용 수학 연한 2년, 의무 연한 1년의 계약을 이시이 바쿠와 맺었다. 최승희가 무용 공부를 위해 일본으로 떠난다는 사실에 불안감을 떨칠수 없었던 숙명여고보 선생님들과 어머니가 이를 만류하기 위해 급히 경성역에 도착했지만 기차는 이미 서서히 움직이고 있었다. 이날의 해프닝을 기록한 당시의 신문기사에는 앞으로 펼쳐질 새로운 인생에 대한 최승희의 설렘과 가족의 불안감, 그리고 세간의 기대가 잘 묘사되어 있다.

숙명여학교 고등과 우등 졸업생 최승희 양(16)이 세계적 무용가 이시이 바쿠와 이시이 고나미石井小浪 남매의 제자가 되어 25일 아침 경성역을 떠났다 함은 직보한 바와 같거니와 최승희 양이 경성역을 떠날 당시 플랫폼에서는 한바탕 활극이 연출되어 뜻 있는 이들로 하여금 한 번 생각게 한 계기가 되었다. 즉 최승희 양의 모교가 되는 숙명여자고등보통학교에서는 자기 학교 출신이 무용계에 투신하는 것은 곧 학교 명예를 더럽히는 것이라 하여 여교사 두 사람이 최승희 양의 모친을 모시고 급히 정거장에 달려가 최승희 양을 떠나지 못하게 하는 바람에 역두에 모였던 사람들에게 일대 구경거리가 되었다. 그러나 최승희 양은 이미 그의 부친과 오라버니 되는 최승일 씨의 쾌락을 얻어 가는 길이라 관계가 한 번 먼 모교 교사의 반대만으로는 어찌할 도리도 없는 일이어서 결국은 실패로 돌아갔다. 목하 동경 제국극장의 일류 여배우로 그 이름이 외국에까지 드높은 모리 리쓰코가 처음 아토미 여학교를 졸업하고 배우학교에 입학했을 때에도 그 모교에서는 반대를 하다못해 동창회 명부에서 제명까지 했었는데, 성공을 한 오늘날에는 도리어 그녀가 동창회에 출석하는 것을 자랑으로 여긴다 하니 무용계에 어린 걸음을 내딛은 최승희 양의 전도가 흥미로울 따름이다. 이에 대하여 숙명여학교 음악교사 김영환 씨는 "최승희는 참 얌전하고 노래 잘하는 규수였습니다. 그가 무용예술에 발을 들여놓게 된 것은 여러 가지 주위 사정이 그렇게 만든 것도 같으나, 잘만 배우면 성공할 소질은 충분히 있는 줄로 믿는 바이올시다. 다른 학과보다도 특히 음악에 정성이 대단하여 만점이었던 학생입니다"라고 말했다.[5]

청년 문사 최승일 씨의 영매로 금춘 숙명여자고등보통학교를 우등으로 졸업한 최승희 양이 부모의 승낙과 석정 씨 남매의 눈에 들어 25일 아침 경성을 떠나게 되었다. 최 양은 실로 맑고 어여쁜 수정 같은 미인으로 희망에 빛나는 눈동자에는 조선 소녀에게서나 찾아볼 아담한 빛이 쌓여 있다. 그는 처음 음악학교로 가려다가 부친의 반대로 뜻을 이루지 못하고 부득이 사범학교로 가려던 차에 석정 씨 남매를 만나 이번 길을 떠나게 된 것으로 이는 단지 최 양 일개인의 기쁨만은 아닐 것이다. 그는 무용을 전문으로 배우는 동시에 음악과 동요도 연구하리라 하니 몇 년 뒤 그의 빛나는 천재를 대하게 될 우리의 마음도 일각이 여삼추라 하겠다.[6]

  그렇게 일본으로 건너간 최승희는 약 3개월 만인 1926년 6월 22일 도쿄에서 〈그로테스크〉라는 작품으로 데뷔 무대를 치렀다. 그로부터 한 달 후 이시이 바쿠의 승낙하에 '최승희'의 일본식 발음인 '사이 쇼키Sai Shoki'라는 이름으로 무용수 생활을 시작했다. '사이 쇼키'는 경성을 떠난 지 약 1년 6개월이 지난 1927년 10월 25일과 26일 이틀에 걸쳐 본격적인 무용수로서 처음 조선의 경성 무대에 올랐다. 최승희의 독무 〈세레나데〉를 보기 위해 발 디딜 틈 없는 인파가 모였고 경쟁적인 카메라맨들의 인터뷰 요청이 쇄도하는 가운데 조선에서 최승희의 인기가 점점 치솟기 시작했다. 이러한 분위기에 힘입어 공연을 미처 보지 못한 사람들을 위해 10월 28일 오후 7시 경성의 우미관에서 한 차례의 앙코르 공연이 더해졌다. 1928년 11월 15, 16일 이틀간 매일신보사가 주최한 두 번째 경성 공연이 치러지고, 이어서 도쿄, 홋카이도, 가라후도(사할린), 타이완 순회공연에도 참가한 것으로 보아 일본 유학 기간 동안 최승희가 혹독한 무용 수련을 거쳤음을 짐작할 수 있다.
  이시이 바쿠와의 무용 수학 연한 2년, 의무 연한 1년의 총 3년이 흘러 1929년 최승희는 바야흐로 조선으로의 귀국을 준비했다. 허나 이 무렵 이시이가 안질로 인해 실명 위기에 처해 있었던 데다 도쿄의 지유가오카自由が丘에 위치한 이시이 바쿠 무용연구소가 내부 분쟁으로 인해 해산 위기에 놓이는 등의 이유로 최승희의 조선 귀국이 마치 어

려움에 처한 스승을 배신하는 행위로 세간에 비쳤다. 더욱이 이런 곤란한 상황에서 인기가 치솟고 있는 최승희가 조선으로 돌아간다면 이시이 바쿠 무용연구소로서도 손실이 클 수밖에 없었다. 그러나 훗날 최승희의 고백에 따르면, 이시이 무용연구소의 보조 무용수밖에 되지 못한 자신의 위상에 대한 불만과 함께 스승의 영향력에서 벗어나 독자적인 예술을 해보고 싶다는 욕구가 조선 귀국을 결정한 이유였다고 전한다. 최승희는 1929년 9월 18일 경성으로 돌아왔다.

• •

세계적인 현대무용가 이시이 바쿠의 문하생으로서 혹독한 수련을 거쳐 천재 무용수가 탄생했다고 하더라도 3년이라는 기간은 자신만의 독자적인 예술을 추진해가기에는 역부족이었다. 더욱이 무용예술에 대한 인식이 척박했던 당시의 조선 풍토에 기대어 무언가 새로운 출발을 시도하기 위해서는 무수한 곤란에 직면할 수밖에 없었다. 조선 귀국 후 망연자실해 있던 최승희를 구원해준 것은 큰오빠 최승일이었다. 최승일은 완고한 조선의 봉건적 풍토에서 현대무용이라는 신예술을 안착시키기 위해 진보적인 예술가와 민족지도자들을 만나 차례로 설득해나갔다. 그러던 중 아무 조건 없이 집을 빌려주겠다는 일본인 독지가의 도움으로 남산 기슭에 '최승희 무용예술연구소'를 세울 수 있었다. '최승희 무용예술연구소'가 문을 열자 15명의 연구생들이 모여들었다.

스무 살이 된 최승희는 1930년 2월 1일 매일신보사 주최로 경성공회당에서 '제1회 최승희 무용발표회'를 가졌다. 최승희의 유명세로 인해 많은 관객들이 운집했는데, 이 자리에는 사이토 마코토 총독과 일본 각계의 인사들이 대거 참석했다. 예상 밖의 성공적인 공연을 치러냈지만 대개의 프로그램이 이시이 바쿠의 춤을 모방한 데 지나지 않았다는 혹평도 뒤따랐다. 그러나 곧바로 2월 4일 개성 고려청년회관, 3월 30일 경성 단성사, 4월에 다시 경성공회당, 5월 부산공회당, 6월 경성 천도교기념관, 9월 청주 사쿠라좌에서 연이어 공연을 이어갔다. 그리고 같은 해 10월 '제2회 창작무용발표회'에서 드디어 이시이 바쿠의 영향에서 벗어난 춤을 선보였다. 이렇게 진행된 강행군은 세간에 최승희 무용을 홍보하는 데 유력한 수단이 되었고, 이것은 곧바로 무용 연구생들의 증가로 이어졌다. 최승희 무용예술연구소가 적선동으로 확장 이전한 것도 바로 이 무렵의 일이었다.

1931년 1월 10일 단성사에서 개최된 '제3회 신작무용발표회' 역시 만원사례가 이어졌다. 1929년 조선에 귀국한 이래 최승일의 지극한 도움과 최승희의 의지로 쉴 틈 없이 순회공연을 이어갔지만 부침을 반복하던 무용예술연구소의 운영은 좀처럼 나아질 기미를 보이지 않았다. 더욱이 봉건적인 조선사회의 풍속은 현대무용이 뿌리를 내리기에는 황무지나 다름없었고, 조선의 스타로 유명세를 떨치기 시작하자 최승희를 둘러싼 악성 루머가 꼬리에 꼬리를 물고 이어지는 등 극복해야 할 장해물들이 속출했다.

스무 살이 넘도록 시집을 가지 않고 밖으로 돌기만 하는 최승희에게 부모는 사위 후보자들의 사진을 연신 들이밀며 서둘러 시집가기만을 독촉했다. 또한 생활고와 경영난에 허덕이는 최승희에게 접근한 청년 부호들은 후원을 빙자하여 수작을 걸어오거나 애인이 되어주기를 원하면서 기생 취급을 하는 등 조선사회에서 최승희의 예술세계를 진정으로 이해해주는 사람은 전무했다. 게다가 당시 일본 다치카와立川 비행장에서 공부하던 이정희가 2급 비행사 시험에 합격하여 쾌거를 올렸지만 제도상 여성은 2급 비행사 이상의 자격은 불가능하다는 사실에 실망하여 최승희처럼 무용가가 되기 위해 이시이 무용연구소로 들어갔지만 최승희의 방해로 쫓겨났다는 루머까지 떠돌았다.[7]

이런 곤란한 상황을 타개하고 향후 최승희 무용예술의 깊이 있는 전개를 위해 새로운 방향 전환을 도모한 결정적인 사건이 바로 1931년 5월 9일에 치러진 안막과의 결혼이었다. 그동안 최승일의 공연기획에 따라 이시이 바쿠의 춤을 모방한 무용과 최승희 자신이 새롭게 창작한 현대무용을 무대에 올려왔지만, 이제는 프롤레타리아 문화운동의 중심인물이었던 안막과 결합하면서 새로운 무용 공연기획이 구성되기 시작했던 것이다. 이러한 저간의 사정에 대해 언론의 평가는 이랬다.

본지 전 월호에 임의 발표하였든 바와 같이 조선이 가진 무용예술의 하나인 보배요 자랑인 최승희 양이 정말 결혼을 한다. 상대는 경성에서 제2 고등 보통학교를 중도 퇴학하고 즉시 일본으로 건너가서 조도전早稻田 제1고등학원분과를 금춘에 졸업하고 조도전대학 노문과 1학년에 재적하고 있는 수재요 또한 조선프로예술동맹 중앙위원 중의 한사람인 안막安漠 군으로 최 양과 꼭 가튼 22세의 나젊은 프로예술가이다. 이들은 작년 여름부터 비로소 사랑의 실마리가 얽키기 시작하야 건전한 이해를 기초로 성립된 것인 만치 가장 이상적 결합으로 볼 수 있다.

결혼을 한다니 스테지를 아주 영영 떠나리라고요? 아니요. 그는 비록 결혼은 할지라도 부군의 지도와 협력으로 현재보다도 훨씬 비약하야 앞으로는 순전히 부군의 사상과 주의에 공명하야 순 프로레타리아 예술가의

1931년 5월 9일 서울 청량리 소재 청량사淸凉寺의 부속식당인 '청량원'에서 치러진 최승희와 안막의 신식 결혼식. 한복을 차려입은 하객들 사이에 검은 양복을 입은 안막과 단발머리에 흰색 원피스를 입은 최승희의 뒷모습이 보인다. 훗날 최승희는 자신의 결혼식에 대해 "부모님께서는 그래도 귀여운 딸이라고 결혼식을 굉장히 하려고 했습니다마는 우리는 그러한 허례를 즐기기에는 너무 순진했습니다. 더구나 安은 〈그런 여유가 있다면 당신의 무용 연구에 사용하는 것이 좋지 않소.〉 하고 양친의 제의를 거절해 버렸습니다. 그리고 다만 세비로를 아무렇게나 입은 신랑과 스포츠 드레스를 걸친 신부는 트렁크 하나를 들고 석왕사로 밀월여행을 떠난 것입니다. 1주 예정한 것이 그만 2주일이 지나서야 경성에 돌아온 신부는 행복감에 가슴이 꽉 찼습니다. 그것이 바로 쇼와 7년 내가 스무 살 安이 스물 두 살의 봄이었습니다. 결혼 후에도 나의 연구 생활은 그냥 계속하겠다는 희망은 굳게 가지고 있었으나 만일 이것이 가정생활을 유지하여 나가는 데 장해가 된다면 나는 선뜻 예술을 버릴 작정을 하고 있었습니다마는 安의 격려로서 나는 다시 마음을 굳게 먹고 예술의 길을 걷기로 했습니다"라고 적었다. 최승희, 〈아하, 그리운 신부 시절〉, 《삼천리》, 1938년 10월호.

임무를 다하는 새로운 무용수립에 적극적 노력을 하기로 결심하였답니다. 그의 일례로는 금번 제3회 공연 프로그람 중에 〈겁내지 마라〉와 그 외 몇몇 가지 춤은 종래의 것과는 그 성질이 전연히 다른 좀 더 프로의식을 넣은 새로운 경향을 보여준 점으로 보아 앞으로의 기대와 촉망이 여간 크지 않다. 동시에 양 씨의 결혼을 한껏 축복해 마지않는다.[8]

최승희에 대한 안막의 후원은 그야말로 절대적인 것이었다. 여기서 잠깐 안막에 대해 살펴보자. 추백(萩白, 秋白)이라는 필명으로 조선 문단의 비평가로 활약한 안막安漠(본명 安弼承, 1910~1959?)은 이른바 '동경 소장파'이자 1920년대 카프KAPF(조선프롤레타리아예술동맹)의 중앙위원이었다. 특히 그는 카프의 볼셰비키화, 즉 '카프 제2차 방향전환' 때 주도적인 역할을 하면서 '예술대중화 논쟁'과 '창작방법 논쟁' 등 당대의 주요한 이론 논쟁을 이끌어간 바 있다. 그러나 카프 조직에서의 입지와 주요 이론 논쟁상에서 중요하게 거론되는 인물이라는 사실에 비해 안막에 대한 집중적인 조명은 그다지 많이 이루지지 않았다. 그렇게 된 이유는 대략 다음과 같은 사안들 때문이다.

첫째, 안막은 1920년대 말 일본 유학 중 조선에 귀국하여 카프의 '제2차 방향전환'을 이끄는 데 주도적인 역할을 하고 또 프롤레타리아 예술운동에서 대중화 이론을 정립하는 계기를 마련했음에도 불구하고, 1933년 12월 이후 문학이론 투쟁의 장에서 갑자기 자취를 감추어버렸다. 1933년 이후 조선 문단에서 안막의 자취가 보이지 않은 까닭은 최승희와의 결혼이 결정적인 이유였던 것으로 보인다. 당시 '동양의 무희'로 세계무대에 이름을 떨치기 시작한 최승희의 무용공연은 일본 군부의 지원 없이는 불가능한 것이었다. 더욱이 이 시기는 최승희의 무용예술을 통해 자신이 창안한 '예술대중화론'을 현실세계에 타진해 보기 위해 최승희 무용공연의 기획에 매진하던 때였다.

둘째, 1933년 3월 최승희와 안막이 함께 다시 도쿄의 이시이 바쿠 문하에 들어가면서, 1935년 안막이 가이조샤改造社에 입사함과 동시에 '최승희 후원회'를 조직하고 무용공연 기획에 집중했던 탓에 프로문학 활동을 지속할 수 없었던 것으로 보인다. 가령 사회주의자였던 안막의 사상이 반영된 최승희의 무용 〈해방된 사람〉, 〈빛을 구하는 사람〉, 〈태양을 찾는 사람〉 등의 내용이 사상적으로 불순하다는 이유로 일본 관헌이 공연 허가를 내주지 않자 이시이 바쿠와 가이조샤의 사장 야마모토 사네히코가 최승희의 장래를 위해 안막에게 문학 활동을 중지해줄 것을 권고했다는 증언은 이 사실을 뒷받침한다.[9]

셋째, 안막이 문학 활동을 중지한 1934년부터 1945년 해방에 이르기까지 조선과 일본을 비롯하여 미국, 유럽, 남미, 동남아, 중국 등 전 세계를 활동무대로 삼으며 순회공연을 이어갔던 최승희에 비해 안막의 활동은 기록으로 남은 것이 거의 없다는 사실에도 그 원인이 있다. 따라서 1934년부터 1945년까지 안막의 이력은 주로 최승희와 관련된 기록에 의존할 수밖에 없다는 제한이 있다.

넷째, 해방 직후 북한에서 조선노동당 중앙당 선전선동부 부부장(1946)을 비롯해 평양음악학원 초대 학장(1949), 문화선전성 부상副相(1956) 등 북한 문화예술 부문의 주요 고위직을 두루 거쳤음에도 불구하고, 1957년에 시작된 '연안파' 제거 단계에서 숙청당한(1959) 이후 안막에 대해 알려진 행적이 거의 없다는 사실도 그에 대한 재조명을 방해하는 요인이 되었다.

철저한 마르크스주의자였던 안막의 '프롤레타리아 리얼리즘론'에서 엿볼 수 있는 중요한 사안은 그의 예술대중화론이 대중에 대한 사상 주입에만 한정되어 있지 않다는 데 있다. 즉 안막의 예술대중화론이 다수의 대중이 감흥할 수 있을 만한 예술의 내용과 형식을 우선시했다는 사실은 근대적 시민사회에 기초한 대중적 감수성의 문제와 대중 서사 양식에 대한 이론적 해명에까지 나아간 것이었다. 대중의 흥미를 끄는 것은 이데올로기보다 인간의 심리와 감성에 근거해 있는 경우가 훨씬 더 많으며, 또 아무리 프롤레타리아 이데올로기를 주입하는 것이 중요하다손 치더라도 노동자·농민이 그것에 감흥하지 못한다면 예술의 아지프로agitation propaganda는 무가치한 것이 되기 때문이다. 그러므로 안막이 제시한 프롤레타리아 리얼리즘의 '형식문제'는 대중의 흥미를 끌면서 동시에 현실에 대한 대중의 감정을 조직할 수 있는 예술가의 '기술문제'와 연결된 것이었다고 할 수 있다.[10]

이러한 안막의 대중적 예술관은 최승희 무용의 향방을 이론적으로 정립하는 데 큰 영향을 미쳤다. 그렇다면 최승희 무용이 '조선적인 것' 혹은 조선의 전통적 양식을 현대화하는 데 기여했다는 평가에는 사회주의 리얼리즘의 범위에서 이야기되어야 할 것들이 포함될 수 있는 여지를 남기게 된다. 다시 말해 최승희의 무용예술에서 '조선적인 것' 혹은 민족 정서를 발견하고자 할 때 그것의 출발은 프롤레타리아 예술운동의 계기를 포함하는 것이었음을 간과해서는 안 된다.

가령 결혼 직후 안막이 쓴 〈조선에 있어서 프롤레타리아예술운동의 현황〉이 문제가 되어 경찰에 체포되었을 때 한 인터뷰에서 최승희는 자신이 남편의 사상에 공명하고 또 그것을 사명으로 한 공연을 하겠다는 포부를 밝힌 바 있거니와,[11] 특히 《동아일보》가 후원한 제4회 공연에서 〈토인의 애사〉, 〈영혼의 절규〉, 〈고난의 길〉, 〈십자가〉, 〈건설자〉, 〈고난의 길〉, 〈철창에서〉 등은 노동계급의 미래 지향을 묘사한 것으로 알려져 있으며, 〈미래는 청년의 것이다〉와 〈폭풍우〉는 민중 봉기의 승리를 그린 작품으로 일관해 있다. 이 작품들이 모두 공통적으로 주먹을 꽉 쥐고 팔을 휘두르는 장면이 많았다고 해서 당시 관객들은 '주먹 춤'이라고 빈정거리기도 했지만, 훗날 이 공연을 관람했던 평론가 백철은 결과적으로 최승희의 예술적 센스가 발휘되지 못하고 그저 안막의 공식적인 주장만 반영된 '프로 무용'이 되고 말았다는 실망감을

토로한 바 있었다.[12]

해방 직후에도 안막은 북한에서 유물론의 최고 형태로서의 변증법적 유물론의 입장을 그대로 고수했다. 아울러 최승희가 북한에서 체현한 무용예술은 어디까지나 안막이 카프 시기부터 견지해왔던 사회주의 리얼리즘을 그대로 실현한 것이었으며, 그것은 결국 북한의 체제선전에 기여한 셈이 되었다. 예술가는 '대중 속으로' 깊이 들어가 대중의 생활과 사상, 감정을 이해하고 공감함으로써 그들에게서 배우고 또가르쳐야 한다는 것, 그리고 민주주의 조선 건설을 위한 역사적 단계를 현실 속에서 형상화해야 한다는 안막의 주장은 카프 시기에 주장했던 예술의 볼셰비키화를 그대로 반복한 것에 다름 아니었다.

따라서 문학자, 예술가는 대중 속으로 들어가 명확한 변증법적 유물론적입장에 서서 그 현실을 명확히 파악하여야만 또한 그것을 추상할 수 있는 높은 예술적 교양을 습득하여야만 과거의 여하한 사실주의보다도 더한층 진실한 현실을 다시 말하면 오늘날에 있어서의 민주주의 조선 건설을 위한 역사적 시대의 전모를 현실 속에 생열되는 위대한 투쟁을 문학예술 창조 속에 형상화할 수 있을 것이다.

그리하여 현실의 위대한 거울이며 민주주의 교사로서의, 참으로 인민 대중이 이해할 수 있고 사랑할 수 있는 문학예술을 광범함 인민 대중 속에보급시킴으로써 (중략) 인민 대중의 예술적 각성을 촉진하여 허다한 신문학예술 간부들이 인민의 저수지에서 배양되고 성장하여 조선민족의 새로운 문학예술이 일부 人의 현존한 기성 문학자 예술가의 손에 만이 아니라 인민 대중 자신의 손으로 창조케 하여야 한다.[13]

이와 함께 중요하게 언급되어야 할 또 다른 사실은 1920년대에 불어 닥친 '세계사적 동시성'이라는 시공간적 보편관념이다. 제1차 세계대전(1914~1918) 이후 러시아에서 발발한 프롤레타리아 혁명(1917)을 시작으로 하여 식민지 조선의 3·1운동, 중국의 5·4운동(1919) 등 1920년을 전후한 시기는 제국 열강의 세력하에 있던 식민지·점령지 국가들의 독립운동이 확산되던 때였다. 당시 전 세계의 네트워크를 조직적으로 형성하고 있었던 프롤레타리아 계급운동은 기존의 사회 관습을 무너뜨리면서 완전히 새로운 인간 삶의 양식에 대한 거대한 변혁의 징후를 보여주는 것이었다. 이러한 세계사적 관점에서 볼 때 당시 민족문학이 압도적인 우위를 점하고 있었던 조선에서 조선민족을 둘러싼 다방면의 모순들에 눈을 돌리고 그것을 극복해가기 위해 문화예술적인 실천을 도모해갔던 프로문학 운동은 그때까지 조선에 존재하지 않았던 형태로서의 '신흥예술의 탄생'을 의미하는 것이었다고 말할 수 있다.

요컨대 1920년대는 사회의 제반 구조가 완전히 변모했다는 것을 의식하기 시작하면서 그것을 반영하기 위한 적극적인 수단으로서의 문학을 운동의 형태로 이끄는 인식 기반이 형성되어 있었던 것이다. 실제로 카프문학 운동과 같은 시기에 출몰했던 자연주의 문학은 최초로 인간의 인생문제와 직접적으로 관계한 근대문학의 성립을 알리는 새로운 분기점을 형성하는 것이었다. 즉 국가를 구성하는 민족/국민이나 공동체가 아닌 개인의 자아와 개성을 매개로 한 문학운동이라 할 수 있는 1920년대 자연주의 문학의 탄생 배경에는 자신이 속해 있는 사회 질서, 그것의 원리와 모순이 착종되는 경제체제, 그리고 거기에 속한 자신을 표현하는 문학의 정신적 전개가 하나의 유기적인 동일성으로 유지되고 있었던 것이다.[14] 이때 카프의 계급문학은 실증적 과학과

1935년 일본 도쿄의 한 식당에서 최승희와 안막 부부

통일된 문학 의지로 조선의 현실을 반영하는 근대문학의 이상을 성
취하고자 한 시도였다는 점에서 자연주의 문학의 탄생 배경과 일정한
공통분모를 형성하고 있다.

실제로 최승희와 안막이 무용예술을 인민 대중 속에 보급시키는 하
나의 소비상품으로 인식함으로써 현실적인 민주주의 실현을 꾀했던
것은 대중소비사회로 변모해가는 세계사적 동시성이라는 세기적 전환
기를 그들이 직접 실감하고 있었던 것으로 볼 수 있다. 즉 예술의 독자
적인 미적 가치를 우위에 두기보다 대중의 문화 수용 행위 자체에 집
중하면서 무용예술의 대중성을 밀고 나아간 행위에는 소비자의 욕구
와 이윤에 의해 예술이 대상화되었다는 인식이 자리하고 있었음을 반
증한다. 대중문화가 불특정 익명의 다수가 손쉽게 접근하기 위해 오락
성을 통한 상업적 목적을 승인함으로써 소비사회의 욕구와 이윤을 정
당화하면서 등장했다는 사실에서 볼 때 당시의 조선 사회는 이미 세

계적 보편성으로서의 대중문화가 출현할 수 있는 토양을 마련하고 있었다고 할 수 있다.

• •

행복했던 결혼 생활도 잠시, 1931년 10월 조선공산당 재건 사건으로 박영희, 김기진, 임화, 김남천과 함께 안막이 일본 관헌에 검거되었다.[15] 이 사건은 만주사변(1931)을 일으키면서 본격적인 침략 전쟁에 착수한 일본이 국내에서 유일하게 천황제를 부정한 조직이었던 일본공산당을 완전히 와해시킨 사건이 조선에까지 영향을 미친 것이었다. 이때 일본공산당의 99%가 전향 선언을 감행하는 등 일본공산당 조직의 전멸을 가져왔을 뿐만 아니라 조선공산당의 대규모 검거 선풍으로도 이어졌다. 1931년 제1차 공산당 검거 사건과 1934년 제2차 공산당 검거 사건을 통해 총독부가 노골적인 탄압을 가하자 카프 조직은 점차 붕괴의 기미를 보였고, 결국 1934년 카프 지도부 박영희가 "얻은 것은 이데올로기요, 잃은 것은 예술 자신"이라는 유명한 선언문을 발표하면서 결국 카프 조직도 전멸했다. 1931년 안막이 일본 관헌에 검거되었던 것은 일본 도쿄에서 이북만이 출판했던 잡지 《무산자》를 임화와 함께 조선으로 유입하여 몰래 배포한 것이 발각되었기 때문이었다. 이 사건을 계기로 이 무렵 박영희, 김기진, 임화, 이기영, 안막, 송영, 김남천 등 카프 지도부원 70여 명이 종로경찰서에 체포되었다.

안막이 유치장 생활을 하고 있는 동안 최승희는 경제적 곤란과 육체적 피로를 감수하면서 무리한 공연 일정을 소화해내고 있었다. 안막이 유치장에서 풀려나온 직후, 1932년 7월 31일 최승희는 장녀를 낳았다. 이름은 '승자'라고 지었다. 딸에게 '남자를 이긴다'라는 뜻을 가진 승자勝子라는 이름을 지어준 것은 남자아이를 선호했던 당시의 조선 풍습에 비추어볼 때 다소 이례적인 일이었다.[16]

안막의 신변이 위태로운 상황이었던 탓에 정확한 사실 여부를 확인할 수는 없으나 이 무렵 잡지에 게재된 최승희의 인터뷰에 따르면, 안막은 미처 다 끝내지 못한 학업을 마치기 위해서, 그리고 최승희는 무용 공부를 좀 더 해보려는 목적으로 도쿄로 떠날 계획을 하느라 동분서주하고 있었다. 그러나 출산 직후 최승희가 급성 늑막염에 걸린 탓에 일본행이 점점 미뤄지고 있었다.[17] 그러던 중 이시이 바쿠에게 최승희를 다시 받아주겠다는 승낙을 얻게 되면서 최승희는 딸 승자와 제자 김민자를 동반하여 먼저 간 안막을 따라 도쿄로 떠났다. 1933년 3월 4일, 그녀가 스물세 살이 되던 해였다.

당시 최승희와 가깝게 지냈던 지인들의 증언에 따르면, 이시이 바쿠는 공산주의자인 안막에게 정치활동을 중단할 것을 요구하면서 그가 작가 생활을 지속하기보다는 최승희가 무용을 계속할 수 있도록 도와줄 것을 조언했다고 한다. 그리고 최승희에게는 자신의 승낙 없이 또다시 이시이 바쿠 무용소를 떠나지 말 것을 당부했다. 최승일의 소개로 안막이 근무했던 일본 가이조샤의 사장 야마모토 역시 "최승희가 춤을 못 추게 하든지 아니면 안막이 문단에 나서는 것을 포기하든지 양자택일을 하는 것이 좋겠다"라고 조언했다.[18] 이렇게 해서 1929년 조선에 귀국했던 최승희는 약 4년 만에 다시 일본으로 건너가 이시이 바쿠와 함께 무용 활동을 다시 시작했다. 정치적으로 신변의 위협을 받고 있었던 안막과 경제적 궁핍으로 인해 무용을 그만둘 수밖에 없는 처지에 놓였던 최승희 부부는 자신들을 둘러싼 곤란한 상황으로부터 탈피하기 위해 일본으로 건너가는 길을 선택할 수밖에 없었다. 이러한 일련의 사정들로 인해 1933년 12월 이후 안막은 조선 문단에서 자취를 감추게 된다.

1933년 5월 20일 최승희는 잡지사 '레이조카이슈女界'가 주최한 '여류무용대회'를 통해 일본으로 건너간 이후 첫 무대에 올랐다. 이때 처음 선을 보인 작품 〈에헤야 노아라〉는 최초의 조선무용으로서 최승희가 일본 무용계에 입지를 굳히게 된 계기를 마련해주었고, 이후 그녀의 대표작으로도 남게 되었다. 당시 이 공연에 대한 가와바타 야스나리의 평가는 최승희의 이미지를 더욱 격상시키면서 '일본 제일의 신인 무용가'로서 일본 대중에게 각인되었다.

최승희를 일본 제일이라고 말할 수 있는 첫 번째 이유는 훌륭한 체구다. 그녀의 춤의 크기다. 힘이다. 거기다 춤을 추기에 한창 좋은 나이다. 또 그녀 한 사람에게 두드러진 민족의 향기다. 최승희가 다시 일본에 건너와서 이시이 바쿠 씨의 문하에 들어와 출연한 첫 무대는 '레이조카이슈女界'에서 주최한 여류무용대회였다. 이 대회는 젊은 여류무용가들을 거의 다 모이게 했다. 최승희는 〈에헤야 노아라〉와 〈엘레지〉를 추었다. 〈에헤야 노아라〉는 그녀가 일본에서 춘 조선무용의 첫 작품이었다.[19]

이 여세를 몰아 혹독한 훈련에 들어간 최승희는 1934년 9월 20일 신인 무용가로서는 처음으로 도쿄에서 무용작품 발표회를 개최했다. 당시의 신문과 잡지에 일본의 저명한 지식인들의 감상평이 쇄도했던 사실에서도 볼 수 있듯이, 공연장을 가득 메운 2000여 명의 관객 앞에서 발표회는 대성공을 거두었다. 이때의 성공은 이후 최승희가 무용

뿐만 아니라 영화배우, 광고모델, 가수로 이어지는 만능 엔터테이너로 활동할 수 있는 길을 열어주면서 또 다른 운명으로 이끄는 출발점이 되었다. 이시이 바쿠는 그것을 예감했던 것일까. 다음의 이시이 바쿠의 글에는 식민지 조선인이 일본 대중을 관객으로 마주할 때 가질 수밖에 없는 존재론적 운위에 대한 염려와 회의가 엿보인다.

> 최승희의 제1회 무용작품 발표회는 의외로 무용계에 센세이션을 일으킨 것 같다. 그 증거는 동경의 신문, 잡지에서 최승희의 사진과 기사가 크게 보도된 것으로 알 수 있다. 그 이유의 하나는 조선 출신으로 최초의 무용가라는 점인 것 같으나 또 하나는 신진 무용가들의 신작 발표회에서 가장 뛰어난 것으로 보인다. 최승희의 육체적 조건이 다른 일본인에서는 볼 수 없어서 그 일거일동은 다른 사람의 두 배 이상의 효과를 나타낼 수 있다는 것이다. 게다가 민족의식이 강하기 때문에 그것을 강조하기 위하여 극적 요소를 필요로 하는 춤이 된 것으로 보인다. 조선풍의 춤이 갈채를 받은 것은 사실이나 단순히 보는 사람을 즐겁게 하는 것은 문제가 있다. 사람을 즐겁게 한다는 것과 사람에게 깊은 감명을 주는 것과는 다르기 때문이다. 최승희는 이 점을 깊이 생각해야 한다. 이러한 장애를 넘어가기 위한 용기와 결단력이 필요하다.

이 발표회를 성공으로 이끌 수 있었던 원동력은 최승희의 재능과 육체미, 그리고 그녀가 '조선이 가진 단 한 사람의 무희'였다는 희소가치와 '조선민족의 전통'을 체현해냈다는 이국적 감수성이었다. 즉 당시의 일본인 비평가들은 최승희를 철저히 조선인이라는 민족적 범주에서 대상화하고 있었다. 이러한 사정은 당시 이 공연을 관람했던 100여

명의 조선인도 마찬가지였다. 이 공연에 대해 기사를 쓴 한 조선인 기자의 시선에는 식민지 조선인의 비애와 자긍심이 오버랩되어 있음을 확인할 수 있는데, 그만큼 이 시기의 최승희는 어디까지나 조선민족을 대표하는 존재로 대중에게 인식되고 있었다. 그리고 그것은 최승희의 무용생활에 큰 장해물이 되었다.

폭풍우임에도 불구하고 초만원을 이룬 공연장에는 최승희 무용예술의 가장 참된 감상자들이 꽉 들어찼다. 더구나 그 사람들은 내가 어떠한 공연에서도 보지 못했던 고도의 관객층이었음에 다시 한 번 놀라지 않을 수 없었다. 각 신문 잡지사의 대표자들은 물론이고 흥행계의 거두들, 각계의 예술가들뿐 아니라 각국 대사관의 공사관들도 섞여 있었다. 개막을 기다리는 이천여 관중의 흥분의 열기 속에서 나는 조선을 생각했고 우리들의 무희 최승희의 거대한 존재를 다시 한 번 생각하게 되었다. 이러한 생각은 나뿐만 아니라 백여 명에 지나지 않았던 그날 밤의 조선인 관중들은 누구나 느꼈을 것이다.[20]

일본의 무용평론가들은 일제히 최승희 춤의 원동력을 조선의 민족성 혹은 조선민족의 전통에서 찾았다. 최승희의 인기가 고조되면서 승승장구하기 시작한 1934년을 전후로 해서 최승희에 대한 세간의 인식은 어디까지나 조선민족/조선인의 범위 안에 자리하고 있었던 것이다. 최승희에 대한 대표적인 평가로 일반에도 잘 알려져 있는 가와바타 야스나리의 발언에도 이러한 인식이 잘 나타나 있다.

육체의 활력을 최 여사처럼 무대에서 살리는 무용가는 볼 수 없다. 최 여사가 추는 조선무용을 보면 일본의 서양무용가에게 민족의 전통에 뿌리 박으라는 강력한 가르침을 볼 수가 있다. 그러나 최승희는 조선무용을 그 대로 춤추는 것이 아니라 옛날 것은 새롭게 하고 약한 것은 강하게 하고 없어진 것은 재생케 하는, 자기 스스로 창작한 조선 춤인 것이다. 그녀의 머리, 그녀의 가슴, 그리고 그녀의 혈관과 춤 속에 어느 때나 충만된 민족 애야말로 조선 속에 가장 찬양해야 할 것이라 본다.[21]

최승희의 대중적 인지도가 점점 더 높아지자 1935년 봄 일본의 신흥영화사에서 그녀를 주연으로 한 영화 〈반도의 무희〉(곤 히데미 감독, 1936년 3월 개봉)의 출연 제의가 들어오고, 또 '최승희 후원회'가 발족하는 등 1935년부터 최승희는 그야말로 출세가도를 달리기 시작했다. 영화 〈반도의 무희〉는 개봉 후 일본 평론가들에게 혹평을 받기는 했지만, 최승희의 대중적 인기에 힘입어 일본 전역에서 4년간 상영되는 등 마침내 흥행에 성공하면서 최승희에게 '코리언 댄서'의 이미지를 확고히 심어준 계기가 되었다. 이 무렵 최승희 무용발표회의 프로그램에는 〈검무〉, 〈승무〉, 〈태평무〉, 〈왕의 춤〉, 〈코리안 댄스〉, 〈무녀의 춤〉 등 조선무용이 유독 증가해 있음을 볼 수 있는데, 이는 최승희가 일본 시장을 겨냥하여 대중적 소비상품으로서의 이국적 이미지를 강조하려는 데 초점을 두었음을 추측하게 해준다. 일본 시장을 무대로 한 최승희의 대중적 상품성은 '조선적인 것'을 강조할 때 보다 큰 효과를 발휘할 수 있다고 판단했고, 일본의 대중 또한 최승희에게 이국적 정조를 발견하는 데서 더욱 큰 흥미를 느꼈던 것이다.

그러나 '조선적인 것'에 대한 일본 대중의 이국적 감수성은 조선인들에게 냉소의 대상이 될 수밖에 없었다. 당대 일본의 고명한 예술평론가들이 최승희 무용의 강점을 '조선적인 것'에서 찾았던 데 반해 정작 조선에서 최승희의 조선무용은 신랄한 비판의 대상이 되었다. 가령 음악평론가 김관은 최승희의 조선 춤은 "재래 조선 춤의 움직임을 서양무용에다 옮겨놓고 조명과 의상으로만 미화시킨다. 그것은 의미 없는 노력에 불과하다"[22]라고 폄하했다. 함대훈 역시 "조선무용을 그저 서양무용화한 데 불과한 속된 그 무용에 그렇게 찬사를 보내지 못했다"라고 전하면서, 심지어 최승희의 대표작인 〈에헤야 노아라〉에 대해서는 "저속한 취미에 영합했다"[23]고 평가절하했다. 그중에서도 가장 혹독한 비판을 가했던 사람은 소설가 한설야였다.

이 소론의 목적은 최승희의 무용에 나타난 그릇된 조선 정조를 지적하는 데 있다. 조선 고유의 춤에 유의하여 그것을 현대화시켜보려는 열의는 극구 찬양하는 바이지만 옛 조선을 상징하는 몇 개의 조선 춤은 옛 조선 사람의 희화화에 지나지 않으며, (중략) 거기서는 조선인의 특성도 찾을 수 없고 조선인의 핏줄은 더욱 찾을 길이 없다. (중략) 최승희의 조선 춤이 주는 인상은 조선옷 입은 외국인, 문명인이 조선 흉내를 내어보려는 과장된 웃음과 희화적 취미가 있고 진격미眞擊美와 진실성이 결여된 경박한 부조浮彫와 그릇된 모방성이 있을 뿐이다. 외국인의 환호는 문명인으로서 조선을 이색취미의 대상이 될 수 있는 미개한 것으로서 좋아할 뿐이지 예술적 가치로서 인정하는 것은 아니고 정말 조선을 소개하려면 무엇보다 조선의 흉내를 넘어서 조선의 진실을 포착하는 근본적 용의와 연마를 가져야 할 것이다. (중략) 이와 같은 사실을 알고 최승희는 조선 춤을 추는 태도와 기분을 고쳐야 한다.[24]

이렇듯 최승희의 무용이 표방했던 '조선적인 것'에 대한 시각과 평가는 조선과 일본에서 완전히 상이하게 취급되었다. 그러나 후대로 오면서 일본에서의 평가는 크게 달라지지 않은 데 비해 한국에서의 평가는 오히려 '조선적인 것' 혹은 민족 무용의 정통성을 규명하는 작업으로 이어지면서 당대의 시각과는 정반대의 평가를 내놓고 있다는 점은 새롭게 주목해볼 만한 일이다.

최승희에 대한 평가가 이렇게 큰 단절을 보이는 것은 그녀의 월북 행적이 연구사에서 커다란 공백의 계기를 초래했기 때문이다. 일본 도쿄에서 14년, 유럽과 남미에서 3년간의 순회공연, 월북 후 평양에서 18년, 중국 베이징에서 4년간 무용 활동에 전념했던 최승희가 당대 독보적인 조선의 무희였음은 명백한 사실이지만, 1946년 월북 이후 1988년 해금 조치에 이르기까지 약 40여 년간 한국에서 최승희 연구는 금지의 대상이었다. 더욱이 식민지 조선인이 '동양의 무희' 자격을 취하는 일이란 일본 군부의 후원 없이는 불가능했다는 점, 그리고 월북 이후 북한의 체제 선전에 기여해왔던 그녀의 이력은 일제의 식민지를 경험하고 냉전시기 공산주의를 적대시해왔던 남한에서는 불편하고 불순한 대상이 될 수밖에 없었다. 그럼에도 해금 조치 이후 문화적으로 척박했던 한국 예술계에서 볼 때 과거 최승희의 이력은 그야말로 신화적인 존재였다. 이러한 사정은 해금 조치 이후에 시작된 최승희에 대한 연구가 민족주의적 관점에서 접근할 수 있는 토대를 마련해주었고, 그녀의 예술은 이제 하나의 신화가 되었다.

가령 민족주의적 관점에서 최승희에 대한 초창기의 연구를 주도한 것은 한국 무용계의 정병호[25]와 이애순[26]을 꼽을 수 있다. 이후 "최승희의 예술활동은 식민주의와 투쟁하면서 자국 내의 모순을 개척해 나아가고, 자유로운 민족의 열정을 구현하기 위한 노력"의 산물이었음을 피력한 연구[27]와 최승희를 '조선적 내셔널리즘의 표상'으로 평가한 연구[28], 그리고 조선 춤과 민족아民族我에 철저했던 최승희의 삶이 한국에서보다 일본에서 더 고평을 받았던 점을 강조한 연구,[29] 최승희 무용의 '조선적인 것'이 "당시 일본의 식민치하에서 신음하고 있던 조선인들에게 민족적인 자부심을 느끼게 해주는 존재"였음을 강조하거나,[30] 민족의식을 발현한 최승희의 춤에 대해 시대적 상황을 고려하지 않고 그녀의 친일행적을 좇는 행위는 한국 무용계를 위해 신중하게 검토해야 할 것을 피력한 연구[31] 등은 최승희 무용의 '조선적인 것'을 한국 민족의식의 발현과 그 의지에 대한 가치를 고평했다는 점에서 공통적이다.[32]

한편 1930년대 전 세계적인 대중소비사회의 흐름은 최승희의 상품적 가치가 갖고 있는 대중적 파급력을 조선과 일본뿐만 아니라 중국과 타이완, 유럽, 남미로까지 확장시킬 수 있게 해주었다. 이렇게 되자 최승희가 전유한 '조선적인 것'에 대한 상품성은 장소와 시각에 따라 상이해질 수밖에 없었다.

• •

1936년 2월 타이완 최대의 문예단체인 '타이완문예연맹臺灣文藝聯盟' 도쿄지부가 '무희 최승희 양 도쿄지부 환영회'를 주최했다. 이 단체는 타이완의 문화인들을 모아 놓고 최승희의 무용이 민족의 전통을 말살하는 제국 일본의 동화정책에 대응하여 조선 예술을 주체적으로 체현한 모범적 사례라고 소개했다. 타이완인들에게 식민지 조선인 최승희

는 서양무용과 조선무용을 융합함으로써 조선의 민족문화를 발전적
으로 계승하는 데 성공한 모델로 간주되었다. "조선은 마치 최승희에
의해 그 존재를 알리는 듯했다. 최승희를 낳은 건강한 예술적 환경이
타이완에서도 자라나기를 바란다"[33]라고 염원한 타이완문예연맹의 평
론가 리우치에劉捷의 글에는 언어와 민족의 경계를 초월하여 조선민족
의 정신적 유산을 계승한 최승희의 활약에서 식민지 타이완의 장래를
가늠해보고자 했음을 엿볼 수 있다.[34]

1931년 만주사변 이후 국제관계의 악화가 지속되고 점차 중일전쟁
으로 확대될 조짐이 보이자, 제국 일본은 1936년 9월 그동안 문관 출
신 총독을 임명해왔던 관행을 바꿔 해군대장 출신의 고바야시 세이
조小林躋造를 타이완 총독에 임명했다. 중일전쟁 발발이 임박해 있었던
이 시기 일본에서 국민정신 발양운동이 고조됨에 따라 타이완 총독
고바야시도 황민화, 공업화, 남진기지화의 3대 시정방침을 내세웠다.
전쟁 수행을 위한 황민화 정책은 타이완의 정신문화를 파괴하고 개조
하기 위해 희극 공연과 음악, 미술 등의 전통예술을 금지하고 일본어
상용운동과 성명변경운동을 전개하는 등 점차 전시체제에 돌입할 태
세를 취하고 있었다. 이러한 상황에서 식민지 조선의 무희 최승희가
전통 의상을 입고 세계무대에 조선무용을 선보이고 있었던 것은 타이
완 예술인들에게 식민지 민족으로의 동류의식을 갖게 해주었다.

한편, 1938년 2월 19일 최승희의 미국 공연을 앞두고 뉴욕 브로드
웨이의 길드 극장 앞에서 조선 교포들이 최승희를 '일본 문화의 앞잡
이'라고 비난하면서 '최승희를 배격하자'라는 전단지를 뿌리는 등 대대
적인 공연 반대시위를 일으켰다. 주최 측인 미국의 메트로폴리탄은 이
사건으로 인해 회사의 이미지가 손상될 것을 우려해 최승희와의 공

1936년 1월 4일 최승희의 일본식 한자 발음인 '사이 쇼키(Sai Shoki)' 라는 친필 서명이 있는 사진

연 계약을 파기했다. 그런데 얼마 뒤 일본 언론에는 최승희가 미국에 서 '반일운동'을 벌이고 있다는 기사가 실렸다. 내용인즉슨, 최승희가 미국에서 반일 조선인들과 어울려 반일 전단을 배포하고 반일 배치를 판매하는 등 '재패니즈 댄서'가 아닌 '코리언 댄서'로서 자신을 선전하 고 있다는 것이었다.

나의 상륙 제1보에 대부분의 반도인은 크게 환영하여 일미친선의 밤과 같은 것도 여는 등 여러 가지 도움을 주었으나, 일부 반도인들이 '사이 쇼 키'라는 일본 이름이 마음에 안 든다고 불평한 적이 있습니다. 그러나 사 건이 발생하자 일본 관련 당국과 흥행사의 협조로 수습이 되었는데 이것 이 배일 루머의 자료가 되었다니 유감입니다. 더군다나 저의 프로그램 안에 배일하는 글귀가 들어 있었다는 따위의 모략에 이르러서는 도저히 참을 수가 없군요. 내가 반도 출신의 특수 입장이라서 그런 소문이 그럴 듯하게 들리는 것이겠지요. 누명이란 바로 이를 두고 일컫는 말이라 생각됩니다. 이야기가 바뀝니다만, 뉴욕 공연에서는 앞의 일당과는 또 다르게 이번에는 "최승희 공연을 보이콧한다"는 전단을 극장 입구에서 살포한다든가 흥행회사를 찾아가서 계약을 중단하라는 항의까지 한 적이 있는데 그럼에도 불구하고 반일운동을 하였다니 나로서는 너무 억울한 일이라 할 수 있습니다. 무용 이외에는 여념이 없는데 이러한 말이 돌았다는 것은 슬픈 일입니다.[35]

동양무용을 서양세계에 알리고 또 재래의 조선무용을 현대화하는 데 앞장서고자 했던 최승희의 욕망이 미국에서는 '친일 매국노'로, 그리고 일본에서는 '반일 선동자'로 매도되었을 때의 곤혹감은 적잖이 짐작되거니와, 최승희는 특히나 '반일'이라는 오해를 신속하게 해소할 필요가 있었다. 1937년 12월부터 만 3년간의 구미 순회공연을 마친 뒤, 1940년 12월 5일 요코하마 항을 거쳐 일본에 귀국한 최승희는 "도쿄에 도착하자마자 궁성요배를 하고 메이지신궁과 야스쿠니신사에 참배하면서 더욱더 무용을 통해 나라의 은혜에 보답할 것을 맹세"[36]함과 동시에 '대정익찬회大政翼贊会'에 가입했다. 남편 안막이 자신의 성姓인 '안安'을 '야스이安井'로 바꾼 것도 이 무렵이었다.

꼭 3년 만에 해외무용 행각에서 돌아온 나는 새로운 감격과 긴장감으로 고국 일본 땅을 밟았습니다. 그리운 산하를 본 순간 뭉클 북받쳐 오르는 감격으로 외유 3년간이 아아, 이렇게도 고국의 고마움과 소중함을 느끼게 하는 것인가, 민족의 핏줄이란 것을 절실히 느꼈습니다. 외유 중에는 가는 곳마다 신문이나 편지를 부쳐주어 잠시도 잊을 수 없는 중일전쟁의 진전과 국민 모두 한마음이 되어 대 시국을 극복하고 대동아공영권 수립에 매진하고 있는 모습을 쉽게 알 수 있어 무한히 마음 든든함을 느꼈던 것입니다. 단시일이기는 해도 독일, 이탈리아의 정세를 보고 들은 나는 정신적으로 모두 충분히 준비가 되어 있었습니다. '드디어 현실로 볼 수 있는 고국 일본, 그곳에 사랑하는 내 아이가 기다리고 있다'고 생각하자 10여 일의 항해 중 잠시도 침착하게 있을 수 없었고 배 안에서의 내 마음은 일본과 사랑하는 내 아이 위를 날고 있었습니다. 돌아와 보니 과연 수년 전보다는 물자를 자유로이 구할 수 없게 되었으나 일본 국민 누구나 극복해야 하는 현하의 당연한 사정이고, 그것도 전란의 구주 각국과 전선의 군인들을 생각하면 지나칠 정도로 혜택 받고 있다고 말해야 할 것입니다. 우리나라가 동아의 맹주로서 실력과 관록을 나타내 보이는 것은 지금부터라고, 외국에서 돌아와 우선 느낀 것이 이 감격입니다.[37]

일반 대중과 일본 군부를 대상으로 한 귀국 공연의 수익금 2000원을 '조선문인협회'에 기탁한[38] 최승희에게 '황국신민화'와 '내선일체'를 주제로 한 조선 최대의 합작영화 〈그대와 나君と僕〉의 출연 제의가 들어왔다. 애초에 당시 '만영의 간판스타' 리샹란李香蘭의 캐스팅이 예정되었던 이 영화에 제작진들은 여주인공을 최승희로 바꾸려고 했지만, 무용 공연 일정을 조율하기 어렵다는 이유로 캐스팅 제의를 거절했다. 그러자 단역인 '음악학교의 체조강사' 역이라도 맡아달라는 부탁을 받았다. 하지만 이 또한 안막의 반대로 성사되지 못했고, 그 대신 군부에 헌납하는 것으로 영화 출연 문제를 무마하자는 심사로 또다시 지방

순회공연 수익의 일부인 2000원을 '군사후원연맹'의 국방기금으로 기탁했다.[39] 그렇게 해서 이 영화의 여주인공 역에는 당시 조선 영화계의 톱스타 배우였던 문예봉林丁元(하야시 데이켄)이 대신 캐스팅되었다. 이어서 최승희는 1942년 2월 16~20일까지 '조선총독부·조선군·국민총력조선연맹·기계화국방협회 조선본부'가 후원하고 '조선군사보급협회'가 주최한 무용 공연을 5일간 치러냈다.[40] 공연 주최 측이 일본 관헌 세력이었다는 점에서 보더라도 이 공연이 제국 일본의 시책에 의한 것이었음을 짐작할 수 있거니와, 바야흐로 이때는 일본이 진주만을 공격하면서 촉발된 아시아·태평양전쟁이 발발한 지 약 3개월이 지나고 있었다.

만주사변(1931)과 중일전쟁(1937), 그리고 아시아·태평양전쟁(1941)으로 이어지는 이른바 '15년 전쟁'의 수행 과정에서 조선총독부는 '국가총동원법'(1938.4.1)을 통해 조선의 산업을 군사적으로 개편함과 동시에 군사 인력을 강화하는 '고도국방건설'을 실현하기 위해 '신체제'를 선언했다. 군·관·민의 전 영역이 전쟁 수행의 도구가 된 '신체제'하에서는 전쟁을 위한 목적과 수단 이외에는 그 어떤 가치도 승인받을 수 없었다. 조선 문인들은 '황군위문조선문단사절단'(1938.4.15)을 조직해서 '펜 부대'라는 이름으로 전선을 떠돌아야 했고, 또 '조선문인협회'(1939.10.29)에 소속되어 일본 관헌에 복속되어야만 했다. 모든 언론 매체가 통제되고 조선어 사용이 금지되자 조선의 문인들은 황국신민의 언어인 일본어로만 글을 쓸 수 있게 되었다. 황국신민이 된 식민지 조선인들에게 일본어는 곧 '국어'였기 때문이다. 더욱이 "비상시체제가 전시체제가 되고, 전시체제가 임전체제가 되고 이것이 다시 결전체제에 까지 돌진"[41]한 상황에서 황국신민은 총력을 다해 '멸사봉공'의 정신으로 전쟁에 참여해야 했다. 1940년대 총력전 체제하에서 조선의 문화 예술이 존재할 수 있기 위해서는 각자의 자리에서 전쟁을 수행하는 역할, 즉 '직역봉공職域奉公'의 의무로서만 가능했다.[42]

경성방직 사장 김연수와 같은 재벌이나 문명기, 최창학과 같은 광산 부호, 휘문고 설립자 민영휘 일가와 같은 귀족 가문, 경남 진주부의 정태석 등의 대지주들이 일본 군부에 비행기를 헌납하고 이권을 보장받았던 것은 바로 이러한 배경에서였다. 최승희는 1937년부터 1944년까지의 무용공연 수익 중 7만 5000원이 넘는 금액을 국방헌금과 황군 위문금 등으로 헌납한 것으로 알려져 있다. 1930년대 후반 교사의 평균 월급이 60원 가량이고, 쌀 한가마가 20원이었던 점, 그리고 당시 군용 비행기 한 대가 약 10만 원이었다는 점을 감안하면 최승희의 군 헌납액의 규모가 어느 정도였는지를 짐작할 수 있다.[43]

아무리 제국 일본 제일의 톱스타라 하더라도 한낱 조선인 무용수의 공연을 수차례 후원했던 주최 측의 세력을 가늠해볼 때 당시 최승희에게 쏟아졌던 일본 군부의 지원 규모가 어느 정도였는지 쉽게 짐작되거니와, 아시아·태평양전쟁에서 패색이 짙어지자 라디오방송이나 노能, 가부키歌舞伎, 나니와부시浪花節, 만담, 야담과 같은 일본 전통예술 공연이 모두 금지되었을 때조차 최승희의 공연은 연일 대성황을 이뤘다. 지금까지 알려진 최승희의 군 헌납액이 이토록 비현실적인 수준을 상회했던 것은 바로 총동원 체제하의 제국 일본과 대중소비사회의 감성이 공모관계를 이루면서 형성된 것으로 보는 것이 타당할 것이다. 물론 최승희의 무용이 제국 일본의 전쟁 수행을 위한 프로파간다로서 직역봉공할 수 있기 위해서는 일본 당국의 경고에 따라 무용 프로그램에서 조선무용의 빈도수는 급격히 축소되어야만 했다.

식민지 조선인이었던 최승희가 미국과 유럽, 남미에 걸친 세계 순회 공연에서 왕성한 활동을 펼친 최초의 한류 스타였다는 것은 이미 잘 알려진 사실이다. 1937년 12월에 시작된 미국 공연이 재미 조선인들의 반대 시위로 중단되기는 했지만, 그 이후 최승희는 1938년부터 1940년까지 약 3년간 미국과 유럽 및 남미의 약 20여 개 국가에서 150여 회의 공연을 이어갔다. 이러한 최승희의 활약은 오늘날의 시점에서 보더라도 현재의 아이돌 스타급의 스케줄에 비견될 만한 것이었는데, 최승희의 유럽 순회공연 루트는 다음과 같다.

> 프랑스의 르 아브르(1938년 12월)와 파리(1939년 1월) → 벨기에의 브뤼셀(2월) → 프랑스 남부의 칸(2월 말)과 마르세유(3월 초) → 스위스의 제네바와 로잔(3월 중순) → 이탈리아의 밀라노와 플로렌스, 다시 로마(3월 하순) → 남부 독일(4월 초) → 네덜란드의 암스테르담과 헤이그(4월 중순) → 벨기에의 브뤼셀(4월 말)과 안트워프(5월 초) → 프랑스의 파리(6월 중순)[44]

영화 〈대금강산보〉 촬영을 끝낸 직후인 1937년 12월 29일 최승희는 약 3년에 걸친 세계 순회공연을 치르기 위해 요코하마 항구에서 출발하는 여객선 '치치부마루秩父丸'에 올랐다. 그러나 1938년 1월 11일 미국의 샌프란시스코에 도착한 이래 1938년 12월 17일 뉴욕을 떠날 때까지 최승희의 무용 공연은 총 4회에 그치고 말았다. 재미 조선인들의 최승희 공연 반대 시위가 미국 기획사와의 계약 파기로 이어지고, 또 최승희가 직접 조선에 해명기사를 냈었던 사실에서 미루어 보건대 당시 미국 공연 계획은 순조롭게 진행되지 않았던 것으로 보인다.

최승희 일행의 첫 유럽 공연은 1938년 12월 24일 프랑스의 항구도시 르 아브르Le Havre에서 시작되었다.[45] 당시 《르 아브르 저널》(1938.12.23)은 저명한 '코리아 무용가' 최승희가 "뉴욕을 출발해 플리머스를 경유한 여객선 파리호가 무선을 통해 내일 오후 3시경 우리 항구에 도착한다고 알려왔다"고 보도했다. 유럽 공연 시기 최승희의 국적은 어디까지나 일본이었지만, 민족명 표기란에는 'Koean' 또는 'Chosenese'라고 밝히곤 했다.[46] 그 때문인지 프랑스 언론이 최승희를 소개할 때 '코리언 댄서'와 '재패니즈 댄서'를 혼용해서 사용하곤 했다. 가령 《르 아브르 저널》, 《르 웨스트 에클레어》, 《르 쁘띠 파리지앵》 《파리 수와》는 최승희를 '코리언 댄서'라고 소개했고, 또 《세 수와》와 《르 마탱》은 '재패니즈 댄서'로 표기하고 있다.[47] 이렇게 최승희는 유럽으로 건너가서조차 국적과 민족의 경계를 초월해 있으면서 하나의 정체성으로 수렴될 수 없었던 상황을 지속하고 있었다.

동방의 작은 나라의 무용수가 유럽에서 어떻게 활약하고 있는지에 대해 관심이 높았던 조선의 언론은 최승희의 유럽 공연에 관한 기사를 위해 필담을 요청하기도 했는데, 최승희의 편지에는 제2차 세계대전이 임박해 있었던 1939년 유럽에서 혹독한 공연 일정을 소화하고 있었던 사실이 잘 나타나 있다.

2월 6일 벨기에의 수도 브뤼셀에서 제1회 무용발표회를 하였는데 여기서는 〈팔레 드 보자르〉라는 국립음악당에서 〈필하모닉 소사이어티〉 주최로 하였는데 여기서도 역시 만원의 성황이었고, 2월 26일에는 남프랑스의 세계적 명승지인 칸느의 〈뮤니시풀 테아트르〉에서 무용발표회를 하였고, 3월 1일에는 마르세유의 공연을 비롯하여 계속해서 3월 중순부터 스위스의 제네바와 로잔느의 공연, 월말에는 이탈리아의 〈센트로 리리크〉라는 이탈리아 국립 〈매니지먼트 뷰로〉 주최로 밀라노, 플로렌스, 로마의 공연을 마치고 4월부터 네덜란드의 5개소의 공연, 월말에는 벨기에의 제2회 공연과 안트워프 등지의 벨기에의 세 도시에서 무용공연을 하였습니다.[48]

이때 일본 공사관은 최승희의 공연을 면밀히 감시하는 한편 공연 흥행에 적극적으로 협조하기도 했다. 최근에 발견된 유럽 주재 일본 공관의 보고서에는 일불협회日佛協會와 같은 일본 교민단체들을 동원하거나 다른 국가의 대사들을 따로 초대하는 등 일본 공사관이 직접 최승희의 공연 흥행에 협력했던 동시에 그 공연이 가져올 영향, 특히 조선인 교민들의 반응과 동태에 대해서도 면밀히 조사하여 본국에 보고했던 사실을 확인할 수 있다. 그러나 1939년 9월부터 예정되어 있었던 영국과 스웨덴, 노르웨이와 독일, 폴란드와 헝가리, 루마니아와 그리스 등의 공연들은 모두 취소되었다. 전 유럽이 제2차 세계대전의 소용돌이에 휩쓸리게 되었기 때문이다.[49]

최승희는 자서전을 통해 자신의 조선적 정체성을 선명히 하면서 조선민족을 대변하는 예술가로서의 독립적 위상을 자주 피력하곤 했다. 하지만 당시 최승희가 무용 활동을 지속할 수 있기 위해서는 어디까지나 제국 일본의 프로파간다 전략을 동반할 수밖에 없었다. 그런 탓에 조선 대중의 시선은 최승희의 민족무용 그 자체를 조선민족 고유의 전유물로 볼 수만은 없었다. 상황이 이럴 때 최승희의 전략은 '인터내셔널 예술가'를 지향할 수밖에 없었다. 다음의 최승일의 조언은 이

문제에 대해 이들이 냉철하게 사고하고 있었음을 보여준다.

그리고 또 한 가지 거리끼는 일은 요사이 '최승희는 조선을 팔아먹는다' 이러한 '데마'가 돈다. 이것은 가장 중대하다면 중대한 문제이니 왜 그런 '데마'가 나느냐 하면 동경에서 조선 춤을 추어서 그것이 평판이 좋다는 말이 나서 어찌 어찌 해서 그런 말이 나게 된 것이라고 나는 생각한다. 그러나 예술가로서 자기 민족적 유산民族的 遺産을 정당하게 계승하고 이해하야 그것을 예술화藝術化하는 것이 예술가의 할 일이며 큰 일이라고 생각한다. 그리하야 그것이 민족예술民族藝術이 되는 동시에 또한 '인터내쇼날 예술'이 되는 것이라고 생각한다.[50]

'예술가로서 자기 민족적 유산을 정당하게 계승하고 이해'해서 그것을 예술화한다는 것에 내포된 자긍심, 그리고 그것의 주체가 제국 일본의 식민지 조선 여성이라는 억압적인 사실에는 내셔널리즘에 기반을 둔 일국사관national history의 프레임에서 해결할 수 없는 수많은 문제들이 내포되어 있다. 어쩌면 필연적으로 배제와 연대가 작동하는 일국사관의 관점은 이 사태를 직시하는 데 오히려 한계로 작용할 수도 있다. 그것은 최승희의 활약이 제국 일본의 신민 또는 식민지 조선인이라는 (이중의) 주체성을 한정하는 것과 동시에 '조선적인 것' 혹은 '동양적인 것'을 피력한 예술이라는 프레임의 외부를 처음부터 거세해버리기 때문이다.

가령 조선의 예술가들이 최승희의 무용이 표방한 '조선적인 것'의 허구성을 비판했음에도 불구하고, 일본의 예술가들이 일제히 최승희 무용의 '조선 정서'를 상찬했던 것은 문자 그대로 수용해야 할 성질의 것이 아니다. 그것은 당시 서구 중심의 일원론적 세계사에 대항하는 '동양 세계'라는 '일본적 세계사의 구상', 즉 근대의 초극론으로 이어지는 일본 '세계사의 철학'이 주조해낸 세계사의 재편이라는 이념적 독해가 필요한 대목이다. 요컨대 제1차 세계대전 이후 미국과 함께 일본으로 대표되는 아시아가 유럽과 나란히 '세계사'의 시스템에 가담하게 된 이상 유럽은 더 이상 보편적인 세계사로 존재할 수 없게 되었다는 것, 그러므로 이제는 새로운 세계사적 인식의 전환이 필요하다는 것, 이것이 바로 유럽 중심주의의 세계사에 대응하는 제국 일본의 '세계사적 입장'이었다.[51]

그러므로 당시 제국 일본에 의해 재편된 '동양적 가치'는 몰락해가는 서양 세계를 대립 항으로 전제하면서 새롭게 자리매김 된 '동양적 세계사'의 이데올로기가 함의되어 있는 것이었다. 그런 의미에서 후대의 평가자들이 과거 저명한 일본 예술가들의 평가에서 최승희 무용의 민족적 정서를 찾아내려고 시도한 것들에는 이 점이 간과되어 있다. 이렇게 볼 때 '탈아입구脫亞入歐'를 선언한 이후 서구를 지향하고 서양의 관점에서 동양을 미개로 규정했던 일본적 오리엔탈리즘이란 '동양적인 것'에 대한 이국취향exiticism을 대변하는 것이었다. 그런 점에서 최승희 무용의 조선 취향이 허구적인 것에 불과하다고 한 김관, 한설야, 함대훈의 도도한 비판이 어쩌면 보다 현실적인 것이었는지도 모른다. 이렇게 본다면 최승희에 대한 평가를 내셔널리즘에 의거하여 조망하려는 시도는 우리가 얼마나 '조선적인 것=주체적인 것'이라는 이념적 프레임에 포박되어 있는가를 여실히 보여준다.[52]

1945년 8월 베이징에서 일본의 패전을 듣게 된 최승희는 일본군을 대신하여 베이징의 치안을 맡게 된 장제스蔣介石 군대가 '친일파'를 소탕한다는 소문을 듣고 바깥출입을 금하고 있었다. 그 무렵 누군가 건네준 잡지 《한간漢奸》에 실린 '리샹란과 최승희는 일본 스파이'라는 기사를 본 최승희는 엄청난 충격을 받았다. 실제로 1946년 2월 최승희는 장제스 군대에 연행되었다. 그 후 1946년 5월 29일 인천항을 통해 귀국했지만 과거 친일 행적 등이 문제가 되자 남쪽에 정착하지 못한 채, 같은 해 7월 20일 밤 먼저 간 남편 안막의 뒤를 따라 가족과 함께 월북했다. 그녀의 나이 35세였다.

1937년 12월, 영화 〈대금강산보〉의 출연자들과 최승희의 기념사진. 뒷줄 가운데에 안막·최승희 부부와 부친 최준현의 모습이 보인다.

1926년 10월 3일 아사히 클럽 주최로 도쿄 미쓰코시 백화점 옥상에서 열린 '파테 베비 촬영회'에 이시이 바쿠 무용단이 초청되어 공연한 영상 사진. 시미즈 신이치가 촬영한 이 영상은 현재 시즈오카 현 시마다 시립도서관 '시미즈(淸水) 문고'에 소장되어 있는 것을 한국예술종합학교의 성기숙 교수가 발굴했다. 이 영상 사진에는 이시이 바쿠의 문하생으로 일본으로 건너간 지 약 7개월이 된 16세의 최승희와 함께 이시이 바쿠의 친여동생 이시이 에이코, 이시이 요시코가 함께 등장한다.

사진 왼쪽에 '제1회 향토 방문'이라는 표기가 있다. 1927년 10월 24일 일본 유학 1년 6개월 만에 처음으로 경성에 돌아온 최승희(앞줄 왼쪽에서 네 번째)가 경성역에 도착한 직후에 찍은 사진이다.

1929년 조선 귀국 후 겨울에 찍은 가족사진. 앞줄 왼쪽부터 최영희, 최승희, 뒷줄 오른쪽이 최승일과 석금성 부부이다.

1935년 일본 도쿄 스기나미 구 에이후쿠초(永福町) 자택에서 오빠 최승일과 함께 한 최승희

▲ 1933년 5월 20일 첫 선을 보인 무용 작품 〈에헤야 노
아라〉의 공연 포스터에 실린 동작들

▶ 1936년 안막·최승희 부부와 딸 안승자. 안막이 기대
고 있는 피아노는 최승희가 주연한 영화 〈반도의 무희〉
를 찍고 난 이후 받은 답례품이다.

1936년 최승희와 안막. 왼쪽에 지팡이를 잡고 서 있는 인물이 최승희의 부친 최준현이다.

1938년 미국 뉴욕 공연에서 최승희가 〈화랑의 춤〉을 추고 있다.

1938년 미국 뉴욕에서 궁중무용인 〈검무〉가 초연되었다.

1937년 작 《옥적의 곡(玉笛의曲)》   1937년 작 《보살춤》

최승희는 미국 공연 중인 1938년 교민들에게 '친
일 반역자'로 비난을 받았으나 일본 당국과 언론
으로부터는 '배일'의 의심을 사게 되었다. 사진은
이 문제에 대해 발 빠르게 해명하기 위해 안막과
최승희가 언론사에 보낸 성명서이다.

1943년 10월 중국 상하이 메이치대희원에서 공연을 가진 최승희가 중국 경극의 1인자인 메이란팡을 만나 악수를 하고 있다.

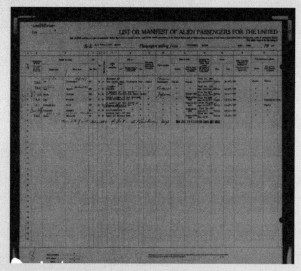

최승희와 안막의 미국 출입국 기록. 최승희 일행은 1938년 1월 '치치부마루'로 샌프란시스코에 입항했다. 이 출입국 기록에 최승희는 '사이 쇼키(Sai Shoki)', 안막은 '안 히쓰쇼(An Hitsusho)'라는 일본식 이름으로 표기되어 있다. 국적은 '일본'으로 표기되어 있으나, 민족명에는 '일본인'을 삭제하고 '조선인'으로 수정되어 있음을 볼 수 있다.

제1부 내셔널리즘과 제국의 은막 스타

1941년 리샹란,
관객이 일본극장을 일곱 바퀴 반 에워싸다

1941년 2월 11일 9시, 도쿄의 '일본극장' 앞에 모인 관중들의 대열이
극장 건물을 일곱 바퀴 반이나 에워싸고 있었다. 이들은 당시 제국 일
본 최고의 아이돌이었던 리샹란의 노래를 듣기 위해 모여든 관객들이
었는데, 일본극장 좌석수의 30배가 넘는 인파였다. 1941년 2월 11일과
12일 이틀 동안 개최될 예정이었던 '노래하는 리샹란歌う李香蘭' 공연은
일본의 건국기념일을 기념하기 위한 '봉축 기념 일만친선日滿親善 노래
사절단'의 기획 프로그램 가운데 일부였다. 이때는 중일전쟁이 한창이
었던 시기로 아시아·태평양전쟁이 발발하기 직전이었음에도 리샹란의
노래를 듣기 위해 한꺼번에 몰려든 관객들로 인해 도쿄 유라쿠초有楽町
의 '일본극장' 주변은 한순간에 아수라장이 되었다.

　이날 마루이丸井 관내 경찰서의 가네자와金沢 서장은 수많은 관객
들이 몰린 혼란을 수습하기 위해 확성기를 잡았다. "지금 우리나라는

일본극장 일곱 바퀴 반 사건.
1941년 2월 11~12일 이틀에 걸
쳐 개최된 리샹란 쇼를 보기
위해 모여든 관객들이 일본극
장을 에워싸고 있다.

'동아 신질서' 확립을 위해 혼신의 노력을 다하고 있습니다. 충성스러
운 우리의 아들들은 대륙의 외로운 곳에서 목숨을 걸고 싸우고 있습
니다. 그걸 생각한다면 이런 꼴은 실로 부끄러운 일이 아닐 수 없습니
다. 즉시 해산하시오."

공연 준비를 위해 아침 일찍 호텔 문을 나선 리샹란은 극장 주변에
넘쳐나는 관객들을 헤치고 힘겹게 극장 안으로 진입하는 데 성공했다.
'일만친선 노래사절단'은 극장 앞에 운집한 관객들을 위해 도호東寶 문
예부원 고다마 히데미兒玉英水의 뮤지컬 공연 계획을 최소하고 리샹란
쇼의 시간을 더 늘리는 등 전체 프로그램의 일부를 급히 수정해야만
했다. 갑작스럽게 뮤지컬 무대에 오르지 못하게 된 고다마는 리샹란의
호위무사 역할을 자처하고 나섰다.

1941년 2월 11일 '건국절기념제'에 '노래하는 리샹란' 신문 광고. "'노래하는 리코란' 2월 11일 일본극장, 건국제를 기념하여 일만 가요 친선사절단이 온다!" 첫 곡이 〈만주국 국가〉인 점이 눈에 띈다.

2월 11일은 일본의 초대 천황 진무神武의 즉위식을 기리는 '건국기념일[紀元節]'이었다. 하지만 리샹란 쇼를 관람하기 위해 몰려든 관객들에게 건국기념일 따위는 안중에도 없었다. 이날의 예기치 못한 사태에 대해 일본 신문의 사회면은 일제히 〈일본극장 일곱 바퀴 반 사건日劇七回り半事件〉, 〈경축일을 더럽히다佳節を汚した〉, 〈관객의 광태觀客の狂態〉라는 제목의 기사를 실어 일본 기원절이 갖는 국가적 가치가 한 여가수의 인기에 영합한 대중에 의해 크게 훼손되었다는 내용을 대대적으로 보도했다.

이 일화는 당시 일본에서 리샹란의 인기가 어느 정도였는지를 실감할 수 있게 해주거니와, 이러한 기사들은 오히려 리샹란에 대한 대중적 호기심을 자극적으로 부추겼다. 그런데 여기서 흥미로운 점은 당시 엄청난 인기를 구가하며 '동아시아의 아이돌'로 군림했던 리샹란이 이 무렵에 들어와 사실은 중국인이 아니라 사가 현佐賀県 출신의 일본인이라는 소문이 돌기 시작했음에도 그런 것과 무관하게 그의 인기는 좀처럼 가라앉지 않았다는 사실이다.

세간에 만주 태생의 중국인으로 알려져 있었던 리샹란은 일본에서

'리코란李香蘭'이라는 일본식 한자 이름으로 불렸다. 만주국의 건국이 념인 '오족협화五族協和' 이데올로기의 표상이었던 리샹란은 조선에서 는 '이향란'으로, 타이완에서는 '이홍란'으로 불리면서 제국 일본이 창 조한 '일만친선의 아이돌'로서의 역할을 톡톡히 해내고 있었다. 그러나 이틀에 걸친 일본극장 쇼를 마친 직후《미야코신문都新聞》의 취재진들 은 리샹란의 일본인설이 사실로 밝혀졌음을 언론에 폭로해버렸다. 오 랫동안 중국인 행세를 하며 오족협화의 이상을 전파해왔던 리샹란이 사실은 일본인이었다는 사실이 폭로되자 곧바로 리샹란에게 배신감 을 느낀 일부의 팬들이 있기는 했지만, 그 이후에도 동아시아 전역에 서 그녀의 인기와 영향력은 시들지 않았다. 리샹란의 팬들은 세간에 떠도는 소문에 연연하지 말고 용기를 내어 주어진 길을 걸어가 달라 는 팬레터를 쓰기도 했다. 그뿐만 아니라 중국인들은 리샹란이 여전히 중국인이라 믿고 싶어 했고, 심지어 조선인들 중에는 "틀림없는 조선 여자"임을 확신하는 부류들이 생겨나기도 했다.

金: 李香蘭이란 이름을 가진 동기는 어디 있죠?

李: 전에 신경방송국에서 가수로 응모했을 때 李香蘭이라고 했어요. 말하 자면 예명이죠. 이름이 중국인이나 조선인 같으니까 각각 제멋대로들 생각하는 모양이드군요.

金: 그럼 부모가 예서 저서 나타나는 것도 그래서 그럴까요?

李: 아마 그런가 봐요. 우리 어머니 우리 아버지 동생들 지금 시퍼렇게 북 경서 살고 있는데요. (…)

金: (…) 그럼 신문에 난 말들이 죄다 허설일까요?

李: 어떠어떠한 말이 났습니까?

金: 부산서 나타났단 사람들은 꼭 자기 딸이요, 동생인 것이 분명하다고. 그 증거로 어디 어디 흠집 있는 거라든지 사마귀 있는 것까지 맞춰냈기 때문에 지금 여기선 香蘭씰 틀림없는 조선 여자라고들 하나 봐요.

李: 글쎄, 아버지라고 하는 사람 어머니라고 하는 사람 동생이라 오빠라 하는 사람이 여기서 저기서 툭툭 튀어 나타나는데 인제 그게 한두 번이 아니기 때문에 심쪽도 않아요.

金: 그런 일이 몇 번이나 됩니까?

李: 동경서 대만 사람도 절 누이동생이라면서 찾아왔고요. 부산선 신문에 난대로 어머니라는 자, 언니라는 자, 오빠라는 자가 있었고요.[1] 대구선 동생이라는 여자가 찾아오고요. 서울선(조선호텔) 동경 가서 음악학교 다닌다는 남자가 찾아와서는 절더러 누님이라고 하겠죠. 그런데 젤 곤란한 건 부산에서였었어요. 아니 어머니라고 하는 자가 마구 울며 자기 딸이라는데 참 어떻게 했으면 좋을지 모르겠더군요.[2]

이 기사는 리샹란이 일본인라는 사실이 판명된 직후 조선을 방문했을 때의 한 회견기에서 밝힌 내용의 일부로 리샹란 스스로 겪고 있는 정체성의 분열과 대중의 그것이 과연 어디에서 기인한 것인가에 대해 그 누구도 잘 의식하지 못하고 있었음을 발견할 수 있다. 일본 민족, 만주족, 조선인, 한족, 몽골족의 협치로 구성된 만주국의 건국이념을 상징하는 존재로 창조된 리샹란은 일찍이 범아시아적 여성을 표방하면서 다민족 친선의 주제를 확장하고자 했던 일본의 국책영화에서 주로 중국인 여성상을 대표하는 역할을 도맡아왔다. 그랬던 그녀가 일본인이었다는 사실이 밝혀진 이후에도 여전히 동아시아 대중에게 엄청난 인기를 누렸다는 사실은 어쩌면 이민족 간의 경계와 배제 혹은 차이가 갖고 있는 간극이 우리가 상상하는 만큼 문화적으로 뚜렷하게 드러나지 않는 경우가 있다는 사실을 확인하게 해준다.[3]

예컨대 리샹란을 '일본의 중국 점령을 미화하고 가짜 일·중 친선의 앞잡이 노릇'을 했던 여배우로 규정하면서도 〈지나의 밤支那の夜〉을 '연애영화'로 기억하고 있는 언론인 최정호 역시 리샹란과 하세가와 가즈오長谷川一夫에 대한 노스텔지어가 식민지 조선인 청년의 민족 감정으로 제어할 수 없을 정도로 뿌리 깊은 인상과 감동으로 남아 있었음을 고백한 적이 있다.

국민학교 1학년 겨울방학 때 당시로서는 절대 관람해서는 안 된다는 '연애戀愛영화' 〈시나노 요루〉(지나의 밤_인용자)를 나는 시골서 올라온 친척 아저씨를 따라 구경함으로써 내 인생의 최초의 '일탈행위'를 범했기 때문이다. 그로 해서 나는 〈시나노 요루〉에 나온 세계 제1의 미인 '리코랑'과 일본 제1의 '하세가와 가주오'를 본 우리 학급 유일의 학생이 되었고 그와 함께 이미 1학년 때 금지된 '연애영화'를 구경한 첫 번째 탈선행위를 한 '꼬마영웅'으로 자처하고 자랑삼고 있었던 것이다. 55년 전, 반세기도 넘는 옛날의 일이다. (중략) 어린 시절의 체험이란 시간의 힘으로도 이성의 힘으로도, 민족감정, 민족의식의 집념으로도 지울 수 없으리만큼 사람의 마음속에, 사람의 몸속에, 바로 사람의 인격 속에 깊이 각인刻印되고 마는 것일까.[4]

이 무렵 리샹란은 일본 외무대신 마쓰오카 요스케松岡洋右의 아들인 마쓰오카 겐이치로松岡謙一郎와 비밀연애를 감행하고 있었다. 그러나 1941년 12월 8일 일본의 진주만 기습공격으로 마쓰오카 겐이치로가 사이공의 해군사령부로 부임하게 되면서 두 사람은 결혼 약속을 뒤로한 채 이별을 했다.

• •

리샹란은 1920년 남만주철도주식회사(이하 만철滿鐵) 고문이었던 사가 현 출신의 아버지와 후쿠오카 출신의 어머니 슬하에서 태어난 일본인이었지만, 만주 펑톈奉天(현재의 랴오닝성 선양) 근처의 북옌타이北煙台에서 태어나 중국에서 유년시절을 보냈다. 본적은 일본 사가 현이며, 본명은 야마구치 요시코山口淑子. 그녀의 아버지는 러일전쟁(1904~1905)이 끝난 뒤 중국으로 건너가 만주에 정착한 친중파 인사였다. 이후 야마구치 가족은 북옌타이에서 푸순撫順으로 이주했고, 요시코의 부친 야마구치 후미오山口文雄는 탄광정炭鑛町의 일본인 직원들에게 중국어와 중국 사정을 가르치며 생계를 유지했다. 일본에서 건너온 만철 직원들에게 중국어는 필수였기 때문이다. 모친인 야마구치 아이山口アイ 역시 후쿠오카 출신의 일본여자대학을 나온 멋쟁이로 알려져 있었다.

만주 푸순에 살면서 요시코는 11세에 중국어 3급 자격을 취득하는 등 일찍이 중국어에 재능을 보였던 것으로 전해지나, 그때까지 자신의 고국인 일본에는 한 번도 가본 적이 없었다. 이 무렵 한 일본인이 요시코의 부친이 중국인들과 친밀하게 지낸다는 사실을 일본 헌병대에 밀고한 것이 계기가 되어 야마구치 가족은 푸순에서 다시 펑톈으로 이사를 했다. 펑톈에 돌아온 후 아버지의 친구인 중국의 퇴역장군이자 당시 선양은행 총재였던 리샤오슌李際春 장군의 배려로 그의 둘째 부인이 거주하는 저택에 속한 방을 빌려 살게 되었다. 이때 장래 야마구치 요시코의 운명에 중요한 역할을 하게 되는 친구 백계 러시아인White Russian 류바 그리네츠(이하 류바츠카)를 만났다. 펑텐에서 과자 가게를 운영하고 있었던 류바츠카의 집안은 러시아 10월 혁명으로 성립된 소비에트 정권에 반대한 반혁명파 계열로서 혁명을 피해 중국으로 망명한 가족이었다. 요시코와 류바츠카는 각자가 처한 사정은 달랐지만 만주의 이주민이라는 공통점을 갖고 있었고, 그러한 조건은 두 사람의 관계를 각별하게 만들어주었다.

야마구치 요시코가 푸순여학교에 입학한 해인 1932년 3월 1일 일본군에 의해 괴뢰정부 만주국이 성립했다. 펑텐, 지린, 헤이룽장, 러허의 4성을 주요 판도로 하여 만주국 정부는 건국선언을 발표하면서 연호를 대동大同, 국기는 신오색기로 한다고 포고했다.[5] 그러자 1932년 9월 15일 밤부터 16일 새벽, 만주국 성립에 반발한 중국의 항일 게릴라들이 '반만항일'反滿抗日의 기치하에 당시 '세계 제일의 노천광'으로 불리던 푸순撫順 탄광을 습격한 일명 '양백보楊栢堡 사건'을 일으켰다. 약 백억 톤의 석탄 매장량을 자랑했던 푸순 탄광은 러일전쟁에서 승리한 일본이 채굴권을 획득하게 되면서 당시 만철이 철도사업과 병행해 탄광 경영을 맡고 있었다. 만철은 푸순 탄광 지역 일대에 간선도로를 놓고 증기를 이용한 획기적인 난방시설을 도입했으며 학교, 병원, 공원, 공회당, 야구장, 수영장, 스케이트장을 만드는 등 '꿈의 미래도시'로 개발하고 있었다. 항일 게릴라들은 이 근대적 탄광도시를 표적으로 삼아 양백보楊栢堡 채탄소장採炭所長에 불을 지르고 일본인 탄광 직원 5명을 무참히 살해했다. 이 사건으로 푸순 탄광 지역의 일본인 거주민들이 큰 충격을 받자, 일본 측의 독립수비대가 항일 게릴라와 내통한 것으로 알려진 평정산平頂山 집단부락을 습격해 다수의 주민을 살해했고 일본 관헌은 푸순 탄광장 등의 중국인 7명을 처형했다.

이 사건은 일본인들로 하여금 중국인들을 경원시하게 만들었고, 그로 인해 야마구치 요시코의 부친이 중국의 적들과 내통을 한다는 의심을 받아 헌병대에 끌려가기도 했다. 펑톈으로 이주한 이후 야마구치 가족은 리샤오슌 장군과 가깝게 지냈고, 또 1932년 2월 야마구치 요시코는 리샤오슌의 양녀로서의 인연을 맺었다. 이것은 집안끼리의 친교를 상징하는 표시로서 중국의 옛 풍습에 의거한 것이었다. 이때의 인연으로 리샤오슌은 자신의 필명이었던 '샹란香蘭'이라는 이름을 양녀에게 붙여주었다. 이렇게 해서 야마구치 요시코는 한 시대를 풍미했던 '리샹란'이라는 중국식 이름을 갖게 되었다.

폐병을 앓고 있었던 어린 요시코는 병 치료를 위해 류바츠카의 소개로 당시 중국에 망명 중이었던 러시아인 오페라 가수에게 노래를 배웠는데, 이것이 야마구치 요시코의 운명을 바꾸는 계기가 되었다. 요시코가 노래에 특별한 재능을 보이자 펑톈의 야마토 호텔에서 독창회를 열 수 있는 기회를 얻게 되었다. 이때 어린 야마구치 요시코는 '일본인의 대표가 된 기분으로' 〈황성의 달荒城の月〉을 노래했다. 이 독창회를 눈여겨 본 펑톈방송국의 아즈마 게이조東敬三는 야마구치 요시코에게 중국의 옛 민요나 신곡을 틀어주던 라디오 프로그램 〈만주신가곡滿洲新歌曲〉에서 '일만친선'과 '오족협화'를 위한 문화 활동을 해볼 것을 제의했다.

중화민국으로부터 분리된 주권국가로서의 자립성을 강조하면서 한漢·만滿·몽蒙·일日·조朝 다섯 민족의 공존공영을 도모해간다는 인공국가 만주국의 '오족협화' 이념은 관련 민족들의 의식 개혁 없이는 불가능한 것이었고 그런 점에서 다양한 형태의 정치적 프로파간다를 필요로 할 수밖에 없었다. 게다가 모든 민족이 평등하게 공존하는 왕도낙토를 실현할 수 있는 '세계정치의 모범'으로서의 만주국이 관동군의 무력에 의해 만들어졌다는 아이러니를 극복하기 위해서는 반일이나 배일의 근간이 되는 민족의식과 민족 간의 분쟁도 없애야만 했다. 침략이라는 사태하에서는 아무리 숭고하고 탁월한 민족이라도 민족협화를 실현하는 것은 불가능하기 때문이다. 그 때문에 일본인에 의해 창도된 오족협화에 대해 중국인들은 "'협'이란 협조, '화'란 야마토大和", 즉 민족협화란 "야마토 민족의 중국 침략에 협조하는 것"이라고 야유하기도 했다.[6] 따라서 만주국 거주민들에게 일본과 만주국의 친선을 도모하는 프로파간다는 '오족협화'와 같은 만주국의 건국이념에 대한 홍보에서 필수적인 것이었다.

'일만친선'을 목적으로 하는 문화 활동을 위해서는 베이징어와 일본어에 능통한 인물이 필요했는데, 대중에게 거부감을 주지 않는 소녀의 음성과 이중 언어 구사 능력을 갖춘 야마구치 요시코는 그야말로 최상의 조건을 갖춘 인물이었다. 더욱이 '오족협화' 이념을 선전하는 데는 중국을 무력으로 침략한 이미지를 갖고 있는 일본인보다는 중국인쪽이 더욱 적합했고, 특히 '오족협화를 위한 중국 소녀'라는 이미지는 정치적 색채를 희석하고 위화감을 극복하는 데 매우 유용했다. 그들이 원한 것은 일본 소녀 '야마구치 요시코'가 아닌 중국 소녀 '리샹란'이었던 것이다. 특히 '리샹란'이라는 이름에 포함된 한자 '란蘭'은 이른바 '만주의 꽃'이기도 했던 탓에 리샹란은 만주 방송국의 프로파간다를 위한 목적에 가장 부합하는 대상이 될 수 있었다. 이렇게 해서 1933년 13세의 야마구치 요시코는 펑톈라디오방송국의 〈만주신가곡〉이라는 프로그램에 중국인 가수 '리샹란'으로 데뷔하게 되었다. 이때 리샹란의 데뷔곡 〈어광곡漁光曲〉이 처음으로 만주 전역에 울려 퍼졌다.

• •

1933년 리샹란은 아버지의 권유에 따라 베이징으로 유학을 떠났다. 이때의 경험은 베이징어 실력 향상에 도움이 되었다. 이 해에 제국 일본은 나치 독일과 함께 국제적 제재를 피하기 위해 국제연맹을 탈퇴함으로써 만주국 개발·통치에 박차를 가하고 침략 전쟁을 확대해갔다. 그런데 갑자기 류바츠카 가족이 행방불명되면서 그동안의 인연도 모두 끝난 것처럼 보였다. 리샹란은 만주에서 중화민국 베이징으로 유학을 떠나게 되면서 아버지의 또 다른 중국인 친구이자 화북지방의 거물 정치가인 판유구에潘毓桂의 양녀가 되었다. 리샹란은 판유구에의 집에 머물면서 '판슈화潘淑華'라는 또 다른 중국 이름으로 이이차오 여학교翊敎女學校에 다녔다. 바야흐로 시대는 중국의 항일운동 기운이 고조되고 있었다.

1936년 이이차오 여학교에 재학하고 있을 무렵 중국인 친구 웬궈화溫貴華의 남자친구가 항일 게릴라 단체에 몸을 담고 있었는데, 이따금 판슈화는 웬궈화로부터 항일 집회 참석을 권유받았고 그녀를 따라 몇 차례 참석하기도 했다. 당시 중국 청년들은 '거국일치로 동양귀자東洋鬼子(=일본군)를 배격하자', '일본 제국주의 타도'와 같은 구호를 외치며 항일운동의 분위기를 급속히 퍼뜨려가고 있었다. 일본군이 국민정부를 몰아내고 하얼빈으로 침략해오자 중국 청년들의 항일 분위기는 더욱 고조되었다.

'만약 일본군이 베이징으로 쳐들어온다면 어떤 마음가짐으로 임할 것인가'에 대한 학생 정치 토론회장에서 판슈화는 "저는 베이징의 성벽에 서겠습니다"라고 대답했다. 베이징 성벽을 사이에 두고 대치하는 중국군과 일본군의 총탄을 양쪽에서 맞으면서 가장 빨리 죽는 길을 선택하겠다는 의미였을까. 훗날 이날의 참담한 심정에 대해 리샹란은 "나는 처음으로 내 자신이 일본인이라는 것을 의식했습니다. 급우들과 함께 항일을 외치는 것이 도저히 불가능했습니다"라고 고백한 바 있다. 즉 1936년 무렵 청소년기에 들어선 리샹란은 '일본 제국주의 타도'를 외치는 중국과 '동양귀자'였던 제국 일본 사이를 횡단하는 민족 정체성의 분열을 처음으로 경험했던 것이다. 그때서야 '판슈화'는 자신이 '조국 일본과 모국 중국'의 그 '사이'에 존재하고 있었다는 사실을 처음으로 의식하게 되었다.

1938년 6월 판슈화는 18세의 나이에 '만주영화협회'의 특약연기자로 발탁되어 '리샹란'이라는 이름으로 영화 〈밀월쾌차蜜月快車, Honeymoon Express〉로 데뷔한 이래 '일만친선 사절단'으로 활약하기 시작했다. 보통 '만영滿映'이라는 줄임말로 일반에 통칭되는 '만주영화협회'는 1937년 8월 21일 만주국 정부와 남만주철도회사의 출자(50%)로 설립된 국책 회사로서, 당시 만주국의 수도였던 신징新京(현재의 창춘長春)에 위치해 있었다. '오족협화'와 '일만친선'이라는 만주국 통치 이념을 선전하기 위해 만든 '만영'은 국민문화 창조, 국가홍보 철저, 건전오락 제공을 설립 취지로 하면서 영화 제작과 배급을 통해 대중을 향한 정치적 프로파 간다를 담당했다. '만주영화협회법'은 만영의 업무를 영화제작, 영화수출입, 영화배급 등으로 규정하고 있었는데, 이 법은 실질적으로 만주국 내에서 만영의 독점체제를 보장한 것이었다. 만영은 1937년 8월 말부터 일본어와 만주어로 된 〈만영뉴스〉를 제작했고, 또 정부 각 기관,

협화회, 관동군, 특수 회사 등으로부터 위탁을 받아 문화영화를 제작하기도 했다. 1938년 처음으로 만주에서 영화를 상연한 이래 1945년 일본이 패전하기까지 약 600여 편의 영화를 제작한 것으로 알려져 있다.[7]

리샹란의 회고에 따르면 당시 만영의 이사 네기시 간이치根岸寬一, 만영 제작부장 마키노 미쓰오牧野光雄, 만영 총무부장 야마나시 미노루山梨稔가 자신에게 만영에 협력해줄 것을 요청했다고 하는데, 처음에 이들은 영화 출연이 아니라 여배우를 대신하여 노래만 부르는 음반 녹음을 권유했다고 한다. 그러나 예상치 못하게 그녀의 노래가 점차 대중의 인기를 얻게 되면서 결국 여배우로 활동 범위를 넓히기 시작했다. 훗날 리샹란은 자신을 둘러싼 시대적 환경과 타고난 재능이 당시 만주국의 지도이념을 선전하는 데 적합한 스타로 만들어주었고, 그것이 곧 '만영의 간판스타'라는 운명을 결정지어준 것이었을지도 모른다고 술회했다.

영화 데뷔 이후 '만영'의 전성기에 제작된 이른바 '대륙 3부작'을 통해 리샹란은 중국인 처녀 역을 맡아 중국 영화계의 스타덤에 올랐고, 이후 일본, 조선, 타이완에서 잇달아 그녀의 영화가 개봉되면서 '흥아 스타'로서의 입지를 점점 굳혀갔다. '대륙 3부작'이란 중국 대륙을 배경으로 하여 당대 최고의 인기를 누렸던 하세가와 가즈오長谷川一夫 (1908~1987)와 리샹란이 콤비를 이루어 촬영한 세 편의 만영 영화 〈백란의 노래白蘭の歌〉(1939, 도호·만영 제휴), 〈지나의 밤支那の夜〉(1940, 도호·중화전영 제휴), 〈열사의 맹세熱砂の誓い〉(1940, 도호)를 통칭하여 이른 것이다. 대략의 줄거리는 일본인 남성과 중국인(만주) 여성이 민족과 국경을 초월하여 고난을 극복하고 진정한 사랑을 성취한다는 공통의 서

〈지나의 밤〉의 신문 광고. 〈지나의 밤〉은 '만영'에서 하세가와 가즈오와 리샹란 콤비가 찍은 대표작인 '대륙 3부작' 중의 하나다.

사를 모티프로 하고 있는 '일만친선' 이데올로기의 국책영화였다.

만영의 극영화가 궤도에 오르기 시작하자 리샹란이 출연한 영화가 만주는 물론 일본과 조선 및 홍콩 등지에도 배급되었는데, 당시 그녀의 인기는 만주보다도 일본에서 더 높았다. 1938년 10월 '만주자원박람회'에 참석하기 위해 '일만친선 여배우 사절단' 소속으로 처음 일본 도쿄를 방문했을 때의 일이다. 일본인 여권을 소지하고 있던 리샹란이 만주족의 전통 의상에서 유래한 치파오長袍를 입고 일본 시모노세키 항구에 도착했을 때, 일본인 입국 관계자가 다음과 같이 말했다. "옷차림이 그게 뭔가. 그러고도 당신이 일본인인가? 일본인은 일등국민이다. 삼등국민인 만주복을 입고 중국어를 쓰다니, 부끄럽지도 않은가?" 그 관계자의 힐난에 리샹란은 말할 수 없는 수치심을 느낌과 동시에 '오족협화'와 '일만친선'을 저해하는 것은 오히려 자신의 조국 일본이라는 사실을 깨달았다. 그 사건은 자신이 꿈꾸어왔던 조국에 대한 환상을 일각에 깨뜨리기에 충분했다.[8]

또 다른 일화로, 이른바 만주 시절 리샹란과 하세가와 가즈오 콤비의 대표작으로 꼽히는 '대륙 3부작' 가운데 하나인 〈지나의 밤〉에서 리샹란이 분한 중국 처녀 게이란桂蘭이 일본인 선원 나가타니 데쓰오長谷哲夫에게 뺨을 맞는 장면이 나오자 중국인 관객들은 그것이 중국에 대한 모독이라며 분노를 표했고 급기야 그것이 중국인들의 반일감정을 고조시켰다. 이 장면 자체만으로 볼 때 일본에서는 남자가 여자를 때리기는 했지만 뺨을 맞은 여자가 진심으로 남자에게 의지하고 사랑에 눈을 뜬다는 의미로 해석될 수 있었다. 하지만 중국에서는 일본의 침략 전쟁으로 인해 부모를 잃게 된 중국의 고아 소녀가 일본 남성에게 뺨을 맞은 것 자체가 굴욕인데, 거기서 더 나아가 뺨을 맞은 중국 처녀가 자신을 때린 일본 남성을 사랑하게 된다는 영화적 설정은 이중의 굴욕으로 다가갔다. 이 장면이 불러일으킨 사건에 대해 훗날 야마구치 요시코는 자서전에 이렇게 썼다. "손으로 뺨을 맞아서 아팠다는 것! 눈에서 불꽃이 일어날 정도였다. 귀에서 징- 하는 느낌이 들어서 아무 것도 들리지 않았다. 카메라가 돌아가고 있었기 때문에 연기를 계속해야만 했다. 잊어버린 대사들을 어떻게든 맞춰서 처리했다. 촬영이 끝난 후 하세가와 씨는 '나도 모르게 그만 진짜로 때리게 됐어. 미안, 미안.' 하고 자꾸만 사과를 했다." 그때 중국인 관객들의 분노와 야유를 본 리샹란은 자신이 수많은 중국인들을 속이고 있다는 양심의 가책에서 벗어나지 못했다.[9]

만영 시절의 리샹란이 여배우로서 최고의 전성기에 올랐을 때 개봉한 영화 〈만세유방萬世流芳〉(1943, 만영·중화전영 합작)이 중국에서 대히트를 치자 리샹란이 공동기자회견에 초청되었다. 이날 리샹란은 양심의 가책에서 벗어나고자 자신이 일본인이라는 사실을 만천하에 고백하리라고 마음먹었다. 이미 1941년 초부터 리샹란이 일본인이라는 소문이 암암리에 돌고 있었던 데다 〈만세유방〉이 일본의 국책회사인 '만영'과 중국영화회사(중화전영)의 합작으로 제작된 사실에 대해 이 영화에 출연한 중화전영 출신의 중국 배우들이 '매국노'로 낙인찍히면서 또다시 중국인들의 반일감정이 고조되었기 때문이다. 이러한 분위기에서 리샹란은 일본군 고위 참모들의 모임에 초대될 때마다 "중국인으로서 그런 초대에 응할 수 없다"고 거절하거나 일본군함 입항식 행사에 참석하지 않는 등 중국인들의 반일감정을 건드릴 만한 행동을 하지 않기 위해 고군분투해야만 했다. 실제로 '중화전영'의 여배우 첸위엔샹陳雲裳이 리샹란을 대신해 환영 꽃다발을 들고 일본군함 입항식 행사에 참석했는데, 그때의 사진이 신문에 크게 실리는 바람에 중국 국민들로부터 배신자의 낙인이 찍혀서 크게 곤욕을 치렀으며, 그 사건으로 인해 첸위엔샹은 일본 패전 이후 재기하지 못하고 홍콩에서 은거생활을 해야만 했다.

리샹란은 시간이 흐르면 흐를수록 언젠가는 자신이 일본인이라는 사실이 세간에 밝혀지게 될 것이라는 두려움에 사로잡힐 수밖에 없었고, 차라리 스스로 자신의 국적을 밝혀 그 공포심에서 벗어날 것을 다짐했다. 그러나 과거 자신에게 '리샹란'이라는 이름을 지어주었던 양부 리샤오슌은 이러한 리샹란의 결심에 적극적으로 반대했다. 이유인즉슨 리샹란이 일본인이라는 사실을 알고 있는 중국인들도 많이 있지만 그들 스스로 그 사실을 인정하고 싶어 하지 않는다는 것이었다. 리샤오슌은 "당신은 이제 중국인의 스타입니다. 우리 중국인의 희망을 깨뜨리지 말아주시오"라고 당부하면서 리샹란이 지금처럼 그저 중국인 여배우로 남아 있어 주기를 바랐다. 자신을 향한 중국인 팬들의 마음에 감동한 리샹란은 아시아 팬들을 향해 당당하게 고백하고자 했던 마음을 그 자리에서 단념해버렸다.

〈만세유방〉의 대히트로 인해 나는 베이징에서도 스타로 대우받게 되었다.

어느 날 중국계 신문사에서 공동기자회견 요청이 왔다. 나는 꺼려졌다. 중국인 여배우로 찬사를 받고 있으면서 대체 어떤 표정으로 무슨 말을 하면 좋을까. 그러나 거절하지 못했다. 문득 일본인이라는 사실을 고백하고 싶은 충동이 생겼다. 그래, 그렇게 하자. 나는 아버지의 친구이자 기자클럽의 간사인 리제춘李際春 씨에게 이 사실을 말했다. 그러나 리제춘 씨는 머리를 세게 흔들었다.

"중국인은 일본인에게 괴롭힘을 당하고 있습니다. 대히트한 〈만세유방〉에 일본인이 출연했다는 사실을 알게 된다면 중국인들이 얼마나 실망하겠습니까." (중략)

국적 문제에 대한 발언은 나오지 않았다. 한 시간 반 정도의 회견을 끝내고 회장을 나가려고 할 때 뒤에서 "리샹란 양!" 하고 부르는 소리가 들렸다. 뒤를 돌아보니 젊은 기자가 나에게 "당신은 중국인이지요? 그럼에도 〈지나의 밤〉이나 〈백란의 노래〉와 같이 중국을 모욕하는 영화에 출연했습니다. 중국인으로서의 긍지는 어디로 간 겁니까"라고 말했다.

직접 국적을 묻지는 않았다. 그러나 오히려 그 질문의 방향은 나의 마음을 후볐다. 나는 허를 찔려서 눈을 부릅뜨고 침묵했다. 이윽고 나는 대답했다. "어린 시절, 아무 것도 몰랐을 때 했던 일입니다. 지금은 후회하고 있습니다. 이 자리에서 여러분께 사죄합니다. 다시는 전철을 밟지 않겠습니다." 뜻밖에도 기자단에서 박수가 터져 나왔다. 나는 한참동안 머리를 들 수가 없었다. 그들은 내가 일본인이라는 것을 알고 있었다고 생각한다. 그러나 리제춘 씨와 마찬가지로 내가 중국인 여배우인 채로 있어주기를 바랐을 것이다. 한편으로 나는 감사했다. 그때의 일을 생각하면 지금도 나는 눈물이 난다.[10]

이렇게 리샹란이 '조국' 일본과 '모국' 중국 사이에서 경험한 내셔널 아이덴티티의 분열 과정은 일본인으로서의 수모와 긍지와 양심의 가책을 횡단하고 미끄러지기를 반복하면서 끊임없이 계속되었다. 마침내 리샤오슌의 바람대로 리샹란이 직접 부른 영화 〈만세유방〉의 삽입곡 〈매당가賣糖歌(엿 파는 노래)〉가 레코드 품절 사태를 가져올 정도로 중국에서 대히트를 했고, 또 영화 〈만세유방〉이 마오쩌둥 공산당 정부의 거점인 옌안과 장제스 국민당 정부의 주도시인 충칭은 물론 중국 전역에서 상연되면서 또다시 대히트하는 데 성공했다.

• •

만주영화협회 최전성기에 조선과 타이완을 방문, 수차례의 독창회와 순회공연을 이어가며 점차 대중적 인기를 얻게 되면서 리샹란은 '중국 대륙의 스타'에서 이른바 '흥아의 대스타'로 재탄생했다. 불가능에 가까운 무리한 공연 일정을 소화해가는 가운데 리샹란은 "내선일체 총력영화"[11]를 표방한 조선영화 〈그대와 나君と僕〉(감독 허영, 1941)에서 '만주 소녀' 역을 맡았고, 이어서 〈병정님兵隊さん〉(감독 방한준, 1944)에도 단역으로 출연했다. 특히 '육군성보도부'와 '조선총독부'가 후원하고 '조선군 보도부'가 제작한 최초의 조선영화 〈그대와 나〉는 일본과 조선, 그리고 '만영'의 배우들과 제작진이 총동원된 그야말로 "미증유의 전 일본 캐스트의 탄생!"[12]을 매개로 한 '대동아공영'의 영화라는 점에서 특별한 의미를 갖는다.

이러한 제작 형태는 "종래 내지영화에서조차 볼 수 없었던, 각 회사가 각자를 잊고 협동하는" 당시로서는 매우 특수한 방식이었고, 그 때문에 순수한 조선영화로 볼 수 없다는 논란이 불거졌을 만큼 이례적인 일이었다.[13] 일반 영화회사가 아닌 '조선군 보도부'가 제작한 데다 고스기 이사무小杉勇, 오비나타 덴大日方傳, 미야케 구니코三宅邦子, 마루야마 사다오丸山定夫, 가와즈 세이자부로河津清三郎, 아사기리 교코朝舞鏡子 등 당시 일본 영화계의 일급 스타들뿐만 아니라 황철, 심영, 서월영, 이금룡, 문예봉, 복혜숙, 김신재, 김소영 등 조선의 스타급 배우들을 비롯하여 '만영의 간판스타' 리샹란까지 그야말로 '대동아 올스타'의 출연진을 구성하고 있었으니 말이다.

〈그대와 나〉는 조선인 육군 지원병 제1호인 이인석 상병이 1939년 6월 22일 중국 전선에서 전사한 사건을 모티프로 한 영화다. 히나쓰 이에타로日夏英太郎로 창씨개명을 한 이 영화의 감독 허영許泳(1908~1952)의 말에 따르면, "'기미きみ', 즉 '그대'라는 것은 일반 내지內地인의 총칭이오, '보쿠ぼく', 즉 '나'는 일반 조선인의 총칭으로서 그대와 나는 굳게 손을 잡고 대동아공영권의 초석이 되자"[14]라는 의미를 표방한 영화 〈그대와 나〉는 사실 침략 전쟁을 수행하고 있는 일본군을 대대적으로 선전함과 동시에 조선인 지원병 제도를 홍보하기 위해 '내선일체' 이데올로기를 표방한 것이었다.

조선군 보도부가 제작·지휘하고 리샹란이 두 번째로 출연한 조선영화는 1944년 방한준 감독의 〈병정님〉이다. 조선인 징병제 실시를 노골적으로 선전하고 있는 영화 〈병정님〉은 '육군지원병훈련소'에 입소한 지원병들의 생활을 세미다큐멘터리에 가까운 스타일로 보여준다. 이 영화는 전선으로 떠나는 아들을 자랑스러워하는 부모들과 황군이 될 수 있다는 아들들의 자부심을 오버랩하면서 조선인 지원병 제도의 영예를 선전하기 위해 영화의 주요 무대인 훈련소를 따뜻한 전우애로

똘똘 뭉친 정겨운 공간으로 묘사한 국책영화다. 따라서 영화 속에서 군대라는 장소는 조선사회에서 민간인으로 살아가는 것보다 훨씬 더 윤택한 곳으로 묘사된다. 전시 상황임에도 불구하고 공장같이 거대한 규모의 취사장에서 제공되는 풍족한 식사는 물론 간식도 마음껏 먹을 수 있다. 편리한 시설을 갖춘 목욕탕과 세탁실은 항상 청결한 생활을 유지할 수 있도록 해주며, 휴일에는 면회나 외출도 자유롭게 할 수 있는 병영은 조선인 지원병들에게 아무런 위화감을 주지 않는다. 이러한 지원병들의 병영생활은 일제 말기 징병을 앞둔 조선의 청년들과 부모들에게 심리적인 위안과 안심을 제공해줄 수 있었다.[15]

영화 〈병정님〉에서 리샹란은 훈련소에서의 지원병들이 위문공연을 관람하는 장면에 등장한다. 이 영화의 위문공연 장면에는 당시 동아시아의 유명 스타들이 총동원되어 있는 것을 확인할 수 있는데, 가령 당시 조선에서 손꼽히는 소프라노였던 마금희, 일본의 유명 테너 히라마 분주(平間文壽), '대동아의 아이돌'이자 '만영의 간판스타' 리샹란과 함께 조선인 바이올린 연주자 계정식과 무용수 조택원도 등장한다. 즉 조선군 보도부는 1941년 국책영화 〈그대와 나〉를 제작했을 때와 동일한 방식으로 또다시 '대동아 올스타'들을 대거 동원함으로써 대규모의 프로파간다를 제작했던 것이다.

수많은 조선인 지원병들의 박수 소리에 맞춰 다소곳이 인사하며 무대에 등장한 리샹란은 이 위문공연에서 일본의 유명 작곡가 고가 마사오古賀政男의 〈베이징의 자장가北京の子守唄〉를 불렀다. 이 곡은 밤늦도록 깨어 있는 아기를 잠재우기 위해 부르는 엄마의 따뜻한 마음이 담긴 노래로서, 고향을 떠나 곧 전쟁터로 나갈 준비를 하고 있는 지원병들을 위로하기 위한 선곡이었던 것으로 보인다.

1944년 전황이 악화되면서 경제난으로 인해 '중화전영'의 영화 제작이 전면 중단되자 리샹란은 가수 활동에만 몰두하게 된다. 이 무렵 상하이 육군보도부의 요청으로 중화전영의 영업담당 고이데 다카시小出孝와 중화전영 부사장 가와키타 나가마사川喜多長政가 '리샹란 리사이틀'을 기획했는데, 이때 불렀던 〈야래향夜來香〉(1944)은 '상하이 7대 여자 가수왕'으로서 리샹란의 관록을 보여주었고, 지금까지도 이 곡은 전설로 남아 있다. 당시 '상하이 7대 여자 가수왕'에는 리샹란을 비롯하여 저우쉬안周璇, 야오리姚莉, 바이훙白虹, 바이광(白光), 우잉인吳鶯音, 궁츄샤龔秋霞가 포함되어 있었다. 중국인이라면 누구나 다 아는 곡이면서 한국에서도 유명한 〈야래향〉은 원래 상하이의 작곡가 리진광黎錦光의 곡이었으나, 일본의 작곡가 핫토리 료이치服部良一가 이 곡을 심포닉 재즈로 편곡하면서 새롭게 유명세를 탔다. 〈야래향〉의 가사는 다음과 같다.

남풍이 시원하게 불어오고 꾀꼬리가 밤새 처량하게 우네요 / 달빛 아래 꽃들은 모두 잠들었는데 야래향만 홀로 향기를 퍼뜨리고 있네요 / 나는 이 밤의 아득함이 좋아요, 이 밤의 꾀꼬리 노랫소리도 좋지만 / 또 그 꽃 같은 꿈속에서 야래향을 껴안고 입 맞추는 것이 더 좋아요 / 야래향 나 그대를 위해 노래합니다 / 야래향 나 그대를 그리워합니다 / 아- 그대를 위해 노래하고 그대를 그리워합니다.

당시 '동방의 파리' 혹은 '동양의 런던'으로 불리기도 했던 모던 상하이는 서구 열강의 각축장이 된 식민공간으로서의 조계지라는 특성으로 말미암아 외국 자본에 의한 자본주의 시스템이 작동하는 국제적인 상업도시였던 탓에 '화양잡처華洋雜處', 즉 중국적인 것과 서구적인 곳이 공존하는 곳이자 중국인, 조선인, 일본인, 러시아인, 서구인들이 동거했던 초국가적 공간이었다.[16] 동양 최대의 국제적 메트로폴리스의 자격을 갖춘 상하이에서 리사이틀을 개최한다는 것은 그만큼 리샹란의 대중적 인지도가 국제적 수준이었음을 말해주는 것이었다.

1944년 리샹란의 리사이틀은 상하이 대광명대희원大光明大戲院에서 주야 2회씩 3일간 개최되었다. 1944년 당시 일본의 전황이 악화일로를 걷고 있었던 데다 리샹란의 일본인설이 항간에 떠돌고 있던 탓에 중국인 청중들의 참석이 저조할 것으로 예측되었지만, 전회 표가 매진되었고 청중의 90%를 중국인이 차지하는 등 여전히 만석을 이루었다.

"백만의 말과 글보다 영화가 제일이다. 어떠한 고아한 문장이나 귀로 듣는 것보다 영화가 가장 빠르게 인간의 머리에 박힌다. 그러므로 영화는 국운을 좌우한다"[17]라는 영화의 선전 효과를 굳이 상기하지 않더라도, 영화와 노래가 비교적 쉽게 대중의 흥미와 친밀감을 이끌고 공감을 형성하면서 제국 일본의 국책 선전에 기여했던 것은 부정할 수 없는 사실이다. 그러나 1941년 2월 11일 《미야코신문》을 통해 리샹란이 일본인이라는 사실이 판명 난[18] 이후에도 동아시아 전역에서 리샹란의 인기와 영향력이 시들지 않았을 뿐만 아니라, 심지어 중국인들은 여전히 그녀가 중국인이라 믿고 싶어 했고, 또 조선인들 가운데에는 "틀림없는 조선여자"임을 확신하는 부류들이 생겨났다는 사실을 그저 대중스타에 대한 팬덤fandom으로만 볼 수 있을까. 요컨대 리샹란이 겪었던 정체성의 횡단과 분열, 그리고 당시의 대중에게서 목도된 정체성의 혼돈은 대체 어디에서 비롯된 것이며, 나아가 그것이 해방과 패전 이후 완전히 역전되어버린 저간의 사정은 매우 문제적이다.

1945년 일본 패망 직전 25세의 리샹란

주지하다시피 모든 국가는 프로파간다의 주모자이며, 프로파간다의 작동이 요구될 때 모든 정부는 최소한 그 국민의 수동적인 묵인을 필요로 한다. 그 때문에 프로파간다의 설득적인 힘은 논증보다는 주로 감정적인 호소에 의지한다. 따라서 객관적인 '사실'은 진실과 관련성이 없거나 만약 관련성이 있더라도 능수능란하고 확신에 찬 주장이나 감정에 종속되어 버리기 일쑤다. 프로파간다가 대중에게 잘 전달되는 이유는 타자를 배제함으로써 공동의 적을 만들거나 대중의 기호를 호도함으로써 이상향을 추구하는 환상을 공유하도록 조장하기 때문이다.[19] 리샹란이 일본인이라는 사실을 알고 있었던 대중이 오히려 객관적인 사실에 대한 승인을 거부하거나 제국 일본의 프로파간다를 수행하는 리샹란의 역할을 묵인했던 태도를 보인 것과 일본의 패전 직후 배타적인 혈연 내셔널리즘을 내세우면서 리샹란의 과오를 처단하려는 것으로 선회했던 것은 국가와 대중의 공모가 정치적 프로파간다의 성공을 이끄는 중요한 요소라는 사실을 잘 보여준다.

1945년 3월 10일 도쿄 대공습으로 7만 2000여 명이 사망하고 도쿄 주변 일대의 40%가 소실되자 모든 전력을 상실한 제국 일본은 속수무책으로 수비조차 제대로 하지 못했고 아시아·태평양전쟁에서의 패색이 짙어졌다. 그럼에도 리샹란의 군 위문공연은 계속되었다. 1945년 5월 또다시 상하이 대광명대회원에서 이틀에 걸쳐 개최된 리샹란 리사이틀 '야래향 환상곡'은 연일 만원을 이루었다. 리샹란은 일본이 전쟁에서 패하기 불과 이틀 전까지 황군 위문공연을 이어갔고, 마침내 1945년 8월 15일 제국 일본이 연합군에 무조건 항복을 선언하면서 리샹란의 입지도 커다란 전환기를 맞이한다.

• •

1945년 7월 17일부터 8월 2일까지 독일 포츠담에서 미국·영국·소련 3국의 정상들이 제2차 세계대전 이후 유럽의 전후질서 구축 문제를 논의하고 있던 가운데, 7월 26일 미국·영국·중국의 세 정상들이 일본의 무조건 항복을 권고하는 포츠담선언을 공표했다.[20] 그러나 이미 도쿄 공습으로 전의를 상실한 일본은 패색이 짙어진 와중에도 공세를 멈추지 않았다. 8월 6일 히로시마와 8월 9일 나가사키에 원자폭탄이 투하된 가운데, 8월 8일 소련이 대일본 선전포고를 하고 만주를 공격하고 있던 와중에도 리샹란이 상하이 경마장에서 대규모 리사이틀을 개최하고 있었던 것은 아직 일본이 전의를 포기하지 않았기 때문이다. 히로시마와 나가사키가 초토화되고 관동군이 만주에서 철수하는 등 연합군의 공세가 한꺼번에 밀려오자 일본 어전회의에서 포츠담선언의 수락을 결정. 1945년 8월 15일 마침내 일본이 무조건 항복함으로써 아시아·태평양전쟁도 끝이 났다.

전쟁이 끝나자 상하이에서 중국인과 일본인의 지위는 크게 역전되었다. 일본군은 무장을 해제당하면서 중국군의 포로가 되었고, 민간인들은 홍커우虹口에 있는 일본인 수용소에 수감되었다. 황군 위문공연에 한창 매진하고 있던 와중에 일본의 패전을 목도하게 된 리샹란은 더 이상 수많은 대중의 박수를 받는 리사이틀을 개최할 수 없게 된 것이다. 그날 전쟁의 잔해들을 밟으며 집으로 돌아가던 리샹란은 "앞으로 일본인으로 살 결심을 하고 인력거 위에서 울었다"고 훗날 고백한 바 있다. 일본이 전쟁에서 패하자 당시 리샹란의 중국인 동료들은 그동안 제국 일본의 국책에 협력한 중국인들을 재판에 회부하여 '매국노'로서 처형하게 될 것이라며 하루 빨리 일본으로 도망갈 것을 권유했다.

"일본인은 전승 국민을 고용할 수 없다. 일본인은 전승 국민이 끄는 인력거에 탈 수 없다. 일본인은 항상 '일교日僑(외국에 거주하고 있는 일본인-인용자)'라는 글자와 수용자 등록번호를 표시한 완장을 차야 한다"는 중국의 포고문이 내려졌다. 리샹란은 제국 일본에 협력한 매국노로 분류되어 무대의상을 포함한 모든 것을 중국 정부에 몰수당했다. 곧이어 중국 신문에 리샹란, 가와시마 요시코川島芳子, 첸위엔샹陳雲裳은 일본의 대륙정책에 협력하고 중국을 모독한 '3대 여성 매국노'이자 '문화 한간漢奸'이라는 기사가 실렸다. 리샹란의 부모는 그동안 리샹란이 중국을 무척 사랑해왔고, 또 '중일친선'을 위해 노력해온 노고를 강조하면서 매국노라는 오명을 벗기기 위해 애를 써보았지만 그 누구도 그 사실을 인정하려 들지 않았다. 중국 내에 거주하고 있었던 일본인들 역시 패전 국민이 되어 궁지에 몰리기 시작했다.

8월 20일 만영의 제2대 이사장 아마카스 마사히코甘粕正彦가 청산가리를 먹고 자살했다. 1923년 간토대지진 당시 헌병 분대장으로서 무정부주의자 오스기 사카에大杉榮를 살해한 아마카스는 1929년 만주로 건너가 관동군과 함께 정보·모략공작을 담당하는 특무기관을 설립하고 또 청나라 마지막 황제인 푸이溥儀를 경호하는 등 만주 건국공작 과정에서 다방면으로 암약했던 인물이었다. 만주 건국 후에는 민정부 경무사장, 국내부 자의諮議, 만주로 들어오는 '쿠리coolie'를 통제하는 대동공사 주재자, 만주제국협화회 중앙본부 총무부장, 만주영화협회 이사장 등을 역임해가면서 만주국 통치에 은밀한 발언권을 가진 정치적 실력자 중의 하나였다. "낮에는 관동부 사령부가 만주국을 지배하고, 밤에는 아마카스가 지배한다"라는 말이 항간에 떠돌 정도로 거물급 인사였던 그가 자살한 이사장실 칠판에는 다음과 같은 문구가 남아 있었다. "거대한 도박, 원금도 이자도 없이 빈털터리."[21] 만주국 막후의 실세로서 정치적 프로파간다를 능숙하게 활용할 줄 알았던 아마카스는 제국 일본의 도박과도 같았던 만주국과 운명을 같이했던 것이다.

1945년 9월 상하이 홍커우의 일본인 수용소에 수감 중이던 가와시마 요시코가 고등재판에서 '한간'으로 몰려 사형이 결정되었다. '동양의 마타하리'라는 별명으로 더 유명한 가와시마 요시코는 1907년 청나라 황실의 숙친왕肅親王 아이신기오로 산치愛新覺羅 善耆의 14녀로 태어난 공주였다. 그러나 신해혁명으로 청 황실이 몰락하면서 일본의 보호를 받으며 청나라 황실복원운동을 추진했던 숙친왕이 1922년에 사망하자 일본 유학을 중단하고 귀국하여 자살 시도를 하거나 남장을 하고 다니며 사회적으로 물의를 일으키는 등 자주 구설수에 올랐다. 청나라 황실의 후예라는 사실과 함께 뛰어난 미모와 남장 취향까지 더해져 가와시마 요시코는 일본에서도 주목하는 인물이었다. 1927년 몽골 출신의 파프체프 장군의 차남과 결혼했지만 3년 후 이혼, 상하이로 건너가 상하이 주재 일본총영사관의 주재무관이던 다나카 류키치와 사랑에 빠졌다. 이후 가와시마는 스파이로 변신했는데, 알려진 바로는 만주국 건국의 배후 공작에 그녀가 있었다고도 하고 또 상하이에서 중국국민당의 고위직을 맡고 있던 쑨원孫文의 장남 쑨커를 유혹해 그에게서 고급 정보를 빼내는 일을 했다고도 한다.

영어, 중국어, 일본어를 자유자재로 구사하는 데다 '청나라 황실의 공주'라는 상징성도 있었기 때문에 가와시마는 일본 측에서도 매우 가치 있는 스파이였다. 그러나 제어할 수 없을 만큼 방탕한 생활에 돌발행동을 일삼다가 관동군의 눈 밖에 나게 되면서 근신처분을 받게 된다. 태평양전쟁에서 일본이 패한 이후 가와시마는 관동군 소속이었기 때문에 일본으로 탈출할 수도 있었지만 이를 거부하고 만주에 남았고 중국인들의 손에 체포되어 수감 중 1948년 3월 25일 베이징 제1감옥 형장에서 총살되었다.

한편 상하이 중국군 보도부에 리샹란도 사형에 처하라는 투서들이 한꺼번에 쏟아지자 군 정부, 헌병대, 경비사령부를 돌아가면서 수차례의 조사를 받는 등 리샹란의 신변도 급격히 위태로워지고 있었다. 급기야 중국의 한 신문에 '문화 한간 리샹란, 다가오는 12월 8일 오후 3시에 상하이 경마장에서 총살형 결정'이라는 기사가 실리기도 했다.

곤경에 처한 리샹란에게 "미국 달러로 5000달러를 내면 정부와 교섭을 벌여 무죄 방면이 되도록 해주겠다"는 제안도 있었고, "자신의 몇 번째 부인이 되어주면 아무 일도 없었던 것으로 해주겠다"는 제안도 있었다. 심지어 상하이 유력자들은 리샹란이 중국에 영주한다면 재판을 중지해줄 것은 물론, 저택과 비서, 고용인, 운전수가 딸린 고급 자동차를 비롯하여 넉넉한 재산을 주겠다고 회유하면서 이따금 만주 시찰여행을 요구하기도 했는데, 이것은 만주 사정에 밝은 리샹란에게 공산팔로군이 진출한 지방의 정세를 염탐하기 위해 스파이 역할을 요구한 것이었다.[22]

1946년 2월 중순 리샹란은 상하이 군사재판소 법정에 소환되었다. 리샹란에게 씌워진 '한간'이라는 혐의는 '처치한간안건조례'를 통해 어디까지나 중국인이나 중국 국적을 가진 사람에게만 적용되는 법률이었기 때문에 외국 국적을 가진 사람은 처벌할 수 없었다.[23] 그동안 수차례의 신문기사를 통해 리샹란이 사실은 일본인이라는 것이 어느 정도 밝혀진 이후였지만 리샹란에게는 이를 증명할 만한 공식적인 서류가 필요했다.

때마침 소비에트 연방 외무성 소속으로 상하이 총영사관에서 근무하고 있던 유년시절의 친구 류바츠카가 궁지에 몰린 리샹란을 돕기 위해 찾아왔다. 리샹란이 본래는 일본인 '야마구치 요시코'였다는 사실을 알고 있었던 류바츠카는 리샹란의 부모를 찾아가 호적등본을 입수할 수 있는 길을 열어주었다. 당시 만주국이나 조선으로 이주한 일본인 가정은 자신들의 일본 국적을 증명하기 위해 호적등본을 여러 개 소지하고 있는 것이 보통이었다. 그러나 전쟁으로 우편물 수송이 정상적으로 이루어지지 않았던 탓에 누군가 베이징에 있는 부모를 방문하여 호적등본 서류를 받아 상하이에 있는 수용소까지 직접 전달해주었다. 리샹란은 류바츠카의 도움으로 중국군에 호적등본을 제출하여 '한간' 혐의를 벗고 재판에서 풀려났다.

극적으로 살아남은 리샹란은 떠들썩한 중국 언론을 피해 일반 일본인 귀환자 그룹에 섞여서 몰래 귀국할 계획을 세웠다. 1946년 3월 말 상하이 항구에서 출항하는 인양선 운젠마루雲仙丸에 승선한 순간 〈야래향〉이 울려 퍼졌다. 1946년 4월 1일 중화전영 부사장 가와키타 나가마사川喜多長政와 함께 규슈 하카타 항에 상륙했을 때 '리샹란'이라는 이름을 '야마구치 요시코'로 바꾸어 귀국자 명단에 올렸다.

패전 이후 리샹란은 필연적으로 야마구치 요시코로 회귀해야만 했다. 제국 일본이 피폭과 무조건 항복이라는 뼈아픈 의식을 통해 그들의 침략 전쟁과 결별해야 했던 것처럼, 야마구치 요시코 역시 과거 '흥아興亞의 은막 스타'였던 리샹란과 통절한 결별의식을 치러야 했다. 그것은 물론 전향, 위선, 배신과 같은 위태로운 방식을 노정할 가능성이 컸다. 그러나 리샹란 그리고 야마구치 요시코는 패전 후의 일본 국가가 걸어가야만 했던 길, 즉 전후 민주주의와 평화주의의 길을 운명처럼 선택했다.

일찍이 나는 리샹란이라는 이름을 묻어버리려고 굳게 결심했지만 그로부터 40여 년, 기회가 될 때마다 그녀는 항상 내게 붙어 다녔다. 물론 내게도 그녀와 분리되기 어려운 점이 있었기 때문일 것이다. 하지만 지금 이 작업(자서전 집필-인용자)을 끝낸 우리에게 조금씩 확실한 이별의 시기가 다가오고 있다. 이제부터는 '역사'가 나에게 부여해준 많은 일들을 완성하기 위해 걸어가고 싶다.[24]

1941년 2월 11일 '일본극장 일곱 바퀴 반 사건'으로 유명한 〈리코란 도쿄 공연 비매
품 녹음 음반〉. 봉축 황기 2601년 기원절 기념 '일만친선 가요사절단, 노래하는 리
코란'. 1941年 2月 11日 東京日本劇場特別實演會録音集(SP14枚組 No.NR72〜85)
만주국 국가, 유행가, 창가, 외국 곡 등 21곡 수록 / 일본방송녹음협회/JOAK 도쿄
방송국 동아중계방송반 녹음. 이 음반에는 리상란이 일본어로 노래한 〈기원절(紀
元節)〉 노래가 수록되어 있다.

1932년 12세의 리상란. 이
무렵 리상란은 장래 자신
의 운명에 중요한 역할을
하게 되는 친구 백계 러시
아인 류바츠카를 만난다.

제1부 내셔널리즘과 제국의 은막 스타

1933년 13세의 리샹란   1938년 18세의 리샹란

1940년 영화 〈지나의 밤〉의 한 장면. '도호(東宝)의 간판스타' 하세가와 가즈오와 '만영의 간판스타' 리샹란이 콤비가 되어 열연했다.

1939년 하세가와 가즈오와 리샹란 주연의 영화 〈백란의 노래〉는 일본의 소설가 구메 마사오(久米正雄, 1891~1952)의 소설을 원작으로 한 것이다. 이 영화는 리샹란과 하세가와 가즈오가 유명세를 타게 해준 영화로서, 일본인 마쓰무라 고키치(松村康吉)와 만주 처녀 이설향(李雪香)의 연애 이야기를 소재로 '일만친선'과 '만주 개발'을 선전하기 위한 국책영화다.

1941년 허영 감독의 영화 〈그대와 나〉의 주제가 음반 딱지

"싸우는 반도의 살아 있는 모습이 여기 있다!" 태평양전쟁의 전황이 불리해진 일본이 조선인 징병제를 선전하기 위해 제작한 국책영화 〈병정님〉의 신문 광고. 조선에서는 1944년 6월에 '국도극장'의 전신인 경성부의 '성보극장'에서 개봉했다. 총지휘: 육군중위 임득일(林得一), 각본: 니시키 모토사다(西龜元貞), 연출: 방한준(方漢駿), 촬영: 세토 아키라(瀬戸命: 이명우의 창씨명), 음악: 아사히나 노부루(朝比奈昇: 김준영의 창씨명). 출연자 명단에 리샹란의 이름이 씌어 있다.

패전 직후인 1948년 '야마구치 요시코'라는 본명을 걸고 일본에서 찍은 첫 영화 〈우리 생애 최고의 날(わが生涯のかゞやける日)〉. 감독은 요시무라 고사부로(吉村公三郞)이다.

제3장

1935년 레니 리펜슈탈, 〈의지의 승리〉로 히틀러를 영웅화하다

"1934년 9월 5일, 제1차 세계대전이 발발한 지 20년 후, 그리고 독일의 고난이 시작된 지 16년 후, 그리고 독일이 재탄생한 지 19개월 후, 히틀러는 그의 충실한 지지자들을 관찰하기 위해 다시 뉘른베르크로 향했다."

레니 리펜슈탈의 기념비적인 기록영화 〈의지의 승리〉의 첫 장면은 이렇게 시작된다. 리하르트 바그너Richard Wagner의 장중한 음악이 흐르고 뉘른베르크 상공을 가로지르며 뭉게구름을 뚫고 나온 히틀러의 전용기가 도시 전경을 내려다본다. 이윽고 히틀러의 전용기가 뉘른베르크에 착륙하고 히틀러가 모습을 드러내자 환희에 찬 표정의 독일 국민들은 마치 천상계의 신이 뉘른베르크 상공에서 인간 세계로 강림한 것같이 환호하면서 기뻐한다. 대형 하켄크로이츠Hakenkreuz가 정렬된 뉘른베르크 도시를 카퍼레이드로 가로지르는 히틀러를 보기 위해 끝없이 늘어선 거리의 군중은 손수건을 흔들고 꽃다발을 건네며 '하일 히틀러Heil Hitler(히틀러 만세)'를 연신 외쳐댄다.

친위대의 엄호를 받으며 나타난 히틀러는 자상한 표정으로 군중을 돌아다보고는 두처호프호텔 안으로 들어간다. 호텔의 2층 발코니로 다시 나와 호텔 마당에 모여 있는 군중을 향해 오른손을 흔드는 히틀러의 근엄한 자태는 그가 독일 국민의 무한한 신뢰를 한 몸에 받고 있음을 여실히 보여준다. 늦은 밤까지 이어지는 히틀러 환영행사를 밝혀주는 횃불들은 뉘른베르크의 도시 대축제를 방불케 한다. 이어서 카메라 렌즈는 다음날 찬란하게 떠오른 태양이 비추는 뉘른베르크의 평화로운 아침 정경을 느린 파노라마 화면으로 보여준다.

곧이어 히틀러 유겐트Hitler-Jugend의 빠르고 경쾌한 북소리. 서로가 짓궂게 장난을 쳐가며 샤워와 면도를 하고 소시지를 굽고 아침식사 배급을 받는 군인들의 모습은 더없이 유쾌하고 평화롭기만 하다. 한편에서는 편을 갈라 씨름을 하며 서로의 유대감을 기르고, 다른 한편에서는 고향에 있는 가족에게 편지를 쓰는 한 군인의 고요한 모습, 그리고 이어지는 밝고 명랑한 히틀러 유겐트 무리의 환한 웃음소리. 히틀러를 위해 농작물을 수확한 농민들은 화려한 독일의 전통복장 차림을 하고 끝없이 줄을 지어 히틀러를 반갑게 맞이한다.

1934년 9월 5일부터 9월 14일까지 히틀러의 순찰과 뉘른베르크에서 개최된 나치당 여섯 번째 전당대회의 기록인 〈의지의 승리Sieg des Glaubens〉(1935)는 영화 역사상 유례를 찾아볼 수 없을 정도의 선전영화로 잘 알려져 있다. 〈의지의 승리〉가 기록한 이 영화의 압권은 역시 전당대회가 개최되기 약 한 달 전인 1934년 8월 2일에 사망한 대통령 파울 폰 힌덴부르크Paul von Hindenburg(1847~1934)의 추모식 장면이다.

끝이 보이지 않는 엄청난 인파가 숨죽이고 지켜보는 가운데 S.S. 제국지도자이자 독일 경찰 총수인 하인리히 히믈러Heinrich Luitpold Himmler와 S.A. 지도자인 빅토르 루체Viktor Lutze, 그리고 독일 제3제국 총통 아돌프 히틀러Adolf Hitler(1989~1945) 단 세 명만이 중앙로를 따라 걸어가는 장면은 독일의 살아 있는 신의 위용을 그대로 전달해주는 데 손색이 없다. 나치 식 경례로 추모식을 거행한 후 곧바로 이어지는 히틀러에 대한 충성 맹세. 독일 국민에게 히틀러는 하나의 민족, 하나의 조국을 실현해줄 위대한 독일 제국의 미래 그 자체였고 그것을 의심하는 사람은 아무도 없어 보인다. 카리스마가 넘치는 히틀러의 연설에 화답하는 독일 국민의 환호성은 그것을 여실히 증명해준다. 〈바덴바일러 행진곡Badenweiler-Marsch〉[1]이 흐르는 이 영화의 마지막을 장식하는 뉘른베르크 전당대회 폐회식에서 히틀러는 독일 국민을 향해 다음과 같은 결의를 다진다.

우리의 통치력을 과시한 이번 대회는 수백만의 독일 국민과 수십만의 독일 군인들에게 매우 큰 의미를 남겼습니다. 개인적으로, 그리고 영적으로 위대한 이번 대회는 그동안 고난을 겪었던 우리 군인들과 동지들, 그리고 이 자리에 모인 모든 이들로 하여금 어렵고도 힘든 상황에서도 국가사회당의 귀중함을 깨닫게 할 용기를 지니게 할 것입니다. 우리 당이 일곱 명의 당원으로 시작했을 때도 우리는 두 가지의 원칙을 갖고 있었습니다. 첫째, 우리 당이 진정한 이데올로기 당이 되는 것, 둘째, 절대로 타협하지 않고 독일의 유일한 힘이 되는 것이었습니다. (중략) 그 어느 누구든 자신이 독일의 고귀한 피를 계승한 사람이라고 느낀다면 훌륭한 지도력을 발휘할 것이며, 절대로 그의 피와 지도력을 포기하지 않게 될 것입니다. 군인들 중에서도 유난히 눈에 띄는 용사들이 있습니다. 그런 용사들에게는 다른 일반인들에게서보다 훨씬 더 많은 것들을 기대하게 됩니다. 그들이 외치는 맹세는 '나는 믿는다'가 아닙니다. 그들은 '나는 싸운다'라고 외칩니다. 앞으로 우리 당은 국민을 위해 정치 지도자들을 만들어낼 것이며, 그들의 노력으로 강철과 같이 강력한 조직을 만들 것입니다. 정치 지도자들을 양성하는 학교 교육처럼 흔들림 없는 전술을 바탕으로 한 지도자들이 될 것입니다. (중략) 오늘날 우리는 우리 내부에 있는 모든 악의 요소들을 제거해야 합니다. 그런 것들은 우리 내부에 존재해서는 안 되기 때문입니다. 그것은 이 제국을 수천 년간 지켜온 우리의 소망이자 의지입니다. 이제 미래는 바로 우리의 손에 달려 있습니다. 우리의 선조들이 이루지 못한 일들을 우리의 젊은이들은 뼈가 부서질 때까지 강력하게 추진해나갈 것입니다. 그날이 오면 우리 당을 위해 희생한 모든 이들이 국가사회당의 최고 공신들이 될 것이며, 독일은 영원이 무너지지 않는 독일 국민의 제국으로 구체화될 것입니다. 바로 그때 우리의 씩씩한 군인들이 전진할 것이고 우리의 전통을 계승하여 정치 지도자들이 결실을 맺을 수 있을 것입니다. 더 나아가 지도자들과 군인들은 모든 독일 국민에게 힘과 안전을 선사할 것입니다. 우리의 국가 독일 제국! 이 시간, 수만 명의 당 동지들이 이 도시를 떠나고 있습니다. 그들이 이번 당 대회의 추억을 되새기는 동안 다음 당 대회를 준비하는 동지들도 있습니다. 또다시 사람들은 오고가고 새로운 일들에 몰두하면서 행복해하고 우리의 활동에 영감을 얻고 있습니다. 우리의 활동은 영원의 상징입니다. 국가사회당이여 영원하라! 독일이여 영원하라!

1934년 8월 독일의 힌덴부르크 대통령이 사망하면서 국민투표에 의해 총통으로 등극한 아돌프 히틀러의 전폭적인 지원과 레니 리펜슈탈만의 특별한 재능으로 제작된 〈의지의 승리〉는 이렇게 히틀러를 신격화하면서 나치당의 번영에 기여했다. '예술가의 입장'에서 촬영해달라는 히틀러의 부탁 때문이었을까. 영상미학적으로도 뛰어난 기록영화로 평가받고 있는 이 영화는 히틀러의 모습을 돋보이게 하는 레니 리펜슈탈의 혁신적인 카메라 촬영기법이 고도로 실현된 것으로도 유명하다. 그것은 명백히 히틀러가 독일의 미래를 구원해줄 수 있는 구세주임을 암시해주었다. 더욱이 완성된 작품으로 개봉하는 날까지 히틀러를 포함한 그 누구에게도 편집된 필름을 공개한 적이 없다는 사실에서 짐작해볼 때 이 문제적 기록영화가 오로지 레니의 손에서 탄생했다는 것은 의심할 수 없는 사실이다.

1934년 나치당원들과 히틀러의 열광적인 지지자들이 모여 있는 나치 전당대회를 독점적으로 촬영할 수 있었다는 것은 영화감독으로서 자신의 재량을 시험해볼 수 있는 최고의 기회를 부여받았다는 것을 의미한다. 레니는 이 천금 같은 기회를 허투루 사용할 수 없었다. 지금까지 세상에 존재해왔던 뉴스용 촬영 화면과는 전혀 다른 방식의 기록영화를 제작해보고 싶었던 레니는 카메라를 한 곳에 고정한 채 피사체를 찍는 일반적인 뉴스용 화면이 아니라 과거 산악영화를 촬영했을 때와 같이 무언가 역동적이고 입체적이며 화려한 피사체의 움직임을 강조하면서 전체적인 시각효과를 극대화하는 데 주력했다. 항공 촬영을 비롯하여 당시에 가능한 모든 기법을 총동원했다.

무려 36대의 카메라와 120여 명의 촬영 스태프들을 진두지휘하는 일이란 예측하지 못했던 사건사고의 연속을 감당하는 일이기도 했다. 촬영할 때마다 사사건건 트집을 잡는 친위대에 맞서야 했고, 여자에게

1934년 8월 2일에 사망한 독일 대통령 파울 폰 힌덴부르크의 추모식 장면. 끝이 보이지 않는 엄청난 인파가 숨죽이고 지켜보는 가운데 S.S. 제국지도자이자 독일 경찰 총수인 하인리히 히믈러와 S.A. 지도자인 빅토르 루체, 그리고 독일 제3제국 총통 아돌프 히틀러가 중앙로를 따라 걸어가고 있다.

지시를 받으면서 일한다는 사실을 참을 수 없어 하던 남자 스태프들과 잦은 트러블도 발생했다. 그리고 높은 깃대에 소형 리프트를 장착해 거기에 매달려 촬영하는 위험도 감수해야만 했다. 그렇게 해서 레니는 위에서 아래로 내려다보는 카메라의 시선으로 대회장에 질서정연하게 모여 있는 군중의 모습을 원근법적으로 조망하는 장면을 촬영할 수 있었다. 그뿐만 아니라 대규모의 군중 속에서 빛나는 히틀러의 모습을 카메라에 포착함으로써 집단에 속해 있는 한 개인인 히틀러의 권위를 강조하는 시각적 효과를 절묘하게 표현해냈다.

　1935년 3월 28일 〈의지의 승리〉가 최초로 공개되었을 때 히틀러는 매우 흡족해했고, 레니는 영화감독으로서 최고의 지위에 올라설 수 있었다. 그러나 〈의지의 승리〉는 혁신적인 촬영기법과 음악적 효과를 통해 독일 민족의 자긍심과 나치당의 결속력을 과시하고 또 국가사회주의 이데올로기와 히틀러의 영웅적인 모습을 오버랩하면서 체제 선전효과를 노렸다는 사실을 부정하기 어렵다. 이렇게 볼 때 레니 리펜슈탈에게 이 영상기록물은 나치당과 히틀러 우상화 작업에 기여한 틀림없는 증거물이다. 오늘날 우리가 기억하는 히틀러와 나치당의 이미지는 이 영상 속에서 탄생한 것들이 대부분이다. 특히 끝이 보이지 않는 군중의 행렬과 제복을 입은 나치 친위대의 모습, 그리고 결의에 찬 표정으로 양 주먹을 위로 뻗으며 연설하는 히틀러의 모습 등은 모두 〈의지의 승리〉를 통해 세간에 알려진 것들이다. 독일의 패전과 함께 아돌프 히틀러는 결국 사라져버렸지만, 그의 이미지는 레니의 기록영화를 통해 뛰어난 영상미학으로 영원히 남게 되었다.

때로는 '나치의 프로파간다'로서 비난의 대상이 되었고, 때로는 '불세출의 천재'로 경탄의 대상이 되기도 했던 레니 리펜슈탈은 이렇게 선명한 증거물을 두고서도 끝까지 자신의 무죄를 고집스럽게 주장했다. 1993년 독일의 라이 뮐러Ray Müller가 감독한 다큐멘터리 〈레니 리펜슈탈의 놀랍고도 끔찍한 삶〉에서 레니는 다음과 같이 항변했다. "나는 〈의지의 승리〉를 만든 것에 대해 후회할 수는 있습니다. 그러나 그 시기에 살았던 것을 후회할 수는 없습니다. 나는 반유대주의적 발언을 입에 올린 적도 없었고, 나치당에 가입한 적도 없습니다. 내가 원자폭탄을 떨어뜨렸나요? 내가 다른 사람을 배신이라도 했습니까? 도대체 왜 내가 죄책감을 느껴야 하죠?"

레니 리펜슈탈은 1902년 8월 22일 독일 베를린에서 아버지 알프레트 테오도르 파울 리펜슈탈Alfred Theodor Paul Riefenstahl(1878~1944)과 어머니 베르타 아이다 리펜슈탈Bertha Ida Riefenstahl(1880~1965)의 슬하에서 태어났다. 평화롭고 유복한 가정에서 태어난 어린 레니는 다소 거칠고 고집이 센 골목대장이기도 했지만, 동화책 속 상상의 세계에 자주 빠져버리는 몽상가적 기질을 지니고 있었다. 레니는 어려서부터 어떤 일이든 정열적으로 추진하고 강인한 의지를 보이며 거침없이 행동하는 독립적인 성격의 소유자였다.

본명은 헬레네 베르타 아말리에 리펜슈탈Helene Berta Amalie Riefenstahl. 사업가였던 아버지에게 끊임없이 자신의 야망을 불태우는 딸의 고집은 항상 골칫거리였다. 여자는 그저 조신하게 살면서 가정을 안전하게 지키는 것만이 유일한 임무라고 여겼던 완고한 아버지를 속이고 어머니의 묵인하에 몰래 무용학교에 등록을 했다가 아버지에게 들통이 나는 바람에 한바탕 이혼 소동까지 벌어졌던 어린 시절의 일화는 훗날까지 이어진 레니의 고집과 야심이 매우 뿌리 깊은 것이었음을 보여주는 사례로 꼽힌다. 1920년 발레를 하겠다는 레니의 고집을 꺾다 못한 아버지는 결국 러시아 출신의 유명 무용수 오이게니 에두아르도바의 발레학교에 직접 레니를 입학시켰다. 일반적으로 10세 이하의 어린이들을 대상으로 했던 이 발레학교의 무용수 오이게니 역시 레니의 야심과 고집을 한눈에 알아보고는 열여섯이라는 다소 늦은 나이의 수강생을 받아주었다.

1921년에서 1922년까지 유타 클람트 학교Juta Klamt School에서 받은 2

년간의 무용 수업으로 레니는 엄청난 발레 실력을 쌓았다. 당시 독일에 유행하고 있었던 표현주의 무용에 매료되었던 레니는 미래에 자신이 이사도라 던컨Isadora Duncan과 같이 전 세계를 빛내는 훌륭한 발레리나가 되리라는 것을 강하게 믿었기 때문에 잦은 발목 부상에도 불구하고 좌절하거나 포기하는 법이 없었다. 실제로 레니는 자신의 열정과 재능을 통해 세계 순회공연을 이어가는 등 조금씩 정상 궤도에 오르기 시작했다.

1923년 드레스덴의 유명한 표현주의 무용가가 있는 마리 비그만 학교Mary Wigman School에서 6개월간 더 발레를 공부한 레니는 그해 10월 23일 뮌헨에서 첫 개인무대를 가졌다. 이 공연을 본 레니의 아버지는 감격의 눈물을 흘렸다. 이후 프랑크푸르트, 라이프치히, 뒤셀도르프, 드레스덴, 취리히, 프라하 등지에서 수차례의 순회공연이 이어졌다. 레니는 6개월간 독일과 유럽에서의 순회공연을 통해 자신이 안무한 작품을 발표하면서 솔로 무용가로서의 성공을 맛보고 있었다. 레니의 표현주의 무용은 이사도라 던컨이 개척한 스타일을 발전시킨 것이었다. 레니는 짧은 기간 동안이나마 무용계의 스타가 되었고, 그 기간 동안 60회 이상의 공연을 이어갔다. 강인한 의지와 열정으로 레니는 끝없이 이어지는 공연 일정을 성공적으로 수행해나갔다.

세간의 평가처럼 레니의 열정이 너무 지나쳤던 탓이었을까. 1924년 프라하 공연 도중 무릎 인대가 끊어지는 부상을 당하면서 지팡이를 짚지 않고는 걸을 수조차 없게 되었다. 독일과 네덜란드, 스위스의 병원을 돌며 여러 전문의들과 상담해보았지만 앞으로는 무용을 할 수 없다는 진단만 되풀이되었다. 열정을 다해 무용에 매진해왔고 또 수차례의 부상을 견디면서 이제 막 세간의 격찬을 받기 시작한 순간이었다. "천 년에 한 명 나올까 말까한 무용가. 최고의 우아함과 견줄 데 없는 아름다움을 가진 명인", "발견. 무용이라는 영역에서 성취할 수 있는 가장 높은 예술적 표현을 거의 모두 실현했다"²라는 찬사가 줄을 잇고 있던 때였다.

치료 불가라는 진단을 받고 체념한 채 간신히 베를린으로 돌아온 레니는 1924년 6월 우연히 기차역에서 앞으로 그의 인생을 완전히 바꾸어놓게 될 아르놀트 팡크Arnold Fanck의 산악영화 〈운명의 산Berg des Schiksals〉(1923) 포스터를 보게 된다. 지질학자이자 '프라이부르크 산악·스포츠영화사'의 설립자였던 아르놀트 팡크는 알프스 산악 영상 다큐멘터리의 선구자로서 당시 산악영화의 유행을 선도하고 있었다. 일주일 내내 영화관을 찾아가 〈운명의 산〉을 관람했을 정도로 팡크의 영화에 매료된 레니는 특유의 적극성으로 아르놀트 팡크 감독을 직접 찾아가 영화 제작에 참여하고 싶다는 의지를 밝혔다. 팡크는 거절하는 듯한 제스처를 취하면서 묵묵부답으로 일관했지만, 레니가 베를린 병원에서 무릎 수술을 받은 지 4일째 되는 날 새 영화 〈성스러운 산Der Heilige Berg〉의 대본을 가져왔다. 표지에는 '〈성스러운 산〉, 무용수 레니 리펜슈탈을 위하여'라고 쓰여 있었다. 그 후로 팡크는 거의 매일 레니의 병실을 찾아와 새 영화의 구상에 대해 상의했다.

1924년 말 레니는 〈성스러운 산〉의 남자 주인공 루이스 트렌커Luis Trenker의 상대역을 맡아 2만 마르크라는 후한 급료를 받고 팡크와 계약했다. 팡크는 영화 촬영을 위해 맹렬한 스키 연습에 돌입한 레니를 '스벵갈리Svengali'라고 불렀다. 조르주 뒤 모리에George du Maurier의 소설 《트릴비Trilby》(1895)의 주인공 이름이 '스벵갈리'이다. 당대 최고의 유명 최면술사인 스벵갈리는 자신의 신비로운 능력으로 사람들에게 최면

아르놀트 팡크 감독의 산악영화 〈운명의 산〉(1923)에서 주연을 맡은 루이스 트렌커. 무릎 인대를 다친 레니는 이 영화를 보고 무용수에서 영화배우로 인생의 방향 전환을 감행한다.

을 걸어 그의 정신을 통제하고 조종한다. 소설에서 스벵갈리는 가난한 음치 소녀 '트릴비'에게 최면을 걸어 최고의 디바로 만든다. 스벵갈리의 최면 없이는 노래를 할 수 없게 된 트릴비는 결국 스벵갈리의 도구로 전락하고 스벵갈리는 최면에 걸린 트릴비의 재능으로 자신의 탐욕을 채워간다. 레니에게 '스벵갈리'라는 별명은 혹독할 정도로 훈련을 시켜 재능을 발휘하도록 하는 사람이라는 뜻으로 붙여졌다. 팡크가 지어준 이 별명은 영화의 성공을 위해 레니가 얼마만큼 자신과의 혹독한 싸움을 이어갔는지를 짐작하게 해준다. 스키 연습을 하다가 발목에 부상을 입고도 레니는 연습을 멈출 줄 몰랐다.

숱한 부상과 눈 폭풍이 몰아치는 최악의 기후 속에서 산악영화를 촬영한다는 것은 말할 수 없는 고통이 뒤따르는 일이었다. 날마다 촬영 스태프들과 배우들이 심각한 부상을 당하기 일쑤였다. 하지만 레니는 영화 촬영에만 완전히 몰입해 있을 뿐, 높은 산지에서의 고된 생활에는 아무 불평 없이 적응했다. 그러나 촬영 중 사사건건 크고 작은 트러블을 일으키면서 촬영장에 있는 모든 사람들에게 골칫거리였음이 판명되었을 만큼 레니는 지나치게 자기중심적이고 경쟁심이 강했다. 영화 촬영장은 야전병원을 방불케 했고, 혹독한 환경 속에서 촬영은 더디기만 했다.

수많은 우여곡절 끝에 1926년 12월 베를린의 우파 팔라스트 암 추 UFA Palast am Zoo 극장에서 〈성스러운 산〉의 시사회가 열렸다. 평론가들의 호평 일색이었다. 디흐렌푸르트 박사는 레니를 향해 "진정으로 매력적인 신인이자, 풍부하고 예리한 표현력을 갖춘 명인이자, 자신의 역할과 완전히 하나가 된 배우"라며 극찬했다. 그러나 가혹한 평가도 있었다. 독일 주간지 《벨테뷔네Weltbühne》는 이 영화에 은폐되어 있는 나치 이념의 원형을 비판했는데, 훗날 지그프리트 크라카우어Siegfried Kracauer 역시 이와 유사한 비판을 가한 바 있다.[3]

제2차 세계대전 이후 지그프리트 크라카우어는 독일의 산악영화에 내포된 친나치 혐의에 대해 주목했던 인물 중의 하나인데, 이를테면 1920~1930년대 독일에서 유행한 산악영화에 산이 갖고 있는 잔혹한 속성과 인간의 실존 문제를 연관시켜 생각할 수 있는 여지가 있음을 주장했다. 예컨대 당시 인생 경험이 부족한 젊은이들이 호연지기를 기르거나 자아를 찾는 수단으로 산에 오르는 일이 많았는데, 이때 이 젊은이들은 자신의 목표를 위해서 죽을 각오로 임했다. 이러한 태도는 나치 신화의 규범과 일맥상통한다고 해서 이따금 정치 선전으로 이용되는가 하면, 등반 그 자체를 영웅적 행위로 추앙하기도 했다. 당시 'KDFKraft durch Freude(기쁨을 통해 느끼는 힘)' 위원장이었던 로베르트 레이Robert Ley가 "독일 청년들은 등산을 하면서 남성적인 힘을 기르고 멋지게 죽는 법을 배운다"라고 언급했던 것 역시 등반의 영웅적 속성을 상찬한 사례에 해당한다. 특히 나치는 '사상이나 신화를 위해 필요하다면 개인의 희생도 불사한다'는 숙명론적인 구호를 내세우면서 영웅적인 죽음과 등산 행위에 대해 특별한 관심을 표방했다.[4]

• •

〈성스러운 산〉에 이어 팡크의 두 번째 영화 〈위대한 도약〉(1927)에 출연하면서 레니의 인생은 무용수에서 여배우로 완전히 방향 전환을 하게 된다. 그동안에는 영화 촬영 중에도 틈틈이 무용 공연을 해왔지만 이제는 완전히 영화 촬영에만 몰두하면서 촬영기술 등에도 관심을 보였다. 또한 이 영화에 함께 참여한 스키선수 한스 슈네베르거와 열병과 같은 사랑에 빠져들었다.

당시 유행했던 찰리 채플린Charles Chaplin과 버스터 키튼Buster Keaton의 철학적 심오함을 가미한 슬랩스틱 코미디의 영향을 받은 〈위대한 도약〉이 흥행하면서 영화배우로서의 한스 슈네베르거와 레니의 위상이 한층 더 높아졌다. 미국의 영화 저널 《필름 쿼터리Film Quarterly》의 필자인 데이비드 건스턴은 "리펜슈탈은 쾌활하고 자극적이고 자신감이 있었다. 여배우 리펜슈탈은 눈에 띄게 성장해 있었고, 시골처녀다우면서도 동시에 여섯 나라의 의상을 합친 듯한 의상을 입고 염소 떼와 뛰어놀며 이 작은 소극笑劇에서 슈네베르거와 유쾌한 짝을 이루었다"[5]고 평가했다.

〈위대한 도약〉으로 여배우로서의 입지를 다진 레니는 슈네베르거와의 관계를 2년간 유지했다. 레니 리펜슈탈보다 일곱 살 연상이었던 한스 슈네베르거에 대해 레니는 화기애애한 동지적 관계를 유지했다. 슈네베르거는 험난한 촬영지에서 레니의 든든한 조언자이자 동료가 되어주었다. 레니의 기억에 따르면, 자신에게는 아이디어가 있었고 슈네베르거에게는 안정된 능력이 있었기 때문에 1928년까지 두 사람은 창조적이고 조화로운 관계를 이룰 수 있었다고 전한다. 그러나 1929년 영화 〈피츠 팔뤼의 하얀 지옥〉의 성공 이후 슈네베르거는 다른 사람을 사랑하게 되었다며 레니와의 이별을 통보했다. 훗날 레니의 인생에서 '최악의 배신'으로 기억되는 그날의 고통에 대해 레니는 다음과 같이 술회했다. "온몸에 고통의 세포가 스멀스멀 기어올랐다. 나는 창문을 볼 때마다 뛰어내리고 싶었고, 기차를 볼 때마다 몸을 내던지고 싶었다. 어떻게 자살하지 않을 수 있었을까? 아마도 그가 돌아오리라고 믿고 싶었겠지만, 그것은 나를 기만하는 일이었다."[6]

레니는 무용수나 산악인이라는 고정된 이미지에서 탈피하기 위해 연기의 폭을 넓히느라 고군분투했다. 동시에 영화계 거물들과의 관계를 넓혀가기 위해 애썼다. 이때의 에피소드 가운데 훗날 마를레네 디트리히가 배역을 맡아 스타덤에 올랐던 영화 〈푸른 천사The Blue Angel〉(1930)의 여주인공 역을 놓친 데 대해 아쉬움과 질투심을 표출한 대목은 레니가 얼마나 자기애가 강한 사람이었는가를 여실히 보여준다.

레니가 아쉽게 놓친 배역은 요제프 폰 슈테른베르크Josef von Sternberg의 작품 〈푸른 천사〉의 여주인공인 카바레 가수 롤라-롤라Lola-Lola였다. 이 배역은 당시 모든 독일 여배우가 탐을 냈었다. 레니는 이 역할을 따내기 위해 오디션을 보지는 않았지만 마음만 먹으면 자신이 거머쥘 수 있을 것이라고 확신하고 있었다. 마를레네 디트리히의 전기를 쓴 작가 스티븐 바흐Steven Bach에 따르면, 레니가 슈테른베르크 감독과 디트리히를 떼어놓으려고 무진 애를 썼지만 정작 레니 자신은 슈테른베

베를린에서의 레니 리펜슈탈과 마를레네 디트리히. 디트리히가 영화 〈푸른 천사〉의 배역을 따내자 레니는 말년에 이르기까지 디트리히에 대해 불같은 경쟁심을 일으켰다. 그러나 히틀러의 제3제국을 떠난 디트리히에 대해 레니는 늘 부러워했다고 한다.

르크 감독이 찾는 배역의 캐릭터를 잘 이해하지 못하고 있었다고 서술했다.[7]

레니와 디트리히는 활동시기가 일치하는 동시대의 영화배우로서, 두 사람 모두 막스 라인하르트Max Reinhardt를 통해 쇼 비즈니스에 입문했고, 또 한때 같은 아파트 블록에 살기도 했다. 촬영이 시작되자 레니는 〈푸른 천사〉 세트장까지 찾아가 디트리히가 '천박하다'고 흉을 봤다. 훗날 레니의 회고에 따르면, 당시 슈테른베르크가 그런 자신의 행위를 비난했고, 디트리히는 무척 화를 내면서 레니가 또다시 스튜디오에 찾아오면 나가버리겠다고 으름장을 놓았다고 한다. 아르놀트 팡크 역시 자신의 회고록에서 이 사건을 언급한 바 있는데, 당시 디트리히는 레니를 "우물에 독이나 탈 여자"라고 조롱했다고 한다. 라이 뮐러의 다큐멘터리에서도 노인이 다 된 레니가 디트리히를 언급할 때마다 여전히 불타는 경쟁심을 드러내는 장면을 목격할 수 있다. 그러나 다른 한편 오드리 설킬드는 자신의 저서에서 레니가 히틀러의 제3제국을 떠난 디트리히를 매우 부러워했었다고 언급했다.[8]

〈위대한 도약〉이후 일자리가 없어서 절망과 방황을 거듭하던 레니는 동계올림픽 다큐멘터리를 촬영하고 있는 스태프들을 만나기 위해 세인트 모리츠로 향했다. 따분하고 우울했던 레니에게 25개국 참가 선수들의 강건한 신체에 각인된 영웅적인 면모는 감동을 선사하기에 충분했다. 이때의 인상은 훗날 레니의 문제작 〈올림피아〉를 촬영하는 데 깊은 영감을 주게 된다. 1933년에 출간한 레니의 회고록 《눈과 얼음 속에서의 투쟁》에 기록된 이날의 경험에 대해 서술한 오드리 설킬드의 평가는 레니의 성격을 매우 적절하게 설명해준다.

순간의 분위기에 완전히 몰입해버리는 열정, 인간의 육체를 보는 감식안, 호화로운 장관과 운동 경기에 매료되는 적극적인 근성, 그리고 무엇보다 이 모든 조건과 상황이 주는 즐거움을 그대로 영감으로 받아들이는 재능이야말로 진정한 그녀의 능력이었다.[9]

• •

1928년 1월 말 혹독한 추위와 폭풍 속에서 레니는 팡크의 새 영화 〈피츠 팔뤼의 하얀 지옥 Weiße Hölle am Piz Palü〉의 촬영에 돌입했다. 촬영 스태프들이 폐렴으로 앓아눕고 갑작스런 눈사태로 몇 번의 죽을 고비를 넘는 등 긴박한 상황 속에서도 레니는 사람들의 감탄을 자아낼 정도도 밤낮 가리지 않고 열정적으로 촬영에 몰입했다. 이때 레니는 허벅지에 심각한 동상을 입어 장기간의 치료에 들어갔고, 또 평생의 고질이 된 방광염을 얻게 되었다. 이 시기의 산악영화 중 가장 크게 성공한 작품으로 알려진 〈피츠 팔뤼의 하얀 지옥〉은 그해의 독일 영화로 선정되면서 수많은 평론가들이 호평을 쏟아냈다. 영화 잡지 《클로즈업 Close Up》은 이 영화에 대해 이렇게 비평했다.

> 기존의 그 어떤 영화와도 다른 이 영화 속에는 살아 있는 산의 영혼이 심원하고 아름답게 그려져 있다. 이 영화를 보면 우리가 이전에 진정한 산, 인격화된 산, 거친 야생 그대로의 산, 끊임없이 변하는 산을 본 적이 없었음이 분명해진다. 인간의 힘으로는 어찌하지 못하는 끔찍한 격변을 예고하는 장려한 눈사태, 밝게 빛나는 산등성이 주변에서 폭발하는 듯한 눈, 태양과 구름, 끊임없이 드러나는 빛. 산을 사랑하는 사람이라면 누구라도 산의 장려함에 바치는 이 찬사에 매료되지 않을 수 없을 것이다. 주인공 디슬은 당당하고 음울한 아름다움과 영웅적인 면모를 갖춘 괴짜이다. 여주인공 레니 리펜슈탈은 새로운 모습으로 등장해 예상치 못한 매력을 아낌없이 발휘한다. 유려한 리듬감과 숨이 멎을 듯한 아름다움을 지닌 이 영화는 진정 놀라운 작품이다. 이 영화는 떠들썩한 작품도, 아무렇게나 만든 작품도 아니며 진정함을 담고 있는 작품이다. 스타는 여전히 산이다. 독일 영화 중 이만한 성공을 거둔 영화는 없었다.[10]

유성영화talkie의 시대에 돌입한 1930년, 레니는 팡크의 첫 유성영화 〈몽블랑의 폭풍Stüme über dem Mont Blanc〉[11]에도 참여했다. 레니는 여전히 산에 홀려 있었다. 알프스에서 가장 높은 봉우리에 위치한 관측소를 무대로 한 고강도 액션 멜로드라마인 〈몽블랑의 폭풍〉은 레니에게 카메라의 신비한 힘을 가르쳐준 영화다. 이 영화를 찍으면서부터 레니가 카메라 렌즈와 필터, 그리고 무엇보다 편집의 힘에 매료되었기 때문이다. 이후 레니는 주변의 모든 것을 영화감독의 눈으로 보기 시작했다. 레니는 자신의 필터 없이 다른 사람의 견해나 지시를 받아들이지 않았다. 혹독한 알프스의 환경 속에서 며칠 동안 잠을 자지도 못하고 또 수도 없이 끼니를 굶기 일쑤였지만 자신의 본능적인 감각만을 굳게 믿으며 촬영 현장에서조차 강력한 영향력을 행사하려 들었다. 이때부터 레니가 특별한 자질을 갖고 있음을 깨달은 팡크 감독은 영화의 구성이나 아이디어를 놓고 레니와 대립하기 시작했다. 〈몽블랑의 폭풍〉의 출연자였던 헨리 야보르스키Henry Jaworsky는 영화 촬영 과정에서 보여준 레니의 고집과 야망이 현장의 동료들을 얼마나 괴롭게 했는지에 대해 다음과 같이 말했다.

그녀에게서는 믿을 수 없을 정도로 넘치는 에너지가 흘러나왔습니다. 나는 레니가 자는 모습을 본 적이 없습니다. 그녀의 마음은 늘 움직이고 있었습니다. 레니는 눈가리개를 한 것 같았습니다. 한 방향, 그러니까 자신이 진행하고 있는 프로젝트만 보이는 것 같았죠. 사람들은 피곤에 지쳐 죽을 지경이었지만, 레니는 신경 쓰지 않았습니다. 레니를 보면 저는 로마 황제 네로가 떠오릅니다. 저는 레니를 무척 존경하지만 함께 일하는 건 정말 힘들었습니다. 단 한 쇼트를 찍기 위해서 장비를 전부 등에 짊어지고 8시간 동안 산을 오른다고 생각해보세요. 케이블카도 없는데 말입니다. 우리는 장비를 모두 등에 지고 다녔습니다. 그런 식으로 일을 하려면 '이상주의자'가 되어야 합니다. 그 일을 사랑해야 하지요.[12]

레니는 극한의 자연 환경이나 장엄한 빙산을 화면에 담기보다 낭만적이고 미학적이면서도 신화적인 분위기를 담고 싶어 했다. 급기야 레니는 팡크로부터 독립하여 처음 영화를 제작했는데, 그것이 바로 〈푸른 빛: 돌리미티케의 전설Das Blaue Licht〉(1932.3.24. 개봉, 86분)이다. 산악영화의 일종인 〈푸른 빛〉은 레니가 직접 각본, 제작, 감독, 주연까지 맡았다. 이탈리아 북부 알프스 산맥의 동쪽에 걸쳐 있는 돌로미티케 Dolomitiche 산맥을 배경으로 한 비극적 판타지 영화라 할 수 있는 〈푸른 빛〉에 대해 훗날 레니는 1951년 무용수 시절의 데뷔작 〈푸른 꽃〉에서 영감을 얻은 것이었다고 회고했다.

1932년 3월 24일 우파 팔라스트 암 추에서 〈푸른 빛〉이 처음 상영되었다. 이 영화로 레니는 프로듀서, 감독, 촬영, 연기 면에서 호평을 받았을 뿐만 아니라 전 세계적으로도 흥행을 기록하면서 점차 인지도를 높여갔다. 풍부한 음향효과, 뛰어난 편집기술로 험난한 산악지대의 아름다운 새벽 풍경과 독일 전원의 분위기를 수려한 영상미로 표현하는 데 성공했다는 찬사가 잇따랐다. 게다가 이 영화가 그해 '베니스 비엔날레' 은메달 수상작이 되면서 할리우드의 영화사들이 점점 더 높은 출연료를 제시하는 등 러브콜이 쇄도하기 시작했다. 파리에서 14개월간, 그리고 런던에서 16개월간 롱런을 기록하기도 했다. 훗날 아돌프 히틀러도 이 영화를 보고나서 처음으로 레니에게 강한 인상을 받았던 것으로 전해진다.

이제 팡크 감독과 공동으로 영화 제작을 할 날이 서서히 끝나가고 있었다. 1933년 팡크의 산악영화 〈SOS 빙산이다!SOS Eisberg!〉를 촬영하기 위해 레니는 그린란드로 떠났다. 이 영화에서 레니는 그린란드의 설원에서 실종된 과학자 남편을 둔 아내 헬라Hella 역을 맡았다. 헬라는 갑작스럽게 실종된 남편을 찾기 위해 직접 비행기를 몰고 그린란드로 왔지만, 비행기가 불시착하게 되면서 진퇴양난에 빠진다. 그러나 그린란드 탐험대원들의 도움을 받아 극적으로 남편을 구해낸다. 강인한 여성 캐릭터의 헬라는 레니에게 잘 어울리는 배역이었다.

영화 촬영을 마치고 그린란드를 떠나기 하루 전 레니는 히틀러의 부관 빌헬름 브뤼크너Wilhelm Brückner로부터 '뉘른베르크 전당대회' 다큐멘터리를 제작해줄 것을 요청받았지만, 이어지는 촬영 로케이션을 포기할 수가 없었다. 레니가 그린란드에서 독일로 귀국하자 히틀러 측의 요청은 더욱 강경해졌고, 이후 수차례의 만남과 논의 끝에 레니는 뉘른베르크 전당대회 다큐멘터리의 감독 제안을 수락했다. 이때의 만남을 계기로 레니는 히틀러의 최측근인 요제프 괴벨스Paul Joseph Goebbels, 루돌프 헤스Rudolf Walter Richard Heß, 헤르만 괴링Hermann Wilhelm Göring 등과 친분을 맺게 되었다. 이때 제작된 다큐멘터리 영화가 바로 제5차 나치전당대회를 기록한 〈신념의 승리Sieg des Glaubens〉(1933)이며, 곧이어서 제6차 전당대회를 찍은 다큐멘터리가 바로 〈의지의 승리Sieg des Glaubens〉(1935)다. 독일 제국 선전성에서 제작하고 레니가 감독한 영화 〈신념의 승리〉는 1933년 12월 1일 히틀러의 집권과 함께 화려하게 개봉되었다.

한때 레니는 히틀러가 정권을 잡기 시작할 무렵부터 영혼이 송두리째 사로잡힐 정도로 그의 정치 연설에 매료되었음을 고백한 적이 있다. 제1차 세계대전에서 대패한 독일 국민이 가졌던 박탈감의 정도를 그 누구보다 잘 헤아려주었던 히틀러의 연설은 국가의 갱생과 강화를 위해 전 독일 국민의 결집을 호소하고 민족주의적 심성을 자극하면서 수많은 청중의 가슴을 파고들었다. 당시 조국의 쇠락을 눈앞에서 경험한 독일 국민들이 염원했던 것은 사회·경제적 혁명이 아니라, '영혼의 혁명', 즉 독일을 세계 강대국으로 만드는 혁명이었다. 독일 국민이 민족의 새로운 단결력과 의지를 위해 개인이 민족 공동체에 종속되는 것에 대해 만족감을 표했던 것은 바로 이 때문이다. 그리고 이러한 감성은 독일 민족의 정화淨化, 즉 우생화를 위한 사명으로 이어질 수 있었다. 그런 점에서 파시즘은 독트린의 진리성에 의존하는 것이 아니라 대중의 역사적 운명과 지도자 사이의 신비적 합일에 의존하는 것이었다. 즉 민족의 역사적 중흥이라는 낭만주의적 이상과 예술적 혹은 정신적 천재와 같은 특출난 개인에 대한 낭만주의적 환상에 크게 의존하는 특징이 있다.[13]

이렇게 볼 때 레니가 히틀러의 연설에 크게 매료되었던 것은 당시 독일 국민들이 갖고 있는 일반적인 심성에 가까운 것이었다. 레니에게 히틀러의 연설은 '전기 충격을 받은 듯한 묵시록적 비전을 발견'케 해 줄 정도로 강한 인상을 남겼다. 심지어 영화 촬영으로 동분서주하는 가운데서도 레니는 히틀러가 거주하는 '뮌헨 나치의 집'으로 직접 편지를 보내 개인적인 만남을 간청하기도 했다.

존경하는 히틀러 씨, 최근에 저는 난생 처음으로 정치집회에 참석했습니다. (중략) 당신의 연설과 청중의 열광에 깊은 인상을 받았다는 사실을 고백하지 않을 수 없습니다. 당신을 개인적으로 만나고 싶습니다.[14]

레니의 인지도에 기대어 대중적인 흥행에 대한 기대를 담은 〈신념의 승리〉가 만천하에 공개되었다. 그러나 뜻밖에도 독일 제국군의 거센 항의가 빗발쳤다. 독일 제국 군인들의 영상이 히틀러 유겐트나 여성동

맹단과 거의 비슷한 비중으로 취급된 데 대해 독일군 측에서 불만을 터뜨린 것이다. 문제가 불거지자 레니는 독일 군대의 불만을 누그러뜨리고 자신의 명성을 회복하기 위해 나치당의 후원을 얻어 독일 군대를 소재로 한 단편영화를 다시 제작했다. 그렇게 해서 레니는 단 이틀 만에 〈자유의 날: 우리의 군대Tag der Freiheit: unsere Wehrmacht〉(1935)를 완성해 냈다. 강건한 독일 제국 군인들을 전면에 내세운 이 영화는 이후 우파 영화사가 제작한 영화를 상영할 때 따로 부속영화 프로그램으로 상영함으로써 강력한 독일 국방력의 위세를 선전하는 데 활용되었다. 이렇게 해서 레니 리펜슈탈의 '뉘른베르크 3부작' 〈신념의 승리〉, 〈의지의 승리〉, 〈자유의 날: 우리의 군대〉가 완성되었다.

나치 치하에서 제작된 영화의 90%가 정치 선전이 아니라 가벼운 오락물이 차지하고 있었던[15] 데 비해 레니 리펜슈탈의 '뉘른베르크 3부작'은 국가에 대한 개인의 충성이나 영웅심이 아닌 질서정연하게 운집한 수만 명의 단결된 모습을 서사적으로 보여주었다. 이 장면들이 의도한 것은 하나의 조국을 창조하기 위한 독일 민중의 통합과 영광을 재현함으로써 대중의 환상을 효과적으로 자극했다는 데 의의가 있다. 그것은 독일 국민들을 한층 더 높은 정치 영역으로 이끌어 그들로 하여금 정체성과 역사적 운명을 완전히 자각한 하나의 인종에 속한다는 격앙된 느낌, 거대한 집단적 창조 행위에 참여하고 있다는 흥분, 서로가 공유하는 느낌의 물결 속에 잠겨서 전체의 선善을 위해 개인의 이해관계 따위를 잊어버리게 해주는 데 대해 감사하는 마음, 그리고 지배자가 되었다는 느낌이 전해주는 전율을 육감적으로 경험하게 해주었다. 발터 벤야민이 지적했듯이 파시즘은 이성적인 논쟁을 직접적인 감각의 경험으로 교묘히 바꿔버림으로써 정치를 미학으로 변형시키는 데 능숙하다.[16] 레니의 프로파간다가 갖고 있는 중요한 한계란 히틀러의 나치정권을 찬양한 영상미학을 제작한 행위에 있다기보다는 충직한 사람들의 의심 없는 열정 그 자체의 정치적 미학의 성질을 간파하고 있었다는 사실이다.

• •

단시간에 실력 있는 '히틀러의 나팔수'로 등극하게 된 레니는 곧바로 베를린 올림픽(1936.8.1~16) 다큐멘터리 제작에 또다시 투입되었다. 제11회 베를린 올림픽은 원래 1916년에 개최될 예정이었지만, 제1차 세계대전으로 인해 무산되었던 것을 1936년에 새롭게 개최한 것이었다. 이 대규모의 국가적 행사는 새롭게 탄생한 히틀러의 독일 제3제국을 전 세계에 선보이는 쇼케이스와 같은 의미를 지닌 것이었다. 그 이전까지 사람들은 올림픽 경기를 화려한 국가적 행사로 인식하지 않았다. 그러나 레니의 〈올림피아Olympia〉(1938)는 독일 아리아 젊은이들의 강인한 도전정신과 완벽한 몸을 선망하는 육체의 미학을 스펙터클하게 재현함으로써 베를린 올림픽을 화려한 국제적 행사로 격상시키는 데 일조했다.

제1부 〈민족의 제전Fest der Völker〉과 제2부 〈미의 제전Fest der Schönheit〉으로 구성된 장편영화 〈올림피아〉는 인간이 갖고 있는 최상의 건강한 육체미를 찬양하기 위해 가능한 한 모든 기술적 기법을 총동원하여 만든 당시로서는 보기 드문 대작이다. 총 400킬로미터가 넘는 필름을 하루에 10시간씩 약 18개월간 편집하여 4시간 분량의 장편영화로 탄생시킨 레니 리펜슈탈은 이 기록영화로 해외에서 극찬을 받은 것은

물론이고, 그해 '베니스 비엔날레'에서 '전 세계 최고의 영화'로 선정되면서 월트 디즈니의 〈백설공주와 일곱 난장이〉를 2위로 제치고 '국제 그랑프리'를 차지했다. 또한 1938년 '제국영화상'을 비롯하여 수많은 영화제와 IOC로부터 상을 받는 등 〈올림피아〉는 그야말로 신인이었던 레니에게 감독으로서의 명성을 누릴 수 있게 해주었다. 제2차 세계대전이 끝난 1955년에 와서도 많은 할리우드의 감독들이 〈올림피아〉를 '최고의 영화 10편'에 꼽았을 정도로 이 영화는 현재까지 세련된 편집 기술을 통한 인간 육체의 자연미와 완전한 육체에 대한 찬미를 최고의 수준으로 표현한 기록영화의 반열에 올라 있다.

당대 최고의 촬영기사들을 모으고 170여 명의 스태프를 동원한 레니는 경기 중에 있는 선수들의 움직임을 최대한 효과적으로 살리기 위해 카메라 레일을 따로 설치하여 트래킹 쇼트를 찍는가 하면, 다이빙 선수의 순간적인 움직임과 육체미를 아름답게 표현하기 위해 데크레센도decrescendo로 움직이는 슬로모션 기법을 사용하는 등 혁신적인 카메라 촬영기법을 최대한 활용했다. 그 외에도 극단적인 앙각仰角과 부각俯刻, 파노라마 쇼트 등 현재에도 널리 사용되는 카메라 촬영기법이 이때 처음으로 시도되었다.

가령 기구에 자동카메라를 매달아 공중에서 촬영한 개회식 장면은 매우 획기적인 것이었고, 그 외에도 높이뛰기의 도약대 바로 옆에 구덩이를 파고 들어가 선수의 발밑에 카메라의 시선을 고정시키거나 육상 트랙 주변에 카메라 레일을 설치하여 선수들의 이동을 그대로 따라간다거나 또 경기장 곳곳에 여러 대의 카메라를 설치하여 담아낸 장면들은 경기에 몰입해 있는 선수들의 역동적인 움직임을 완전히 새로운 각도에서 포착하여 현장감을 그대로 전달해냈다.

〈올림피아〉를 촬영하고 있는 레니 리펜슈탈. 레니는 약 2년여의 편집 기간을 거쳐 1938년 4월 20일 히틀러의 48번째 생일에 이 영화를 처음으로 공개했다.

히틀러의 전폭적인 지원하에 최첨단의 영화 기자재들을 마음껏 사용하면서 자신의 재량을 최고도로 이끌어내어 과거에는 찾아볼 수 없었던 독창적인 영상미학을 선보인 레니는 〈올림피아〉를 통해 뛰어난 재량을 가진 감독으로서 세계 영화사에 불멸의 이름을 남겼지만, 동시에 그것은 아리아 민족 우월주의를 찬양하는 나치즘의 프로파간다를 예술의 경지로 끌어올림으로써 히틀러의 메시지를 최고도로 구현해낸 것이기도 했다. 그 때문에 오늘날까지도 천재적인 재능을 가진 영화감독과 전례 없는 나치즘의 잔혹한 프로파간다를 수행한 전범 사이에 위치해 있는 레니 리펜슈탈에 대한 평단의 논쟁은 끊이지 않게 되었다.

베를린 올림픽이 개최된 첫 주에 가장 화제가 되었던 사건은 미국의 흑인 선수 제시 오언스Jesse Owens가 11개의 육상 경기에서 올림픽 신기록을 갱신한 데 이어 금메달 4관왕에 올랐던 일이었다. 제시 오언스는 100미터 육상경기에서 10.03초, 200미터 육상경기에서 20.07초, 멀리뛰기에서 8.06미터, 그리고 400미터 남자 계주에서 세계 신기록을 세우고 금메달을 목에 걸면서 베를린 올림픽의 영웅으로 부상했다. 53개 참가국의 5000여 명의 선수 중 가장 독보적인 기량을 보여준 제시 오언스의 놀라운 능력에 대해 사람들은 '검은 팬더', '검은 화살', '검은 총알'이라는 별명을 붙여주었다. 그러나 나치 치하의 독일에서 보여준 제시 오언스의 천재적인 기량은 당시 나치당의 슬로건이었던 아리아 인종 우월주의에 대한 도전을 의미하는 것이었다.[17]

일설에는 히틀러가 유색인종의 우월함을 만천하에 보여준 금메달 수상자 제시 오언스와의 축하 악수를 거부하고 자리를 일찍 떠났다고 알려져 있지만, 1970년에 출간된 제시 오언스의 자서전《제시 오언스 이야기The Jesse Owens Story》에는 당시 히틀러가 미국의 흑인 선수 오언스를 비롯하여 금메달 수상자들을 로열박스로 초대해 일일이 축하 악수를 건넸던 것으로 전해지고 있다. 그의 자서전에는 이날 히틀러의 모습을 이렇게 기록하고 있다. "내가 VIP석 아래를 지나고 있을 때 나를 본 총통이 자리에서 일어나 내게 손을 흔들어주었고, 나 역시 손을 흔들어 그에게 화답했다."

한편 〈올림피아〉에서 손기정 선수의 마라톤 골인 장면은 세계 스포츠 역사에 길이 남은 명장면으로도 유명하다. 당시 손기정 선수는 '기테이 손Kitei SON'이라는 일본 대표 선수로 경기에 출전하여 2시간 29분 19초의 올림픽 신기록을 달성하며 금메달을 목에 걸었다. 다음 날 히틀러는 금메달리스트들을 위한 축하 자리에 손기정을 초대했는데,

그날에 대해 손기정은 "160cm인 내 키에 비해 그의 손은 크고 억셌으며 체구는 우람했다. 그리고 독일을 이끌어가는 통치자답게 강인한 체취를 풍겼다"라고 회고했던 바 있다. 금메달리스트답지 않게 점잖고 과묵한 분위기에 왜소한 체구를 가진 동양인 마라토너에게 깊은 인상을 받은 레니는 〈올림피아〉에서 손기정의 마라톤 경기 영상을 상당히 비중 있게 다루었다. 레니는 마라톤 선수들의 내면적 고투와 결승선에 도달하고자 하는 강인한 의지를 카메라에 담고 싶어 했다. 그래서 선수들이 달리는 모습을 카메라 렌즈에 담는 데 주력하기보다는 도로 옆 잔디가 바람에 흔들리는 장면과 선수들의 머리 위에 드리워진 나뭇가지의 그림자를 포착하여 땀으로 범벅된 굵은 혈관의 움직임과 선수들의 느린 발동작을 교차해 보여줌으로써 피로에 지친 마라토너의 상태를 시각화하고, 관객의 환호소리와 음악적 효과를 절묘하게 활용하여 마라토너의 승리감을 충분히 격상시키는 효과를 재현해냈다. 훗날 레니는 손기정 선수의 마라톤 경기 부분만 23분짜리 분량으로 따로 재편집해서 손기정 선수에게 헌정하기도 했는데, 그때의 인연으로 종전 후에 손기정이 독일 뮌헨에 방문했을 때 두 사람이 재회하기도 했다.

총 길이 400킬로미터에 달하는 필름을 18개월간 열정적으로 편집한 〈올림피아〉 2부작은 1938년 2월에 완성되었다. 레니는 복잡한 멀티트랙 후시 녹음을 도와준 음향기사 헤르만 슈토르Hermann Storr와 더빙 스튜디오에서 오랫동안 친밀하게 지냈다. 1938년 3월 중순으로 예정되어 있었던 〈올림피아〉 시사회는 독일의 오스트리아 합병으로 인해 결국 연기되고 말았다. 망연자실해 있던 레니는 〈올림피아〉가 과연 제대로 완성될 수 있을 것인가에 대한 세간의 숱한 의혹을 떨쳐버릴 수 있는 기회를 영원히 잃어버렸다고 생각하며 안절부절못했다. 더욱이 〈올림피아〉를 촬영하는 기간 내내 최악의 관계로 치달아버린 나치 선전장관 괴벨스의 조롱은 레니에게 참을 수 없는 모욕이었다. 인내심에 한계를 느낀 레니는 충동적으로 히틀러의 생일에 첫 공개를 제안해버렸고, 그렇게 해서 〈올림피아〉는 1938년 4월 20일 히틀러의 48번째 생일에 처음으로 공개되었다. 제1부와 제2부로 구성된 이 영화는 장장 네 시간에 걸쳐 상영되었다. 영화가 끝나자 히틀러는 크게 박수를 치면서 자리에서 일어나 예술가로서의 레니 리펜슈탈의 성공을 축하한다고 말해주었다.[18]

〈올림피아〉가 처음 공개된 이후 코펜하겐, 스톡홀름, 헬싱키, 오슬로에서도 각각 시사회를 개최했다. 가는 곳마다 레니는 열화와 같은 성원과 박수갈채를 받으며 성공적인 감독의 길에 들어서게 된 것처럼 보였다. 그러나 1938년 11월 연장 순회 상영을 위해 미국 뉴욕에 간 레니는 기자들로부터 '히틀러의 연인'이냐는 질문 세례를 받으며 언론의 집요한 취재 대상이 되었다. 때는 마침 히틀러 유겐트가 민간인으로 위장하여 유대인들을 닥치는 대로 약탈하고 살해하는 등 유대인 사회에 대규모 탄압이 가해지기 시작한 '수정의 밤 Kristallnacht(1938.11.9~11.10)' 사건이 터지고 난 직후였다. 나치 돌격대와 친위대 등 나치 단체의 회원들이 도끼와 쇠망치로 무장하고 유대인 소유의 상점과 예배당 공격을 주도하면서 약 7000여 개의 상점과 29개의 백화점, 그리고 수많은 개인 주택을 약탈했을 뿐 아니라 독일과 오스트리아의 유대인 교회와 묘지를 훼손하고 약 3만 명 이상의 독일계 유대인을 강제수용소로 데려갔다. 이 사건을 계기로 반독일 정서가 점차 고양되고 있었지만, 훗날 레니는 당시에 미국에 머물고 있었기 때문에 이 사건에 대해서 언론을 접한 적도 없었고 또 고국에서 일어난 일련의 정치적 사건들에 대해 전혀 아는 바가 없었다고 일축했다.

그 무렵 할리우드의 '반나치연맹Anti-Nazi League'은 레니를 경멸스러운 제3제국의 대표라고 비난하고 '치마를 입은 리벤트로프'[19]라고 부르면서 레니의 〈올림피아〉 순회 상영을 반대하는 피케팅을 벌이려는 움직임을 보였다. 그리고 주요 영화배급사에 〈올림피아〉는 나치 프로파간다의 수단이므로 보이콧하라는 전보를 보내기도 했다. 할리우드 '반나치연맹'의 거센 항의시위가 불거지고 있는 가운데 뉴욕과 시카고에서는 레니를 환영했다. 그러나 캘리포니아로 이동하자 신문에는 레니의 영화를 보이콧하자는 광고가 실렸다. "이것을 여러분의 게시판에 붙입시다! 할리우드에 레니 리펜슈탈가 설 자리는 없다. 우리의 형제 수십만 명이 죽음을 눈앞에 두고 있다. 나치의 대리인에게는 문을 열어주지 말자." 레니의 방문을 반대하는 거센 시위가 점점 확산되자 레니를 초대했던 사람들이 일제히 레니와의 만남을 취소해버렸다.

그럼에도 비공개 상영회에 참석한 사람들 가운데 《유나이티드 프레스United Press》의 렌리 맥레모어Henry Mclemore는 "지금까지 내가 본 영화 중 가장 뛰어난 영화"라고 극찬했고, 《로스엔젤리스 타임스Los Angeles Times》의 한 익명의 필진은 "카메라의 승리이며 스크린의 서사시"라며 찬사를 보내기도 했다. 하지만 반나치 감정이 점점 고양되고 있는 상황에서 미국의 영화배급사들은 〈올림피아〉 상영이 당혹스러울 수밖에 없었다. 〈올림피아〉가 높은 수익을 가져다줄 것이라는 사실은 잘 알고 있었지만 모든 미국의 영화배급사들은 상영 계약 취소를 선택해버렸다. 할리우드에서 소기의 성과를 거두지 못하고 만 레니는 다시 독일로 돌아올 수밖에 없었다.[20] 그 이후 미국 언론에서는 근거와 출처를 알 수 없는 레니와 히틀러의 스캔들에 대한 가십이 연이어 터져 나왔다. 이날에 대해 1939년 2월 5일 괴벨스의 일기에는 이렇게 기록되어 있다.

저녁에 리펜슈탈이 미국 여행에 대해 보고했다. 그녀의 이야기는 실망과 불쾌함 그 자체였다. 더 이상 아무 것도 주문하지 않았다. 유태인의 테러와 보이콧이 세상을 지배하고 있다. 그러나 이것이 얼마나 오래 갈 것인가?[21]

〈올림피아〉의 내용 그 자체만 보자면 정치적 선전영화의 요소를 거의 발견할 수 없다. 실제로 이 영화에 등장하는 나치 지도자들의 모습 역시 강권을 휘두르는 등의 불쾌감을 보여주지도 않는다. 그러나 나치가 강조하는 이상적인 아리아인 상으로 간주된, 박수를 치며 환호하는 관객의 모습이라든가 뛰어난 육체미를 소유한 선수들의 강인함을 통한 의지와 열정의 숭배를 숭고함으로 미학화한 것은 선전영화 특유의 일면을 보여주고 있다. 특히 〈올림피아〉가 히틀러의 전폭적인 지원 하에 제작되었다는 사실과 그것이 재능과 매력을 겸비한 레니에 의해 제작되었다는 사실, 그리고 환상적인 영상미학과 뛰어난 촬영기법까지 어느 것 하나 손색이 없었던 이 기록영화가 히틀러의 독일 제3제국의 이념과 밀접한 관계가 있었다는 사실은 세간의 의혹을 사기에 충분했다. 그 때문에 영화가 공개된 이후 흥행에는 성공을 했지만, 국제 정세가 악화되면서 적대국에서의 상영이 금지되는 등 예기치 못한 냉대를 받다가 1952년이 되어서야 재상영이 가능해졌는데, 그 이후부터 오늘날까지 이 영화의 프로파간다적 성격에 대한 논쟁은 끊이지 않고 있다. 그러나 이러한 세간의 다양한 의혹을 무시한 채 레니는 끝까지 〈올림피아〉가 베를린 올림픽의 역사적인 행사를 그대로 기록한 다큐멘터리라는 점을 일관되게 주장했다.

하지만 프로파간다가 교묘한 조작에 의해서 창조된다거나 속임수나 사기와 동일시하는 이해방식은 프로파간다에 쉽게 함몰되는 대중의 인식 회로를 간과한 것이다. 프로파간다의 원동력은 유토피아적 비전이 지닌 설득력이며, 유토피아에 대한 환상이야말로 수많은 프로파간다에 내재해 있는 가장 강력한 내용이다. 프로파간다가 논증보다는 강력한 주장이나 확신에 찬 단정을 매개하면서 대중의 감정에 호소하는 것은 바로 이 때문이다. 대중의 유토피아에 대한 갈증은 세상의 질서가 완벽할 수 있다는 환상을 낳기 때문에 프로파간다는 우리가 적극적으로 참여해서 만들어지는 공동 제작의 결과물이다. 즉 프로파간다는 환상을 공유하도록 우리를 초대하기 때문에 우리의 마음을 이끄는 이미지와 전통에 응집되어 있는 허구적이고 낭만적인 특성들을 강조한다.[22] 레니 리펜슈탈은 성화로 상징되는 고대 그리스의 정신을 독일 제3제국의 베를린이 계승했다는 헤겔의 역사철학적 서사를 올림픽의 서사와 오버랩하면서 신화화했다. 강인한 인간 신체의 역동성이 위대한 신화로서의 베를린 올림픽을 통해 구현된 〈올림피아〉가 파쇼 영상미학으로 해석되고 있는 것은 바로 그 때문이다. 그런 점에서 레니가 의도하든 의도하지 않았든 〈올림피아〉는 독일 제3제국의 정치적·사회적 영향력을 결정하는 신화적 수사를 효과적으로 구현하면서 그것의 능동적 의미를 결정하는 프리즘 안에 자리하고 있음을 부정할 수 없는 것이다.

•　•

　1939년 9월 1일 오전 6시 독일의 폭격기가 폴란드 바르샤바를 공격했다. 이틀 후인 9월 3일 히틀러의 군대가 바르샤바를 향해 본격적으로 치고 올라가자 영국과 프랑스가 독일에 전쟁을 선포했다. 제2차 세계대전이 발발한 것이다. 독일군이 동쪽으로 밀고 올라가면서 폴란드를 차례로 점령해 나가자, 이에 맞서 소련 군대가 폴란드를 양쪽에서 나누어 점령했다. 〈올림피아〉를 둘러싼 숱한 논쟁과 히틀러와의 스캔들이 잠잠해질 무렵, 레니는 아킬레스와 펜테실레이아Penthesilea의 비극적인 사랑 이야기를 다룬 하인리히 빌헬름 폰 클라이스트Bernd Heinrich Wilhelm von Kleist(1777~1811)의 희곡을 영화화하기 위한 준비에 착수하고 있었다. 그런데 독일군의 폴란드 침공전이 시작되자마자 레니는 영화 준비 작업을 즉시 중단하고 전쟁 다큐 찍기를 결심했다. 전쟁 발발 일주일 만에 레니는 '기동 다큐멘터리 팀'을 꾸리고 독일군으로부터 기자단용 제복을 지급받고는 급히 폴란드로 향했다.

　레니의 촬영 팀은 폴란드의 작은 마을 콘스키에 도착했다. 그러나 촬영을 개시하기도 전에 독일군이 폴란드의 민간인 30여 명을 잔인하게 살해하는 장면을 목격한 레니는 엄청난 충격을 받고 그 즉시 베를린으로 돌아왔다. 그 사건으로 충격에 휩싸여 절규하는 레니의 얼굴이 당시 군중 속에 섞여 있었던 한 독일군이 찍은 사진에 포착되었는데, 이 사진은 평생 동안 레니가 폴란드 유대인 학살에 관여했다는 직접적인 증거로 이용되었다. 훗날 전범재판 과정에서 콘스키에서 찍힌 이 사진을 정밀 검사했지만 레니가 폴란드 유대인 학살에 관여했다는 아무런 혐의를 찾지 못했으며, 오히려 공포에 질린 듯 일그러

1939년 9월 폴란드 콘스키에 시의 민간인들을 학살한 나치 군인들의 만행을 보고 절규하는 레니의 모습. 종군 다큐멘터리 팀으로 콘스키에에 갔던 레니는 이 장면을 목격하고 충격을 받아 베를린으로 돌아왔으나 훗날 이 사진은 레니가 유대인 학살에 직접 가담했다는 증거물로 이용되었다.

져 있는 레니의 표정은 그녀를 전범으로 고발한 사람들의 증언보다 레니의 결백에 더욱 힘을 실어주었다.

　제2차 세계대전의 발발로 〈펜테실레이아〉와 같은 대작을 만드는 것이 불가능해질 것이라는 사실을 감지한 레니는 5년 전에 제작하려다 중단된 영화 〈저지대Tiefland〉와 같은 저예산 영화 제작에 착수했다. 영화 제작에 힘을 쏟는다면 전쟁과 같은 끔찍한 일에 휘말릴 일도 없으리라는 냉정한 계산도 작용했다. 더욱이 전쟁 발발 초기에는 전쟁의 여파에 거의 영향을 받지 않았던 터라 영화 관객은 여전히 증가하고 있었고, 또 〈올림피아〉를 통해 얻은 자신의 유명세를 이어갈 수도 있었다. 그러나 전선이 이동함에 따라 레니가 비싼 돈을 주고 직접 마련한 스튜디오를 괴벨스에게 빼앗기기도 하고 또 동료들이 한두 명씩 전쟁터로 떠나는 모습을 지켜볼 수밖에 없었다. 전쟁은 한창 영화감독으로서 전성기를 구가하고 있었던 레니의 영화 작업을 순조롭게 이어 갈 수 없도록 만들었고, 그 때문에 2년 동안이나 촬영과 중단을 반복해야만 했다. 나치의 야만적 광풍이 대중의 일상에까지 침투하면서 삶의 전망과 생존까지 위협받을 수 있는 가능성이 높아지자 정치적으로 중립적인 영화를 만들겠다는 속셈으로 영화 〈저지대〉 제작에 착수했지만, 이 역시도 레니의 생각대로 원만하게 진행되지 않았다.

이 영화의 군중 씬을 촬영하기 위해 레니는 잘츠부르크 근처의 수용소에 있던 집시 60여 명을 섭외한 일이 있었다. 그런데 이 일이 훗날 1959년 5월 1일《레뷰Revue》에 레니가 영화 〈저지대〉 촬영을 위해 집시들을 '강제 노역자'로 동원했다는 내용으로 기사화되면서 정치적으로 큰 타격을 받았다. 그 기사를 반박할 만한 뚜렷한 증거도 없었다. 전쟁이 끝난 후 레니는 수차례의 소송 과정에서 이때 섭외했던 집시들이 〈저지대〉를 촬영한 지 2년 후에 처형된 사실을 상기시켰고 또 자신이 아우슈비츠와 수용소에 있던 집시들과의 관련성에 대해 전혀 몰랐다는 사실을 인정받기는 했지만, 그렇다고 해서 유대인 학살에 관여했다는 레니의 혐의가 완전히 불식된 것은 아니었다. 영화 촬영에 참여했던 집시들 중 몇 사람이 레니에게 유리한 증언을 해보려고도 했지만, 전후 나치의 홀로코스트가 엄청난 세계적인 문제로 부상한 상황에서 집시들이 그런 증언을 한다는 것은 도덕적 자살을 감행하는 것이나 다름없었다.[23]

전쟁 기간 동안 영화 촬영은 더디게 진행되었지만, 레니는 오로지 〈저지대〉를 완성하기 위해 〈올림피아〉 흥행 수입의 상당 부분을 탕진하고 또 과로로 인해 건강도 나빠졌다. 심지어 1941년에는 건강상태가 악화되어 들것에 실려 영화를 감독하기도 했다. 이렇게 무리한 생활을 아무렇지도 않게 감행해가는 레니의 저돌적인 행동에 대해 일부에서는 폴란드 콘스키에서 목격한 학살사건에 큰 충격을 받은 나머지 어떻게든 괴벨스의 프로파간다 활동에 참여하지 않고 그저 자신의 생존만을 목표로 했던 것 같다는 증언이 있기도 했지만, 시간이 흘러 전쟁도 막바지에 이르고 또 패색이 뚜렷해진 상황에서 레니는 다른 데 관심을 돌리지 않고 오직 〈저지대〉를 완성하는 일에만 집중해 있던 것으로 보인다. 〈올림피아〉로 영화감독으로서의 명성을 쌓은 이후부터 독일이 패전하기까지 레니가 한 일이라고는 단 한 편의 영화를 만든 것뿐이었다.[24]

더디게 진행되던 〈저지대〉 촬영 중에 처음 만난 산악보병대 소속의 페터 야콥Peter Jacob과 약 4년여간 깊은 우정을 나누던 레니는 1944년 3월 21일 키츠뷔헬Kitzbühel에서 결혼식을 올렸다. 레니의 나이 42세였다. 프랑스 전선에서 공적을 세워 나치 독일로부터 철십자 훈장을 받은 바 있었던 페터 야콥과의 결혼 생활은 3년 만에 끝이 났지만, 독일이 패전한 이후 전 세계로부터 나치의 프로파간다로 엄청난 비난의 대상이 되었던 레니에게 페터는 가장 큰 의지처가 되어주기도 했다. 종전 직전인 1944년 3월 30일 히틀러가 자신의 별장 베르그호프Berghof로 레니 부부를 초대했는데, 이것이 레니와 히틀러의 마지막 만남이 되었다.

패색이 짙어갈 무렵 베를린은 완전히 폐허가 되었고, 아버지의 사망에 이어 러시아 전선에서 남동생의 사망소식이 들려왔다. 이윽고 베를린의 방어선이 뚫리고 연합군이 지그프리트Siegfried 전선을 넘으면서 아우슈비츠는 해방되었고 드레스덴Dresden은 초토화되었다. 러시아 군대가 베를린으로 밀고 들어오자 1945년 4월 29일 오후 3시경 히틀러는 하루 전날 결혼식을 올린 그의 여비서 에바 브라운Eva Braun과 함께 제국의회 벙커 안에서 자살했다. 그들이 죽은 자리에는 "나와 나의 아내 에바는 항복의 치욕을 당하지 않기 위해 죽음을 선택한다"라고 쓴 히틀러의 쪽지가 남아 있었다. 이윽고 러시아 군대가 베를린을 점령하면서 장기간에 걸친 전쟁도 끝이 나는 듯했으나, 지칠 줄 모르는 열정과 노력을 쏟아부었음에도 레니 리펜슈탈의 영화 〈저지대〉는 여전히 완성되지 못하고 있었다.

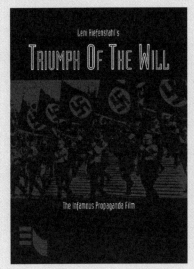

1934년 9월 5일부터 9월 14일까지 뉘른베르크에서 개최된 제6회 나치당 전당대회를 기록한 영화 〈의지의 승리〉(1935) 포스터. 포스터에 등장하는 '하켄크로이츠'는 독일어로 '갈고리(Hooks)'를 뜻하는 '하켄(Haken)'과 '십자가(Cross)'를 뜻하는 '크로이츠(kreuz)'의 합성어로서 '갈고리 십자가'를 의미한다.

무용수 시절의 레니 리펜슈탈

〈의지의 승리〉를 촬영하고 있는 레니 리펜슈탈

아르놀트 팡크 감독의 영화 포스터. (좌) 〈성스러운 산〉(1924), (우) 〈위대한 도약〉(1927)

아르놀트 팡크 감독의 영화 〈피츠 팔뤼의 하얀 지옥〉(1929)의 한 장면

레니가 처음으로 직접 각본, 제작, 감독, 주연 까지 맡은 영화 〈푸른 빛〉(1932)에서 어린 소 녀 '융타' 역으로 열연한 레니 리펜슈탈. 이 영 화로 레니는 1932년 '베니스 비엔날레' 은메달 을 수상했다. 훗날 아돌프 히틀러는 이 영화 를 보고 레니에 대해 강한 인상을 받은 것으 로 전해진다.

1936년 제11회 베를린 올림픽 공식 다큐멘터리 〈올 림피아〉를 촬영하고 있는 레니 리펜슈탈. 오늘날까 지 아리아 인종의 신체를 예찬한 필름 미학의 걸작 으로 평가받고 있다.

1933년경 왼쪽부터 요제프 괴벨스, 레니 리펜슈탈, 아돌프 히틀러. 영화 〈푸른 빛〉(1932)의 성공으로 각광을 받게 된 1933년 무렵 레니는 아돌프 히틀러 측으로부터 '뉘른베르크 전당대회' 다큐멘터리 제작을 요청받았다.

〈올림피아〉를 촬영하고 있는 레니 리펜슈탈

1937년 11월 25일 요제프 괴벨스와 레니 리펜슈탈

1936년 제11회 베를린 올림픽의 금메달 4관왕인 미국의 흑인 선수 제시 오언스. 일설에는 히틀러가 유색인종의 우월함을 증명한 금메달 수상자 제시 오언스와의 축하 악수를 거부하고 자리를 일찍 떠났다고 알려져 있지만, 제시 오언스는 이날 "내가 VIP석 아래를 지나고 있을 때 나를 본 총통이 자리에서 일어나 내게 손을 흔들어주었고, 나 역시 손을 흔들어 그에게 화답했다"고 기록하고 있다.

1939년 9월 나치 군인들이 폴란드 콘스키에 시의 민간인들을 학살했다.

제4장

1939년 마를레네 디트리히,
미국으로의 망명을 감행하다

1939년 6월 무더운 여름 어느 날 독일 베를린 출신의 국민 여배우 마를레네 디트리히가 히틀러의 제3제국을 벗어나 공식적인 미국 시민권자가 되었을 때 독일 언론은 일제히 그녀를 '조국을 등진 배신자'로 낙인찍었다. 1930년 영화 〈푸른 천사The Blue Angel〉와 〈모로코Moroco〉를 통해 세기의 팜프 파탈 여배우로 등극하고, 남성용 슈트 차림으로 치명적인 매력을 전 세계에 펼치며 할리우드에 진출하여 국제적인 스타덤에 오른 지 약 10여 년 만의 일이었다. 독일 언론은 지루한 표정의 디트리히가 미국의 유대인 판사 앞에서 '충성 서약'을 읊고 있는 사진을 신문에 실었다. 사진 속의 유대인 판사는 재킷을 벗은 채 조끼와 셔츠를 입고 있었고, 디트리히는 겨울 슈트에 펠트 모자를 쓰고 장갑까지 끼고 있었다. 정장을 갖추지 않은 유대인 판사 앞에서 미국 시민이 되기 위해 정장 차림을 하고 서 있는 독일 여배우의 모습은 수많은 독일인들에게 치욕적인 감정을 불러일으켰다. 독일 신문《슈튀르머Der Stürmer》는 이 기묘한 분위기를 풍기는 사진에 대해 다음과 같은 설명을 부기해두었다.

독일 영화배우 마를레네 디트리히는 할리우드 영화계의 유대인들 속에서 너무 오랫동안 지내왔던 탓에 지금은 미국 시민이 되어버렸다. 이것은 그녀가 로스엔젤리스에서 서류를 받아드는 사진이다. 유대인 판사가 이 사건을 어떻게 생각하고 있는가에 대해서는 셔츠만 입은 채 서 있는 그의 태도에서 짐작할 수 있다. 그는 디트리히에게 조국을 배반한 서류를 받으려 하고 있다.[1]

디트리히가 미국 시민권을 얻기 위해서는 영화 〈갑옷 없는 기사 Knight Without Armour〉(1937)로 벌어들인 수입에 대한 세금 체납액 30만 달러를 미합중국 재무성에 지불해야 할 의무가 전제되어 있었다. 하지만 디트리히는 조금도 개의치 않았다. 할리우드에서 줄곧 흥행 스타로서 최고의 대접을 받고 있을 때조차 늘 베를린으로 돌아가기를 열망했던 디트리히가 나치가 득세하자 독일 시민권을 포기하고 미국 망명을 결정했을 때, 그녀는 곧바로 "독일인들과 나는 더 이상 같은 언어를 사용하지 않는다"라고 공개적으로 선언했다.

미국에 망명하여 시민권을 얻은 것에만 그친 것이 아니다. 심지어 디트리히는 제2차 세계대전 중 독일군과 싸우고 있는 미국과 유럽에서 연합군을 위해 수없이 많은 위문공연을 펼치는 한편 군 병원을 일일이 방문하여 독일 군대와 싸우는 연합군을 위로하면서 그 어떤 할리우드 스타들 가운데에서도 가장 많은 전쟁 자금을 끌어 모으는 데 기여했다. 최근에 디트리히의 미 육군 신분증이 발견되었는데, 이 신분증에는 디트리히의 남편 루돌프 지버Rudolf Sieber의 성姓을 따라 '마리 M. 지버Marie M. Sieber'라는 이름이 기록되어 있었다. 훗날 이 신분증은 실제로 디트리히가 제2차 세계대전 당시 '미군위문협회United Service Organization: USO'에 소속되어 공식적으로 연합군을 원조했다는 사실을 뒷받침해주는 결정적인 증거가 되었다.

디트리히는 미연방정부와 협력해 알래스카, 그린란드, 북아프리카, 유럽의 각 지역에 이르기까지 미군들이 싸우고 있는 곳이라면 그 어떤 위험한 전쟁터라도 마다하지 않고 위문공연과 병원 근무를 섰다. 또한 라디오 방송을 통해 디트리히 특유의 매력적인 허스키 보이스로 연합군의 사기를 진작하는 역할에 그 누구보다 충실하게 임하면서 이른바 '미군들의 영원한 연인'으로 불리기도 했다. 그녀는 특히 그 어떤 스타들보다 전쟁 채권을 많이 팔았던 것으로도 정평이 나 있었는데, 훗날 오스트리아계 미국인 감독인 빌리 와일더Billy Wilder는 디트리히가 아이젠하워보다도 훨씬 더 최전방에 있었다고 말하기도 했다. 제2차 세계대전이 끝난 후인 1947년 해외에 주둔해 있는 미군을 적극적으로 지원한 공로를 인정받아 미국 시민으로서의 최고 영예인 '자유훈장'을 받은 최초의 여성이 되었는가 하면, 프랑스에서는 문화 공로자에게 수여되는 최고의 영예인 '명예군단국가훈장L'ordre nationa de la légion d'honneur'을 받기도 했다. 독일 출신의 디트리히가 제2차 세계대전 중 연합군을 적극적으로 지원하고 협력했던 이러한 경력은 종전 이후 수많은 인터뷰들에서 자신이 독일인인가 아니면 미국인인가에 대한 아이덴티티를 끊임없이 입증해야만 하는 상황을 낳게 했다.

현재까지 디트리히는 자존심 세고 자기 고집이 유난히 강했던 할리

제2차 세계대전 중 연합군과 함께 한 '미군들의 영원한 연인' 마를레네 디트리히

우드 스타로 기억되고 있지만, 그렇다고 해서 디트리히가 미국에서 항상 최고의 대접을 받았던 것만은 아니다. 출연하는 영화마다 흥행을 이끌며 대스타의 자리에 올랐던 디트리히였지만, 1937년 무렵 관객몰이에 주춤하자 할리우드로부터 '흥행의 독box office poison'이라고 조롱을 받는 등 디트리히는 끊임없이 자신의 재능을 의심받거나 혹은 영화 흥행의 도구로만 취급받는 수모를 자주 경험하기도 했다. 이와 함께 1960년 종전 후 처음이자 마지막이 된 독일 투어 공연에서 독일 국민은 디트리히에게 익명의 협박장을 보내거나 '마를레네 고우 홈Marlene go home'을 외치며 공연 반대 피켓 시위를 하는 등 조국을 배신한 디트리히의 죄과를 결코 용서하지 않았다. 이 사건 이후 디트리히는 죽을 때까지 독일에 돌아가지 않겠다고 맹세했으며 끝내 자신과의 약속을 지켰다. 그 대신 그는 자신의 결심을 다음과 같이 공표했다. "내가 죽는

다면 나는 파리에 묻히고 싶다. 그러나 내 마음은 미국과 독일에 남겨
둘 것이다."

• •

　전기등이 밤거리를 수놓고 전차가 줄을 지어 다니던 모던 도시 독
일 베를린 근교의 쇤네베르크Schöneberg. 1901년 12월 27일 마를레네
디트리히는 상류계급 출신의 바람둥이 아버지 루이 오토 디트리히
Louis Otto Dietrich와 성공한 상인계급의 딸 빌헬미나 엘리자베스 요제피
네 펠징Wilhelmina Elisabeth Josephine Felsing 사이에서 둘째 딸로 태어났다.
쇤네베르크의 경찰관으로 새로 부임하게 된 아버지 루이는 부인과 함
께 살 새 집을 쇤네베르크에 마련했다. 그 무렵에 둘째 딸이 갓 태어
났는데, 아버지는 그 둘째 딸에게 신약성서에 등장하는 매춘부 마리
아 막달레나Maria Magdalena와 같은 이름인 마리 막달레네 디트리히Marie
Magdalene Dietrich라는 이름을 지어주었다.
　권위적인 아버지 루이는 집에 거의 들어오지 않았지만 두 딸에게
가정교사를 붙여주어 프랑스어와 영어를 배우게 했고, 어머니는 교양
과 집안일을 엄격하게 지도했다. 오귀스트 빅토리아Auguste Victoria 여학
교에 다녔던 두 딸들은 부모의 기대에 어긋나지 않는 좋은 성적을 거
두고 있었다. 방과 후에는 프랑스어와 영어, 그리고 피아노와 바이올
린 연습을 하고 엄숙한 분위기에서 부모와 함께 저녁식사를 하는 것
이 일과였다. 이러한 관습은 빅토리아 시대(1837~1901)가 종언한 이후
영국 에드워드 시대(1901~1910/1914)의 우아하고 고풍스러운 문화가 유
럽 최대의 공업도시로 발전한 독일 베를린으로 스며들면서 상류계급

의 풍습을 유지해주고 있었던 그 시대의 일반적인 모습이었다. 그러나 보수적 엄숙주의가 팽배했던 빅토리아 시대와 달리 에드워드 시대는 노동자나 여성 등 과거 권력에서 소외되었던 집단이 사회 전면에 등장하기 시작한 때였던 만큼, 디트리히의 집을 방문하는 상류층 여성들의 대화에는 세계정세라든가 여성인권운동에 대한 화두가 중요한 소재로 등장하기도 했다.

1912년 디트리히의 집을 자주 방문하는 여성 손님들 중 가장 우아하고 매력적으로 보였던 바리 아줌마에게 부활절 선물로 일기장을 받은 이래 디트리히는 이때를 계기로 평생 동안 열정적으로 일기를 썼다. 어린 시절의 일기장에는 엄숙한 분위기를 고수했던 디트리히의 가정에서는 절대로 사용할 수 없는 베를린 슬랭이 섞여 있기도 했다. 거기에는 남자아이들과 함께 소풍을 갔었던 이야기나 화려한 조명이 점멸하는 스케이트장에서 남자아이들과 함께 놀았던 이야기 등이 기록되어 있었는데, 가령 스케이트를 타다 넘어진 디트리히를 일으켜주기 위해 한꺼번에 많은 소년들이 몰려왔던 일이 그해 4월 10일에 발생한 타이태닉호 침몰 사건보다도 훨씬 더 중요한 일로 기록되어 있었다. 당시 어린 디트리히의 유별난 사생활을 크게 걱정하고 있었던 어머니는 큰 딸 리젤에게 감시 역할을 시키면서 디트리히를 주의 깊게 지켜보곤 했다. 13살이 되던 해 디트리히는 자기의 이름을 프랑스풍의 느낌이 나도록 '마를레네Marlene'라고 지어보고는 크게 만족해했다.

1914년의 제1차 세계대전의 발발은 세계사에서 가장 중대한 사건 중의 하나로 기록될 수 있을 것이다. 1914년 6월 28일 사라예보를 방문한 오스트리아·헝가리 제국의 황태자 부부가 세르비아 청년에게 피격당한 사건이 일어나자, 그해 7월 28일 오스트리아가 세르비아에 선전포고를 했다. 제1차 세계대전의 발발은 전 유럽 전체를 요동시켰다. 이때 디트리히의 아버지 루이는 서부전선에서 지루하게 반복되었던 사상 최악의 참호전과 살육전을 경험했다. 시간이 흘러 점차 주변 지인들의 전사 소식이 들려오자 어린 디트리히는 '바이올린 수업에서 독일 국가를 위해 연주했다'고 일기에 썼다.

1916년 부상에서 회복한 아버지 루이가 동부전선에서 전사했다. 언니 리젤은 아버지의 사진을 가슴에 안고 울면서 잠들었다. 하지만 디트리히는 울지 않았다. 용감한 군인의 딸은 절대로 눈물을 흘려서는 안 된다고 생각했다. 갑자기 과부가 된 어머니는 경제적 어려움을 겪을 수밖에 없었지만, 그러한 고통을 느껴볼 겨를도 없이 베를린 전체는 이미 폐허 그 자체였다. 급기야 베를린 전역에 갑작스러운 독감이 유행하자 어머니는 두 딸들을 데리고 독일 중부의 데사우Dessau로 이사를 했다. 전시 통제는 데사우에서의 생활을 지루하게 만들었고, 그렇게 따분한 일상을 이어가는 가운데 사춘기 소녀가 된 디트리히는 몇 차례의 연애를 경험했다. 이때 어머니는 디트리히가 '남자에게 미쳤다'고 생각했다.

1916년 가을 어머니 요제피네가 과거 루이와 막역했던 친구 에두아르트 폰 로쉬Eduard von Rosch와 재혼했다. 디트리히 가족이 모두 폰 로쉬의 집으로 옮겨가게 되면서 다시 상류층의 생활을 누릴 수 있게 되었지만, 폰 로쉬의 집안은 요제피네와의 결혼을 완강하게 반대했다. 그러자 폰 로쉬는 자신의 집안과 절연을 선언하고 요제피네와의 결혼을 강행해버렸다. 디트리히는 어머니의 재혼에 대해 무관심한 듯 행동했지만, 어린 디트리히에게 늘 다정하게 대해주었던 폰 로쉬는 친부 못지않은 무게감을 지닌 의지처가 되어주었다.

독가스와 전투기, 폭격기 등의 신무기가 등장하고 신형 잠수함 유보트U-baot를 개발한 독일이 무차별 잠수함전으로 영국군을 궁지에 몰아넣는 등 전세는 독일 쪽으로 기우는 것처럼 보였다. 그러나 독일의 무제한 잠수함 작전에 분노한 미국이 그동안 지켜왔던 중립적 입장을 철회하고, 1917년 4월 2일 독일 정부를 인간 생활의 근원을 공격하는 위협적인 괴물로 규정하면서 곧바로 4월 6일 대독일 참전을 개시했다.

그해 여름부터 전세가 역전되어 독일군이 열세로 치달아가자 새 아버지 폰 로쉬도 보병연대로 재입대했다. 독일이 수세에 몰리고 있는 동안 어머니, 언니와 함께 간 휴양지 바트 리벤쉬타인Bad Liebenstein에서 만나 친밀해진 게르도로프 백작부인이 처음으로 디트리히를 '마를레네'라고 불러주었다. 이때가 바로 할리우드를 휩쓴 여배우의 이름이 탄생한 순간이었다. 게르도르프 백작부인에 대한 사랑이 지극했던 디트리히가 이 이름을 거부했을 리가 없었다. 휴양 기간을 끝내고 두 사람이 헤어질 무렵 디트리히는 게르도로프 백작부인을 위해 직접 시를 쓰고 그 밑에 '마를레네'라고 서명한 다음 선물로 건넸는데, 이때부터 어린 디트리히는 '마를레네 디트리히'라는 이름을 공식적으로 사용하기 시작했다. 여름휴가를 마치자마자 이번에는 폰 로쉬의 전사소식이 전해졌다. 불과 40세의 나이에 요제피네는 또다시 과부가 되었다. 새 아버지의 전사소식과 함께 패전에 임박해 있던 독일은 각 지역에서 폭동이 일어나는 등의 사회적 혼돈 상태가 계속되면서 디트리히를 둘러싼 제반 환경은 그녀를 정신적 혼란에 빠뜨리면서 일종의 공황상태에 놓이게 했다.

1918년 오귀스트 빅토리아 여학교를 졸업한 후 바이올리니스트가 되기로 결심하고 바이마르 콘서바토리움Weimar Konservatorium에 들어갔다. 그 누구보다도 바이올린 연습에 열심이었지만 심각한 손목 부상으로 인해 바이올리니스트에 대한 꿈은 중도 포기할 수밖에 없었다. 1918년 11월 11일 독일과 연합군의 정전협정이 체결되고 독일이 점령했던 영토를 모두 반환하면서 약 900만 명의 전사자를 낸 제1차 세계대전도 끝이 났다. 독일의 황제 빌헬름 2세가 재위를 포기하고 네덜란드로 망명하면서 이른바 '독일 제2제국'이 붕괴하고, 마침내 사회민주당의 에베르트Ebert 정권이 탄생하면서 독일은 공화정으로 전환되었다.[2] 전후 독일의 새 정부인 바이마르공화국이 들어섰지만 전후 처리로 인해 빚어진 극심한 인플레이션에 세계 대공황까지 겹쳐지면서 독일 국민은 역사상 가장 힘든 시기를 보내야만 했다. 독일 국민의 상실감이 더해지고 있는 이러한 상황은 점차 진취적이고 공격적인 민족주의를 내세운 히틀러의 '독일노동당'이 폭넓은 인기를 얻게 되는 기반을 형성해주고 있었다.

1919년 디트리히의 일기에는 어머니와 언니 리젤의 삼엄한 감시를 피해가며 여전히 남자들과의 로맨스를 즐기는 데 몰입했다는 내용이 주를 이루고 있었다. 어머니는 남자들과 자유분방한 관계를 지속하고 있는 디트리히의 태도를 더 이상 참을 수 없어 바이바르Weimar에 있는 기숙학교에 보냈다. 그러나 이런 어머니의 의도를 완벽하게 배신하겠다고 결심이라도 한 듯, 디트리히는 바이마르에서 만난 바이올린 교사와 사랑에 빠졌고 처음으로 성관계를 맺었다. 그러나 훗날 디트리히는 그 최초의 성 경험이 매우 실망스러운 기억이었다고 자주 이야기하곤 했다.

언니 리젤이 대학을 졸업하자 자신이 속한 계급의 전통을 깨고 학교 교사로 취직했다. 제1차 세계대전이 끝난 직후 독일 사회에 불어 닥친 초인플레이션의 경제 상황을 고려한다면 리젤이 교사가 되어 풀타임 근무를 할 수 있다는 것 자체가 하늘이 내린 선물과 다름없는 것이었다. 리젤이 상류계급의 전통을 깨고 학교 교사로 취직했다는 사실은 디트리히 역시 계급적 전통이 주는 원칙을 따르지 않아도 된다는 암묵적인 룰을 활용할 수 있는 절호의 기회를 제공해주었다. 이러한 상황을 핑계 삼아 디트리히는 어머니의 맹렬한 반대에도 불구하고 당시 독일 연극계에서 유명세를 떨치고 있었던 연출가 막스 라인하르트Max Reinhardt가 운영하는 연극학교에 지원했다. 유대인이었던 막스 라인하르트는 1937년 미국으로 망명하기 이전까지 무대와 객석의 경계를 무너뜨리는 실험적인 공간 연출을 통해 관객과의 교감과 상상력을 자극하는 방식으로 독일 근대 연극 연출의 기초를 마련한 거장으로 알려져 있다. 훗날 막스 라인하르트 아카데미에 입학한 수강생들 중 디트리히가 유독 눈에 띄는 독보적인 존재였고 또 그것이 위대한 여배우로 성장할 수 있었던 기초가 되었다는 전설이 만들어지기도 했지만, 사실 이 시기의 디트리히는 배우라고 할 수 없을 정도로 초라한 단역 생활을 오랫동안 경험하고 수련해가면서 본격적인 배우가 되기 위한 기초를 쌓고 있었다.

버스터 키튼과 찰리 채플린의 재능이 유난히 빛을 발했던 무성영화의 황금기에 돌입한 1922년 무렵부터 디트리히는 연극과 영화에 조금씩 출연하기 시작했다. 베를린 전역에서 수익성을 노린 수많은 영화사가 생기기 시작하면서 넓은 촬영소만 확보된다면 짧은 시간 안에 여러 편의 영화를 찍을 수 있었기 때문에 디트리히 역시 동시에 여러 편의 영화나 연극에 참여하면서 조금씩 대중적인 인지도를 쌓아나갔다. 이 무렵 한 영화의 단역을 맡고 있었던 디트리히는 그 영화의 조감독

이자 시나리오 작가로도 활동했던 루돌프 지버Rudolf Sieber(1897~1976)
와 사랑에 빠졌고 그 둘은 곧바로 결혼을 했다. 어머니 요제피네는 디
트리히의 결혼 결정에 대해 결코 만족하지 않았지만, 전쟁 직후의 어
려운 경제적 사정을 고려해 묵인할 수밖에 없었다. 1923년 5월 17일
카이저 빌헬름 기념교회Kaiser Wilhelm Gedächtniskirche에서 두 사람의 결혼
식이 화려하게 치러졌다. 약 1년 뒤 두 사람 사이에서 딸 마리아 엘리
자베스 라이바Maria Elisabeth Riva(1924.12.13)가 태어나고 결혼생활 5년 만
에 결별하기도 했지만, 1976년 루돌프 지버가 전립선암으로 사망하기
전까지 결혼생활을 그대로 유지했다.

  광란의 1920년대, 유럽의 대도시 베를린은 미국의 뉴욕이나 시카고
와 마찬가지로 카바레와 스윙댄스, 마약과 온갖 종류의 쾌락이 허용
되는 근대 도시로서 자유분방한 젊은 여자들이 거리에 넘쳐났다. 극
심한 빈부 격차 속에서 무장봉기를 꿈꾸는 공산주의자들과 바이마르
공화국을 전복시키려는 극우단체들의 정치적 소용돌이의 한 가운데
유럽에서 가장 역동적이고 개방적인 도시였던 베를린의 분위기는 청
춘 시절의 디트리히가 무한한 창의력을 발휘하는 데 중요한 배경을 제
공했다. 이것은 제1차 세계대전 이후 전통적인 관습과 제도가 붕괴하
고 대중소비사회로 탈바꿈되고 있었던 전 세계적인 자본주의적 현상
과 궤를 같이 한 것이었다.

  이 무렵 디트리히는 여장을 한 남자들 무리와 친밀한 관계를 유지
했는데, 당시 "자신을 섹시한 여자로 보여주는 방법을 알고 있는 것은
게이보이gay boy들밖에 없다"라는 그녀의 발언은 훗날 섹시 심벌로서의
디트리히의 이미지를 고착화하는 데 자주 활용되었다. 1920년대 베를
린의 자유분방한 대도시 문화를 체험하고 있었던 디트리히는 점차 관

능적인 미학에 대한 편견을 갖지 않게 되면서 대범하고 자유롭게 생활하며 남성과 여성 모두에게 에로틱한 매력을 느끼기 시작했다. 그러나 그러한 태도가 자신을 천박하게 보이게 하는 것에 대해서는 철저하게 경계했다. 여장남자들과 자주 어울리기 시작하면서 디트리히는 일부러 신사용 양복을 맞춰 입기도 했다. 패전 후의 독일 사회는 제1차 세계대전의 영향으로 정치·경제·사회의 전 영역이 암울했지만 대중은 디트리히가 보다 외설적이고 비도덕적으로 행동할수록 훨씬 더 열광하고 환영했다. 남녀의 역할과 성별 구분이 매우 엄격했던 시대에 디트리히는 대중이 은밀하게 동경하는 성 영역의 역전을 완벽하게 대리 체현해냈던 것이다. 이러한 디트리히의 취향은 우아한 매력과 파격적인 매혹의 화신이라는 이미지를 더해가면서 훗날까지 대중의 기억에 각인되는 데 크게 일조했다.

1924년 12월 13일 디트리히는 딸 마리아 엘리자베스 라이바를 낳았다. 성행위를 그다지 즐기지 않았던 디트리히는 루돌프에게 더 이상 부부관계를 하지 않겠다고 선언했고, 거기서 더 나아가 자신이 성모 마리아의 처녀 잉태처럼 혼자서 임신했다고 믿었다. 심지어 디트리히가 자신의 딸 마리아 라이바에게 정확한 출생연월에 대해서도 알려주지 않았던 탓에 마리아는 스무 살이 되기 전까지 자신의 친부가 누구인지도 잘 몰랐고, 1976년 루돌프가 사망했을 때 관련 서류 속에서 자신의 출생연월을 처음으로 알게 되었다고 고백했다. 그럼에도 디트리히는 다른 부모들이 그랬던 것처럼 마리아를 헌신적으로 키웠다.

1925년에 창설된 나치 친위대가 서서히 그 모습을 수면 위에 드러내기 시작할 무렵인 1926년부터 디트리히는 본격적인 배우 활동에 들어갔다. 카바레의 무대는 물론 두 편의 영화 출연과 수차례 연극 무대에 단역으로 등장하게 되면서 관객들은 디트리히만의 독보적이고도 파격적인 매력에 주목하기 시작했다. 할리우드의 여배우들이 잠에서 깨어보니 한순간에 일약 스타가 되어 있었던 당시의 풍토와 달리 일종의 전설에 가까운 디트리히의 스타성은 철저한 훈련과 헌신적인 열정에서 나온 것이었으며, 특히 시대적·사회적·성적 장벽을 허물고 스스로 여성의 독립성을 추구해갔던 험난한 과정과 함께 한 것이었다. 극심한 인플레이션으로 고통을 받고 있었던 시기의 독일에서 디트리히의 집은 일반인들은 접할 수조차 없는 다양한 사치품들이 넘쳐나기 시작했다.

1927년은 영화 역사상 가장 중요한 해로 기록된다. 무성영화의 전성시대가 이어지고 있던 가운데 할리우드의 메이저 영화사 중의 하나인 워너브라더스사가 제작한 최초의 토키talkie 영화 〈재즈 싱어The Jazz Singer〉가 특별 공개되던 1927년 10월 6일, 이날로 세계 영화사는 무성영화와 결별을 고하게 되었기 때문이다. 20세기 과학기술의 발전은 전화, 라디오, 무선통신 등의 전기기술의 발달을 가져왔고, 〈재즈 싱어〉의 혁신적인 신기술이 폭발적인 성공을 거두자 할리우드의 영화사들은 일제히 토키의 실용화에 매달렸다. 토키 영화의 등장은 새로운 영화 엔터테인먼트의 시작이었던 것이다. 곧바로 할리우드의 메이저 영화사들은 방대한 신규 설비 투자를 위해 월 스트리트의 자금을 끌어들였고, 이때 미국의 2대 금융재벌인 모건과 록펠러가 여기에 관여하면서 미국의 영화산업은 독점자본의 구조 속으로 편입되었다.

이와 함께 영화 제작에 대사, 음악, 음향과 같은 소리가 도입됨에 따라 영화의 소프트웨어도 크게 바뀌었다. 시나리오에서는 대사의 중요성이 비약적으로 높아졌고, 연출에서는 배우의 발성을 포함한 연기

최초의 토키 영화 〈재즈 싱어〉의 포스터. 지금 보아도 손색이 없을 정도로 세련된 이 포스터는 유럽에서 시작된 모더니즘 디자인이 반영된 것이다. 이는 주인공인 알 졸슨(Al Jolson)이 얼굴을 검게 칠하고 흑인 가수로 등장했기 때문에 가능했다. 배우의 얼굴과 옷을 모두 검은색 바탕과 일치시키면서 눈과 입술, 장갑을 낀 손과 와이셔츠를 흰색으로 강조함으로써 강렬한 색채의 대비감을 살린 심플한 효과를 노렸다.

지도가 중요해지면서 소리 전반에 대한 컨트롤이 감독의 임무가 되었다. 배우는 무성영화 시대와 달리 반드시 대사 훈련을 거쳐야 했기 때문에 미남 미녀 스타가 퇴조하고 무대 수련을 거친 본격적인 연기자가 요청되었다. 이러한 변화는 수많은 배우들을 연극계에서 영화계로 이동시키는 결과를 가져왔다. 즉 토키 영화는 소리의 혁신뿐만이 아니라 소리와 영상을 표현해야 하는 미래 영화산업의 보증을 가져왔던 것이다. 그와 동시에 토키의 등장은 1930년대의 세계사의 격동, 즉 대공황과 파시즘의 전야이기도 했다.[3]

･･

영화 역사상으로도 주목할 만한 사건으로 기록되어 있는 마를레네 디트리히와 요제프 폰 슈테른베르크Josef von Sternberg(1894~1969)의 첫 만남은 1929년에 이루어졌다. 훗날 디트리히는 회고록에서 자신이 이 세상에 두 번 태어났다고 밝힌 적이 있었는데, 첫 번째 출생은 1901년 베를린의 하늘 아래에서였고, 두 번째 출생은 1930년 요제프 폰 슈테른베르크 감독의 카메라 아래에서였다고 술회할 정도로 디트리히에게 이 만남은 매우 강렬한 것이었다. 1919년 거의 존재감 없는 역할로 영화 〈행복의 그늘 속에서Im Schatten des Glücks〉에 출연한 이래 1929년 〈잃어버린 영혼의 배The Ship of Lost Souls〉에 이르기까지 약 10여 년간 크고 작은 단역을 맡으며 쌓은 경험과 그녀만의 자유분방한 감각은 슈테른베르크 감독 영화의 히로인이 되기에 적합한 캐릭터를 완성하는 원동력이 되었다.

슈테른베르크 감독이 디트리히에게 〈푸른 천사Der Blaue Engel〉(1930)의 출연 제의를 했을 때 처음에는 자신이 음란한 여자 배역을 맡은 것에 대해 탐탁지 않아 했다. 그러나 영화 촬영 작업이 시작되자 디트리히는 슈테른베르크 감독의 성실하고 진지한 열정에 매료되었고, 그 자신 스스로도 정열적으로 촬영에 임했다. 가령 촬영장에 준비되어 있던 의상이 마음에 들지 않자 디트리히는 남편 루돌프의 제안에 따라 자신의 의상을 스스로 선택하기로 했다. 그녀는 베를린 변두리까지 샅샅이 뒤져 남성 창부들을 찾아다녔다. 그들에게서 얻어낸 중요한 힌트를 통해 스스로 준비해간 의상은 슈테른베르크 감독을 설득시키기에 충분한 것이었다. 영화 〈푸른 천사〉의 냉소적인 요부 '롤라-롤라Lola-Lola' 역을 맡은 디트리히는 대중의 이목을 집중시키면서 엄청난 흥행의 성공을 이끌었다. 이 영화로 스타덤에 오른 디트리히를 가리켜 수많은 사람들이 바로 자신이 디트리히를 '발견'했다고 주장했는데, 그중에는 여배우 레니 리펜슈탈도 포함되어 있었다. 하지만 이 영화의 성공으로 레니는 디트리히에게 롤라-롤라 역을 빼앗긴 것에 대한 분노와 질투심을 한동안 안고 살아야만 했다.

당시 무명의 단역배우에 가까웠던 디트리히에 비해 남자 주인공 역할의 에밀 야닝스Emil Jannings(1884~1950)는 무성영화 시절에 전성기를 누리다가 할리우드에 진출하여 1927년 아카데미 남우주연상을 수상한 유명배우였다. 그랬던 탓에 디트리히가 〈푸른 천사〉의 롤라-롤라 역을 맡으면서 단번에 스타덤에 오르자 에밀 야닝스는 디트리히에게 미묘한 질투심을 표했던 것으로 전해진다. 당시 여배우의 맨다리를 그대로 영화 포스터에 사용한 사례는 〈푸른 천사〉가 최초였는데, 이러한 디트리히의 이상적인 관능미와 뻔뻔할 정도로 자유분방한 감각은 유럽 대중의 감수성을 완벽히 저격해버렸다. 또한 영화사적으로도 〈푸른 천사〉는 독일 토키 영화의 새로운 길을 선도했을 뿐만 아니라, 당시의 대중적 감수성에 기반을 둔 미장센과 음향 효과를 새로운 차원으로 끌어올렸다는 점에서도 획기적인 의의를 갖는다.

〈푸른 천사〉가 독일에서 크게 흥행하자 미국의 주요 영화배급사인 파라마운트사가 디트리히와의 계약을 제안해왔다.[4] 디트리히는 자신의 할리우드 진출에 대해 그다지 큰 기대나 의미를 두지 않았지만, 남편 루돌프의 조언에 따라 미국으로 건너갔다. 뚜렷하고 고혹적인 분위기의 마스크와 묘한 허스키 보이스, 그리고 뛰어난 관능미와 독보적인 연기력으로 디트리히는 할리우드에서도 단번에 대중적인 인기를 끌어모았다. 1930년, 그렇게 디트리히는 할리우드에서 세계적인 스타로 발돋움하고 있었다.

1930년 디트리히는 슈테른베르크 감독과 함께 한 두 번째 영화 〈모로코〉 촬영에 들어갔다. 아라비안나이트에서 본 것과 같은 신비로운

영화 〈푸른 천사〉의 포스터

자연 풍경과 이국적 정서가 가득한 모로코를 배경으로 몽환적인 매력을 지닌 클럽 여가수 역할을 맡은 디트리히는 영화 촬영 기간 내내 독일어 억양이 섞인 자신의 세련되지 못한 영어 대사가 미국에서 처음 연기하는 주연 배우로서 자격미달이라고 생각하면서 매우 신경질적인 태도로 작업에 임했다. 그러나 슈테른베르크 감독의 합리적인 지시와 따뜻한 비호로 무사히 촬영을 끝냈다. 촬영을 끝낸 후 디트리히는 독일에 있는 루돌프에게 다음과 같은 내용의 편지를 보내기도 했다. "내 마음 속에 있는 감정을 이끌어내는 데 슈테른베르크는 나보다 더 큰 능력을 갖고 있어. 나는 완전히 그가 만든 작품이라니까."[5]

〈모로코〉 제작이 끝나자마자 곧바로 슈테른베르크 감독과 함께 〈불명예Dishonored〉 촬영에 들어갔다. 제1차 세계대전 중의 비엔나를 배경으로 한 이 영화에서 디트리히는 거리의 매춘부에서 러시아 장교에게 기밀을 빼내는 스파이, 그리고 그와의 위험한 사랑에 빠지는 여인 역으로 열연하면서 또다시 호평을 받았다. 명실상부한 세계적 톱스타로 등극한 디트리히는 이제 할리우드를 자신의 본격적인 무대로 삼아야 했다. 독일과 할리우드를 왕복하고 수많은 인터뷰에 응대하면서 바쁜 나날을 보내고 있었지만, 디트리히는 끊임없이 영화 촬영 작업에 완전히 몰두하는 데 노력을 기울였다. 점차 할리우드에서 지내는 시간이 많아지자 디트리히는 베를린에 살고 있는 딸 마리아와 함께 살기를 원했다.

마리아가 할리우드로 가는 여객선 브레멘호에 오르기 직전 외할머니 요제피네는 마리아에게 엄마 말을 잘 듣는 착한 아이가 될 것, 그리고 무엇보다 무슨 일이 있어도 독일인이라는 사실을 절대로 잊어서는 안 될 것 등을 당부했다. 미국에 도착하자마자 슈테른베르크 감독의 아내가 디트리히를 상대로 '배우자권 침해'를 이유로 소송을 제기했다는 사실이 알려지면서 화가 치민 디트리히가 당장 베를린으로 돌아가 버리겠다고 한 차례 소동을 피웠으나 영화 촬영 일정상 어쩔 수 없이 할리우드에 남았다. 베벌리힐스의 호화로운 저택에서 마리아와 함께 디트리히의 새로운 삶이 시작되었다.

1932년 슈테른베르크와의 네 번째 영화 〈상하이 익스프레스Shanghai Express〉에서 다시 한 번 치명적인 매력의 고급 창녀 '상하이 릴리Shanghai Lily'를 연기하며 파격적이고도 신비한 매력을 발산한 디트리히는 호화로운 의상을 소재로 하여 압도적인 비주얼을 선보였다. 당시 파라마운트사의 의상 디자이너 트레비스 벤튼Travis Banton은 디트리히가 연기하는 인물의 성격을 잘 이해함으로써 카메라는 물론 조명과 세트, 의

상, 메이크업 등을 치밀하게 고려하면서 디트리히가 냉소적인 팜므 파탈 페르소나로 명성을 얻는 데 결정적인 도움을 주었다. 얼굴에 베일을 두르고 깃털장식을 감싼 흰 바탕에 섬세한 검은 무늬가 그려진 의상은 '상하이 릴리'의 수수께끼 같은 인물의 성격을 잘 표현해내면서 슈테른베르크 감독의 빛과 그림자를 재료로 한 실험적 스크린 기법과 절묘한 균형을 이루어냈다. 즉 〈상하이 익스프레스〉에서 '상하이 릴리'가 보여준 시각적·관능적인 매력은 디트리히의 팜프 파탈 이미지를 극대화해준 트레비스 벤튼의 역할이 크게 발휘된 것이었다. 이 영화는 슈테른베르크 감독이 디트리히의 치명적인 매력을 십분 활용하여 극단적인 양식화를 꾀한 작품으로서, 배우의 이미지와 스토리 면에서 압도적인 스펙터클과 디자인을 시각화한 실험작이라는 평가를 받고 있다. 디트리히의 내면 감정을 이끌어내는 데 슈테른베르크 감독이 탁월한 능력을 발휘했다면, 빛과 그림자를 혁신적으로 묘사함으로써 컬러영화가 대체할 수 없는 흑백영화의 매력을 최고도로 이끌어낸 것은 카메라맨 리 가메스Lee Garmes였다. 〈상하이 익스프레스〉를 통해 디트리히는 매혹적이고 신비한 매력의 팜프 파탈 이미지를 대중에게 깊이 각인시켰다.

1930년대 초에 처음 등장한 천연색 영화 제작 기법과 특수효과는 스크린의 효과를 최대화하는 실험적 기법을 확산시켰다. 〈상하이 익스프레스〉에서 디트리히의 선정적인 모습을 담기 위해 사용한 광범위한 연회색 초점 장면은 그것의 한 사례인데, 이 때문에 슈테른베르크 감독의 스태프들은 서로가 자신의 재능을 뛰어넘는 능력을 발휘하도록 요청받았다. 이러한 분위기 때문에 디트리히 역시 자신이 가진 재능의 한계를 뛰어넘는 연기에 점점 더 집착했다. 디트리히의 가장 탁

영화 〈상하이 익스프레스〉의 디트리히와 클리브 브룩(Clive Brook)

월한 점은 어떤 배역을 맡더라도 자신에게 주어진 팜프 파탈의 이미지
를 계속 유지해갔다는 점이다. 이러한 그녀의 재능은 당대의 라이벌이
었던 그레타 가르보Greta Garbo(1905~1990)가 도저히 뛰어넘을 수 없는
결정적인 차이로 작용했다. 특히 디트리히의 카멜레온과 같은 변신에
대한 열정과 집착은 거의 정신분열증에 가까웠던 것으로 전해진다.

1929년 미국 뉴욕 월 스트리트의 증권시장의 붕괴로 경제적인 연
쇄가 각 부문에 급속도로 파급되자 세계적인 경제 공황이 시작되었
다. 이 대공황의 여파로 1930년에는 제반 물가가 폭락하고 생산이 축
소되었으며 수많은 기업의 도산이 속출하고 실업자가 급증하는 등 모
든 경제활동이 마비되었다. 미국에서 시작된 경제 공황은 점차 독일·
영국·프랑스 등 유럽 국가들로 파급되었고 마침내 지구상의 모든 국가
들이 생산의 위축과 가혹한 실업, 그리고 심각한 수준의 디플레이션을
경험하면서 정치·경제·사회·문화에 이르기까지 그 규모 면에서 유례를
찾아 볼 수 없을 정도로 세계적인 대재앙이 계속되고 있었다. 이때 시

작된 대공황은 훗날 '뉴딜'이라고 불리는 국가의 적극적인 정책적 개입을 야기하면서 더 이상 절약이 아닌 소비를 자극하고 창출하는 식의 자본주의적 방법의 내부적 변화를 가져오게 되었다.

이때 독일에서는 1930년 9월 국가의회선거 결과 제1당인 사회민주당(143석)의 뒤를 이어 나치당(107석)이 33%의 득표율을 차지하면서 제2당으로 급부상하는 돌풍을 일으켰다. 15년 전 제1차 세계대전에서의 치욕적인 패배와 현재의 대공황이 오버랩되면서 바이마르공화국의 무능에 신뢰감을 상실한 실직 가장들과 청년들, 그리고 중하류 계층 등 실의에 빠진 독일 국민은 보다 더 나은 삶과 새롭고 영광스러운 독일의 미래를 약속하는 히틀러의 강력하고 매혹적인 연설에 점점 더 이끌리고 있었다.

한편 1920년대 말 새로운 수요를 창출하면서 점점 더 강력해진 '토키 붐'은 할리우드 메이저 스튜디오의 지배력을 강화시켰다. 심지어 1929년 월 스트리트가 붕괴했을 때도 할리우드는 자신들은 공황과 전혀 무관하다고 말할 정도였다. 1930년에 들어서도 미국 영화계는 여전히 극장 관객 수, 총매출, 그리고 스튜디오 수익률에서 최고치를 기록하는 최고의 해를 만끽하고 있었기 때문이다.[6]

이 무렵 디트리히의 남편 루돌프가 미국으로 건너오면서 세 가족이 함께 모여 살게 되었다. 당시 디트리히의 고혹적인 금발이 사실은 금가루를 뿌린 것이었다는 등 그녀의 사생활을 둘러싼 은밀하고도 근거 없는 소문들이 세간에 마구 떠돌았지만, 파라마운트사는 그것을 오히려 노이즈마케팅으로 삼으면서 아무런 대응도 하지 않은 채 그 무성한 소문들을 그대로 방치했다. 또한 세계 최대 규모의 '로이즈 보험사 Lloyd's of London'를 통해 디트리히의 길고 늘씬한 두 다리에 100만 달러의 보험을 들어 전 세계에서 가장 비싼 각선미의 소유자라는 홍보 효과를 노리기도 했다. 현재까지도 디트리히의 이미지를 생각할 때 빠질 수 없는 상징이 되고 있는 '100만 달러짜리 각선미'는 이렇게 해서 탄생했다.

1932년 〈상하이 익스프레스〉가 흥행에 성공하자 곧바로 슈테른베르크는 디트리히를 염두에 두고 집필한 각본 〈금발의 비너스Blonde Venus〉를 영화화하는 데 착수했다. 그러나 슈테른베르크가 쓴 각본의 결말을 못마땅해 한 파라마운트사가 제작을 거부하면서 감독과 제작사, 그리고 디트리히 사이에도 크고 작은 갈등이 생겨났고 급기야 영화 제작도 무산되는 것처럼 보였다. 그런데 그해, 최초로 뉴욕-파리 간의 대서양 무착륙 단독 비행에 성공하면서 미국의 국민 영웅이 된 비행기 조종사 찰스 린드버그Charles Lindbergh의 20개월 된 아들의 유괴사건이 발생했다(1932.2.28). 그때 유괴범은 린드버그에게 편지를 보내 아들의 몸값으로 5만 달러를 요구했다가 나중에 10만 달러로 올렸던 일이 있었다. 사건 발생 후 일 년이 지나도록 해결의 실마리가 보이지 않자 수사 당국의 곤혹은 물론 언론의 호들갑은 전 국민을 공포 속으로 밀어 넣고 있었다. 급기야 이 사건을 모방이라도 한 듯 누군가가 디트리히에게 1만 달러를 요구하는 협박장을 집으로 보내왔다. 미국 경찰과 FBI가 동원되고 마리아에게 경호원이 붙으며 만일을 대비해 가짜 돈 봉투까지 준비해 두었지만 끝내 범인은 나타나지 않았다.

이 사건으로 큰 충격을 받은 디트리히는 마리아를 데리고 베를린으로 돌아가겠다며 또다시 극도의 신경질을 부리기 시작했다. 이제 막 할리우드의 흥행 스타로 첫 걸음을 내디딘 디트리히를 베를린으로 돌려보낼 수 없었던 슈테른베르크는 결국 파라마운트사가 요구한 대로 각본을 수정했고, 마침내 디트리히와 콤비를 이룬 세 번째 영화 〈금발의 비너스〉(1932)를 완성했다. 그러나 화려한 뉴욕 도시를 배경으로 한 영화 〈금발의 비너스〉는 디트리히의 차분한 대사와 안정적인 연기에도 불구하고 모두의 기대를 저버린 채 흥행에 실패했다. 신비하고 강력한 팜므 파탈의 이미지를 가진 디트리히가 화려한 이미지와 분위기를 뒤로 하고 가정주부를 연기하는 것은 관객의 취향에 전혀 맞지 않았던 것이다.[7]

이후 파라마운트사는 디트리히와 슈테른베르크가 각자 독립하여 작업해주기를 요구했는데, 디트리히가 슈테른베르크의 영향력에서 벗어나자마자 파라마운트사는 디트리히에게 고압적인 태도를 취했다. 디트리히는 자신의 처지가 불리해진 것을 깨닫고 다시 베를린으로 돌아가겠다고 엄포를 놓았지만, 파라마운트사는 영화 출연 거부에 따른 실질적인 불이익을 핑계 삼아 디트리히의 협조를 강요하기 시작했다. 예컨대 영화 〈송 오브 송스The Song of Songs〉에서 파라마운트사는 디트리히의 나체 출연을 요구했는데, 디트리히는 자신의 빈약한 유방에 대한 콤플렉스로 인해 영화사의 제안을 거부했다. 디트리히에게 브래지어와 코르셋은 그녀의 전 생애를 통틀어 가장 중요한 의류 품목이었다. 또 다른 콤플렉스였던 손과 발이 영화에 노출될 때에도 그녀는 철저한 장식 처리나 수정 편집을 고집했다. 그러나 영화 촬영 과정에서 필요한 분장실의 소품이나 연출 방법, 조명 위치, 스태프들의 매너에 이르기까지 모든 것이 슈테른베르크의 방식과 완전히 달라진 분위기에서 디트리히는 스스로 자신을 보호해야만 했다. 할리우드의 대스타 마를레네 디트리히는 자신이 원하는 대로 선택할 수 있는 권한을 박탈당한 것이다.

1931년 세계 대공황은 영화계에도 불어 닥쳤다. 할리우드에서 대공황의 결정적인 타격을 입은 것은 극장 체인 건설로 막대한 부채를 안고 있었던 대형 메이저 스튜디오들이었다. 특히 폭스사와 RKORadio Keith Orpheum, 그리고 파라마운트사가 심각한 재정 붕괴 상태에 직면하게 되었다. 1933년에 발효된 루스벨트의 국가경제회복법안은 영화업계를 포함하여 미국의 주요 기업들에게 어느 정도의 독점 관행을 허용함으로써 경제 회복 촉진을 모색한 것이었다. 그리고 그것은 영화 스튜디오의 재정적 위험을 최소화하고 주요 영화들에 대한 이익을 극대화하는 관행을 만든 요인으로 작용했다. 즉 1930년대 영화업계의 경제 촉진을 위해 마련된 광범위한 법규 제정은 1930년대 말에 이르러 배급업자로서의 메이저들이 영화 흥행 수입의 95%를 가져갈 정도로 영화업계 전체에서 메이저 스튜디오들의 통제력을 강화하는 데 기여했다. 실제로 5개 대형 메이저들은 냉혹한 개봉관 시장의 논리를 등에 업고 지배적인 지위를 더욱 강화해갔다.[8]

이 무렵 파라마운트사가 슈테른베르크 감독과 디트리히 콤비의 독립을 요구했던 것과 영화 촬영장에서 디트리히의 행동을 강압적으로 제지했던 것, 그리고 영화사의 요구로 인해 슈테른베르크의 시나리오 결말을 수정할 수밖에 없었던 것 등은 세계 대공황이 할리우드의 영화 시스템에 중대한 변화를 가져왔기 때문이었다. 실제로 스튜디오의 소유와 경영이 분리되고, 슈테른베르크 감독과 디트리히가 주도한 파라마운트사와 같이 A급 스타 장르 공식에 따른 영화들을 강력한 주력 상품으로 내놓는 등 할리우드의 시장 전략, 경영 구조, 제작 여건을 현재의 기업 시스템으로 재편한 것은 바로 1930년대의 일이었다.

남편 루돌프의 조언에 따라 디트리히는 자신이 직접 각본과 감독을 선택할 수 있는 권리를 갖기 위해 파리를 방문했다. 이 무렵 나치당이 득세한 베를린의 정세가 심상치 않음을 깨달은 루돌프도 디트리히가 있는 파리로 뒤따라갔다. 파리 시의회에서 남성용 슈트를 차려입은 디트리히가 파리 시내에 들어오는 것을 금지시키려 한다는 소문이 떠돌기도 했지만, 믿거나 말거나 한 이 소문에 대해 디트리히는 비아냥거리며 코웃음을 쳤다. 그때만 하더라도 프랑스 파리에서는 공공건물이나 레스토랑에서 바지pantalon를 입은 여자는 출입을 금지당했을 정도로 일반 여성이 바지를 입는다는 것은 그다지 매력적으로 인식되지도 않았을 뿐만 아니라 위법의 대상이었다.

1830년대 여성에 대한 불평등에 대항하는 의미에서 소설가 조르주 상드George Sand가 남성의 전유물인 바지를 입은 적도 있었지만, 그로부터 백 년이 지난 시점에조차 여성이 바지를 외출복으로 입는 것은 타락 행위에 해당되는 일이었다. 실제로 여성이 처음 바지를 입게 된 것은 제1차 세계대전 중 전쟁터에 나간 남자들을 대신해 군수공장에서 일을 해야만 했던 여자들에게 실용적으로 허용되었을 뿐이었다. 공장에서 일하는 여성들에게 긴 치마와 코르셋은 자칫 대형 사고를 유발하는 요인이 되었기 때문이다. 그런 점에서 남성용 팬츠 슈트 차림에 가까운 디트리히의 의상은 그때까지 견고하게 유지되고 있었던 성적 금기를 깨뜨릴 정도로 매우 불온하고도 파격적인 일이었다.

현대의 매니쉬 룩에 가장 큰 영향을 미친 디트리히의 판탈롱 수트는 하얀 담배 연기를 내뿜는 고전적인 이미지를 자신의 독보적인 스타

스모킹 슈트(Smoking suit)의 원조 디트리히. 격식 있는 사교모임에서 담배를 피우며 입을 수 있는 복장이라고 해서 붙은 이름으로서, 패션 사상 가장 섹시하고 쿨한 스타일로 평가받고 있다. 당시 '디트리히 슈트'라는 스타일을 유행시킬 만큼 패션사에서도 매우 혁신적인 아이콘으로 통했다.

일로 구축하면서 성적 금기에 대한 혁명적 미학을 창조한 동시에 새로운 패션의 전통을 확립했다고 말할 수 있다. 디트리히의 첫 할리우드 영화인 〈모로코〉에서 클럽의 가수로 일하는 에미가 노래를 부르며 등장하는 장면에서 첫 선을 보인 메니쉬 룩은 당시 수많은 관객의 야유가 쏟아지는 와중에서도 도도하고 당당한 태도와 신비한 매력으로 대중의 이목을 사로잡았다. 에이브러햄 링컨Abraham Lincoln을 상기시키는 미국식 탑 햇Top hat을 삐딱하게 쓰고 남성의 전유물이었던 검은 턱시도를 걸친 디트리히의 패션은 흑백영화 특유의 색감과 조화를 이루면서 기품 있는 고전적 매니쉬 룩의 원조로 자리 잡았다.

훗날 이 의상은 디트리히의 트레이드마크가 되면서 전 세계 여성복 디자인의 혁신을 가져왔고 또 제2차 세계대전이 발발하면서 디트리히의 군복 취향이 전쟁 독려의 분위기를 타고 적극적으로 장려되기도 했지만, 이때까지만 해도 일반 여성이 남성 슈트를 착용한다는 것은 미학적으로나 도덕적으로 그리 권장될 만한 사항이 아니었다. 하지만 디트리히의 매니쉬mannish한 여성용 슈트 패션은 점차 대중의 심미안을 매혹하면서 여성적 매력의 새로운 장르를 확립해가고 있었다. 한편 파리에서의 영화 작업이 여의치 않게 되자 디트리히는 슈테른베르크가 있는 미국으로 다시 돌아왔다. 바야흐로 독일에서는 나치당이 집권하고 히틀러의 《나의 투쟁Mein Kampf》이 국민적 필독서가 되면서 점차 베스트셀러의 자리에 등극하고 있을 무렵이었다.

제1차 세계대전에서 패배한 독일은 살인적인 인플레이션과 전례 없는 실업률, 그리고 가혹한 베르사유 조약에 따른 전쟁 배상금으로 인해 극심한 사회 혼란을 야기하면서 파국의 상황에 치닫고 있었다. 많은 연구자들은 《나의 투쟁》에 기술된 히틀러의 민족사회주의 사상이 다양한 국가·민족 이데올로기를 혼합한 의미 없는 사상이라고 주장하기도 하지만, 그보다 더 중요하게 보아야 할 것은 나치의 집권이 전근대와 근대가 혼합되어 있는 상황적 맥락에서 패전 독일 사회의 유례없는 경제적 혼란상과 민족적 굴욕감이 기반이 된 복합적인 역사적 현상이라는 사실이다.

공식적 통계 수치에 해당하는 600만 명의 실업 인구는 당시 노동 가능한 독일 인구 가운데 세 명 중의 한 명이 실업자였다는 사실을 시사한다. 대공황의 여파와 패전 독일의 경제적 혼란상은 수많은 가장들을 거리로 내몰았고, 미래에 대한 희망을 상실한 청소년들은 공산당의 '붉은전사동맹', 사회민주당의 '국기단', 나치의 '돌격대'와 같은 정당의 전위 조직에 가담하여 반대파 조직을 공격하면서 국가 재건 활동에 내몰릴 수밖에 없었다. 1932년 총선거에서 230석을 획득하여 원내

제1당으로 등극한 히틀러의 국가사회독일노동당이 독일 국민 대다수의 동의에 의한 것이었다는 사실, 그리고 히틀러의 사상이 홀로코스트와 제2차 세계대전 발발의 계기가 되었다는 사실은 그와 동일한 상황에서라면 또다시 그와 같은 역사가 반복될 수 있다는 점을 일깨워준다.

한편 1935년 디트리히는 또다시 슈테른베르크 감독의 영화 〈악마는 여자다The Devil is a Woman〉에 출연했지만 흥행에 성공하지 못하자 한동안 슬럼프에 빠져 지냈다. 그 후 슈테른베르크 감독과의 콤비 작업은 중단되고 말았지만, 1936년 독립영화제작자 데이비드 오 셀즈니크David O. Selznick와 함께 한 영화 〈알라의 정원The Garden of Allah〉과 1937년 벨기에 출신의 프랑스 감독 자크 페데Jacques Feyder의 〈갑옷 없는 기사Knight Without Armour〉가 연이어 흥행에 성공하면서 거액의 출연료를 거머쥔 것은 물론 나락으로 떨어진 할리우드 섹시 스타로서의 위상을 재확인시킬 수 있었다. 그러나 작품에 대한 평가는 그다지 좋지 않았고, 그해 11월에 개봉한 영화 〈천사Angel〉 역시 비참한 성적으로 마감했다. 약간의 시간적인 여유가 생기자, 언제나 그랬듯 디트리히는 수많은 남자친구들과 호화로운 데이트를 즐기며 기분전환을 했다.

1937년 5월 30일 미국 독립영화관협회가 모든 영화잡지에 그레타 가르보, 캐서린 햅번Katharine Hepburn, 베티 데이비스Bette Davis와 함께 디트리히를 '흥행의 암'이라고 비난한 기사를 실었다. 이유인즉슨 당시 할리우드의 대표적인 A급 흥행스타였던 이들이 높은 출연료를 받고 있음에도 불구하고 더 이상 관객을 극장으로 불러 모으는 능력을 상실했다고 비판한 것이다. 이러한 압박은 파라마운트사와 콜롬비아 영화사로 하여금 디트리히의 차기작 촬영 계획을 취소해버리는 결과를 가져왔다. 처음으로 실업자가 된 디트리히는 잠시 미국을 떠나 있기 위해 가족과 함께 대서양을 건너던 중 평생 동안 우정을 나누게 될 어니스트 헤밍웨이Ernest Hemingway를 만났다.

그 무렵 히틀러의 제3제국은 '제국문화원법'을 제정해 유대인 예술가들을 무자비하게 추방하고 있다는 소문이 떠돌고 있었다. 친나치 단체들은 모든 예술인들에게 아리아인의 후예라는 증거를 제출하고 나치당에 대해 충성을 맹세할 것을 요구했다. 독일인의 우월성을 증명해주는 작곡가 베토벤의 제9번 교향곡은 히틀러의 생일축하연이나 각종 기념일 및 주요 행사에서 항상 연주되곤 했지만, 아놀드 쇤베르크 Arnold Schonberg, 벨라 바르톡Bela Bartok, 이고르 스트라빈스키Igor Stravinsky 등 당대 최고의 유대인 작곡가들은 나치의 야만적인 문화 탄압을 피해 미국 망명의 길을 선택했다. 당시 레니 리펜슈탈이 독일에서 히틀러의 최측근 감독으로 승승장구하고 있을 때, 디트리히는 그녀를 겨냥해 다음과 같이 말했다.

히틀러가 엘리자베스 베르그너Elisabeth Bergner를 공식적으로 독일에서 추방했대요. 유대인이라는 이유로요. 이러다가는 그 '대문화제국'에서 재능있는 배우들이 다 사라져버릴 거예요. 물론 그 천박한 레니 리페슈탈과 에밀 야닝스는 빼고요. 그들은 독일에 눌러있을 테니. 사람들에게 해독을 끼치는 그 두 사람은 오히려 나치와 더 잘 어울리죠!⁹

디트리히가 미국 망명을 결심한 것도 바로 이 무렵이었던 것으로 보인다. 영화 출연도 끊기고 파라마운트사와의 계약도 종료된 데다가 미국 시민권을 신청한 이후 법률상으로 필요한 대기 시간을 지루하게 기

다리는 동안에도 디트리히는 유럽으로 가고 싶어 했지만 주변 여건
이 허락지 않았다. 이 무렵에 제1차 세계대전의 체험을 소재로 한 소
설 《서부전선 이상 없다》(1929)가 세계적인 반향을 일으키면서 무명의
저널리스트에서 세계적인 인기 작가로 부상한 에리히 마리아 레마르
크Erich Maria Remarque와도 처음 만났다. 이 소설의 출간으로 나치가 레마
르크를 반전 작가로 낙인을 찍고 그의 작품에 분서焚書 처분을 내리자
1932년 그는 스위스로 거주지를 옮겼다. 그 이듬해 레마르크는 결국
나치로부터 독일시민권을 박탈당해 버렸고, 이후 1939년 미국으로 망
명하여 1947년 미국시민권을 취득했다. 이후 레마르크와 디트리히는
동병상련의 심정으로 오랫동안 연인관계를 유지했다. 두 사람의 애정
편력과 이상적인 동지적 관계는 1992년 마리아 라이바가 왕복 서신을
공개하면서 세상에 알려졌다.

　설상가상으로 1939년 나치가 할리우드의 인기스타 디트리히에게
독일로 돌아와 새롭게 촬영할 전쟁 홍보영화에 출연해줄 것을 제안했
다. 그러나 디트리히는 제3제국과 아무런 관련이 없다며 그 제의를 거
절하고 미국의 파라마운트사와 재계약을 맺었다. 그러자 독일 내에서
과거 디트리히가 출연했던 모든 영화가 상영금지 처분을 받은 것은 물
론, 영화 필름 복사본조차 모두 소각 처리되었다(일설에 의하면 히틀러가
〈푸른 천사〉만큼은 개인 소장용으로 따로 보관해두고 있었다고 전한다). 디트리
히는 자신을 독일 제3제국으로 소환하려는 히틀러의 의도를 다음과
같이 해석해버렸다.

　히틀러가 나를 독일 제국의 '위대한 스타'로 만들고 싶어 한다는 것은 전
부 지어낸 이야기예요! 그 사람이 나를 독일로 돌아오도록 하기 위해 높

은 지위에 있는 장교들을 몇 번이나 보냈던 것은 〈푸른 천사〉에서 가터벨트garter belt를 한 나를 보고, 그 레이스 달린 팬티 속으로 들어오고 싶어 하는 것일 뿐이라고요![10]

현재의 관점에서 볼 때 디트리히가 정치적으로나 도덕적으로 성숙한 의식을 갖추고 있었다고는 말할 수 없다. 그녀는 당시 백인들에게 뿌리 깊게 남아 있던 인종주의에서도 자유롭지 못했을 뿐만 아니라 독일인으로서의 정체성을 강건히 유지하기를 바랐고, 또 노트 한 권 분량의 리스트를 채울 수 있을 정도로 남성과 여성 파트너들에 대한 애정 편력을 과감히 드러내기를 주저하지도 않았다. 다만 나치 독일의 파시즘 체제에 대해서는 극단적인 혐오감을 드러냈고, 또 독일에서 국가와 민족에 대한 선전영화에 참가하기보다는 독보적인 대중의 인기에 힘입어 최첨단의 할리우드 시스템에서 다양한 촬영기법을 통해 자신만의 자유분방한 이미지를 구축하고 과감한 연기를 선보이는 데 훨씬 더 흥미를 느꼈다. 이런 점에서 볼 때 디트리히가 나치 독일에 반대하여 미국으로 망명하고 미국 시민권을 취득했던 저간의 행위를 특별히 의식적인 반나치와 같은 정치적 행위로 규정하는 것은 어딘가 모자란 점이 있다.

한편 파나마에서 발행한 특별 망명자용 여권을 소유하고 있었던 레마르크는 독일이 폴란드를 침공했을 때 디트리히의 가족들과 함께 망명자의 무리가 되어 프랑스 파리를 거쳐 캐나다와 미국까지 함께 이동하는 등 전쟁의 와중에서도 디트리히와의 애정관계를 유지하며 함께 지냈다. 그러나 이 관계는 그리 길게 가지 못했다. 1939년 독일이 점령한 프랑스를 탈출해 미국으로 건너온 장 가뱅Jean Gabin이 이십세기 폭스사와 계약을 맺고 할리우드에서 활동하게 되면서 디트리히의 새로운 로맨스가 시작되었기 때문이다. 이때 디트리히는 장 가뱅을 비롯하여 르네 클레르, 장 르느와르, 뒤비비에 등과 같은 할리우드의 프랑스 망명 예술인들을 지원하면서 친밀한 관계를 유지했다. 디트리히는 레마르크의 거주지를 장 가뱅이 대신할 수 있도록 조치하고 그의 프랑스 억양의 영어 발음을 교정해주는 등 그가 할리우드에서 적응할 수 있도록 물심양면 도움을 주었다. 훗날 마리아 라이바는 장 가뱅이 디트리히의 수많은 연인들 중 가장 매너 있고 로맨틱한 파트너였던 것으로 기억했다.

• •

1941년 12월 아시아·태평양전쟁이 발발하자 미국에 거주하는 모든 일본인들에게 오후 6시 이후 외출금지령이 내려졌고 라디오를 몰수했다. 미국 정부는 히로히토裕仁 천황에게 충실할 것이 분명한 모든 일본인들을 잠재적 스파이로 간주했기 때문이다. 급기야 동양을 소재로 한 영화들이 모두 창고 속으로 들어갔다. 모든 할리우드 스튜디오는 '영웅적 프로파간다'와 '사기를 드높이는 것'을 테마로 한 프로그램과 반나치 관련 영화를 상영하는 데 주력했다. 할리우드는 할리우드의 방식대로 전쟁에 협력하는 태도를 선택했고 또 그것을 훌륭하게 수행해가고 있었다. 마리아 라이바는 어머니의 일대기를 그린 저서에서 디트리히가 과도하게 미국식 생활방식을 고집했던 행태를 자주 비꼬았었는데, 특히 아시아·태평양전쟁 시기에 디트리히가 전쟁에 협력했던 방식은 진심을 다한 최상의 노력이었다고 평가한 바 있다.

〈할리우드 빅토리 위원회〉의 후원하에 스타들은 전쟁에 협력하기 위해 앞다투어 시간과 명성을 제공했다. 이번만큼은 어머니도 동료 배우들에게 동조했다. 신비감이나 고고한 태도는 더 이상 대중을 매혹하기 위한 필요조건이 아니었던 것이다. 1942년에는 '현실성'이 유행했다. 〈푸른 천사〉의 무희는 초청받을 수 없었던 것이다. 어머니는 어디든지 갔고 무엇이든지 했다. 찰리 맥카시('레드 퍼지'로 악명 높은 상원의원 J. R. 맥카시와는 물론 다른 인물이다)와 센스 있는 농담을 주고받고 즉흥 코러스 라인에 참여했으며 주문이 들어올 때마다 노래했다. 진주만에서 부상병이 도착하면 갑자기 편성된 호스피털 쇼Hospital Show에 참가하곤 했다. 이때의 어머니는 전 생애에 있어서 최대의 역할 – '용감한 전쟁터의 엔터테이너' – 를 연기하기 위한 리허설을 감행하고 있었는데, 다만 자기 스스로도 그러한 사실을 깨닫지 못하고 있었다.[11]

디트리히의 옛 연인이었던 소설가 보리스 파스테르나크Boris Pasternak와 레마르크는 여전히 편지를 보내오고 있었지만, 장 가뱅은 그러한 사실을 전혀 모른 채 그저 디트리히와 존 웨인의 염문설에 질투를 해대고 있었다. 당시 존 웨인은 역사상 최고의 서부극 중 하나로 꼽히는 〈역마차Stagecoach〉(1939)의 성공으로 스타의 반열에 올라있었다. 하지만 사실 존 웨인은 세 편의 영화에서 디트리히의 상대역을 연기했을 뿐, 그녀에게 정복당한 수많은 남자들 중의 한 명이 되기를 거부해서 오히려 디트리히의 분통을 터뜨리고 있었다. 그런 와중에도 디트리히는 '시골뜨기'인 데다 가난한 집안 출신의 '프랑스인'임에도 자신이 장 가뱅을 사랑하고 있다는 사실에 대해 위세를 떨면서 이렇게 말했다. "국채를 팔고, 재촬영을 하고, 또 당신 친구들을 위해 요리를 하느라 나한

테 여유 따위는 없다고요!"[12]

1942년 4월 18일 미육군항공대의 B-25 미첼 폭격기 16대가 도쿄, 요코스카, 오사카, 가와사키, 고베, 나고야 등 일본의 주요 도시를 폭격하여 일본 해군 상부를 충격에 빠뜨린 일명 '둘리틀 공습Doolittle raid'의 성공으로 미국인들의 사기는 최대로 고양되고 있었다. 1943년에는 할리우드 스타들이 조직적으로 육군 병원을 방문하는 것이 일종의 의무처럼 되어 있었다. 이때 디트리히는 특유의 사교성으로 부상병들을 위로하는 데 탁월한 기질을 발휘했고, 또 그 스스로도 병사들의 사기를 북돋아주는 역할을 하는 것에 매우 흡족해했다. 디트리히는 독일, 이탈리아, 일본의 추축국과 싸우는 그 전쟁에서 미군들에게 도움이 되는 일이라면 그 어떤 일이든 혼신의 힘을 다해 자신의 역할에 충실했고 그것은 또한 그녀가 진정으로 원한 것이었다.

이러한 디트리히의 열정적인 행동은 당시 장 가뱅으로 하여금 그 자신은 대규모 전쟁을 치르고 있는 미국에 아무런 도움이 되지 못하는 아웃사이더와 같은 소외감을 갖게 만들었다. 왜냐하면 디트리히가 종종 비아냥거리듯이 전쟁을 위해서 하는 일이라고는 고작 '시시한 영화' 따위나 만드는 일이라며 장 가뱅을 몰아붙이곤 했기 때문이다. 이따금 폴란드 바르샤바의 게토ghetto에서 유대인이 학살되고 있다는 소문이 미미하게 떠돌기는 했지만 그때까지만 해도 그것이 사실이라고 믿는 사람은 거의 없었다. 더 이상 참을 수 없을 지경이 된 장 가뱅은 조국인 프랑스가 전쟁에서 패하고 또 할리우드에서도 더 이상 영화로 커리어를 쌓을 수 있는 전망이 보이지 않자 영국으로 망명한 샤를 드 골Charles De Gaulle이 주도하는 '자유프랑스군Forces françaises libres'에 참가하기 위해 디트리히에게 이별을 고했다.

해군 복장을 한 디트리히

1943년 말 디트리히는 영화 〈운명Kismet〉을 찍기 위해 과거 그레타 가르보가 속해 있었던 MGMMetro-Goldwyn-Mayer사와 계약을 했다. 이때 디트리히는 영화 촬영 도중 FBI로부터 그녀가 진정으로 충실한 미국 시민인가를 재확인하는 보안상의 조회를 받았는데, 이 사건은 그동안 연합군을 위해 혼신의 힘을 바쳐 조력해왔음에도 당시의 미국 정부는 디트리히의 내셔널 아이덴티티에 대한 의혹을 거두지 않고 있었다는 사실을 그대로 보여주는 일이었다. 전쟁이 끝나갈 무렵인 1944년 디트리히는 진짜 군복을 입고 수많은 전쟁터를 돌며 연합국 병사들을 위한 순회공연과 지원 사업에 몰두했는데, 그중에서도 유난히 잘 어울렸던 그녀의 군복 차림은 언론 매체들을 통해 곧바로 그 시대의 가장 완벽한 코스튬costume으로 수용되었다.

디트리히의 군복 차림이 전쟁 분위기에 편승한 코스튬으로 세간에 알려지자 그녀 스스로도 그때까지 수행해왔던 모든 역할 중에서 가장 만족해했다. 그것은 과거 남성복 슈트 차림의 고혹한 팜므 파탈 이미지를 대중에게 각인시킨 이래 가장 큰 대중적 성공을 가져다준 것이었기 때문이다. 이러한 디트리히의 과감하고도 용감한 행위는 미국과 프랑스 정부로부터 훈장과 표창장 수여로 이어졌을 뿐만 아니라, 최전선에 있는 병사들에서부터 5성급 장군에 이르기까지 모든 군인들의 마음을 사로잡으면서 진정한 영웅의 이미지를 새롭게 각인시키게 된 계기가 되었다. 적어도 4년 동안은 실제 전쟁터에서 끊임없이 퍼붓는 총탄과 언제 닥칠지 모르는 죽음의 위협에 완전히 노출되어 있었고, 자신의 명성에 화답이라도 하듯 대담하고 헌신적으로 임했다.

훗날 디트리히는 전방을 돌며 병사들과 함께 일했던 때만큼 행복을 느낀 적은 없었다고 술회한 바 있었는데, 실제로 제2차 세계대전 중의 디트리히는 나치에 대한 복수심을 증명이라도 하듯 생명의 위협에 완전히 노출된 최전선에서 그 누구보다 용감하게 군부대와 함께 움직였다. 그도 그럴 것이 실제로 디트리히는 전승에 대한 사명감에 불탔다기보다는 스스로 자신이 진정한 전쟁 영웅이라고 믿었고 또 그 믿음을 그대로 실천에 옮겼다. 그리고 그것은 먼 훗날 하나의 영웅 전설로 이어졌다. 그녀는 특유의 친화력으로 미군의 포로로 잡힌 독일 병사들에게 가서 익숙한 독일어로 한담을 나누기도 했다. 당시 독일군과 연합군을 통틀어 최고의 인기를 구가했던 노래 〈릴리 마를렌Lili Marleen〉을 불러서 유명세를 떨치기도 했던 디트리히는 생명의 시간이 얼마 남지 않은 독일군 포로들을 위해 〈릴리 마를렌〉을 기꺼이 불러주기도 했다. 그만큼 디트리히는 수많은 전사자들이 발생하고 상상을 초월하는 처참한 고통이 전 유럽을 지배하는 동안 연합군과 독일군을 구별하지 않고 모든 군인들의 사기를 북돋우는 것을 자신의 성스러운 책무로 간주하고 있었다.

전쟁터에서 군인들의 사기를 진작시키기 위해 할리우드의 여배우들과 가수들이 본격적으로 총동원된 것은 제2차 세계대전에 이르러서다. 당시 트럭 캐러밴에서 숙박을 하며 부대와 함께 전선을 이동하며 위문공연을 위해 파견된 영국위문공연단 '엔사ENSA: Entertainments National Service Association'는 언제 생명을 잃게 될지 모르는 군인들을 위로하고 사기 진작에 도움을 주는 중요한 콘텐츠였다. 또한 당시 애수를 불러일으키는 감미로운 목소리로 대중의 인기를 불러 모아 '지아이 조 G.I. Jo'[13]라는 애칭을 얻었던 조 스테포드Jo Stafford를 비롯하여 당당하고 품위 있는 목소리로 'The Forces' Sweetheart'로 불렸던 베라 린Vera Lynn 은 대표적인 제2차 세계대전 중의 연합군 위문 가수다. 나중에 알려진 사실이지만, 당시 전 세계에서 가장 아름다운 여인의 대명사로 꼽혔던 여배우 잉그리드 버그만Ingrid Bergman 역시 위문공연 중에 만난 전설적인 종군사진기자 로버트 카파Robert Capa와 서로 사랑했지만 종군기자로서의 운명을 직감한 카파가 잉그리드 버그만의 청혼을 거절하기도 했다.

북아프리카 공연을 끝낸 후 이탈리아의 제34사단 본부에 머물던 1944년 폐렴에 걸렸다가 기적적으로 살아난 디트리히는 그해 6월 4000여 명의 군인들에게 독일이 점령하고 있던 프랑스령 노르망디에 연합군이 상륙했다는 뉴스를 전했다. 그러고 나서 얼마 지나지 않아 디트리히와 위문공연 그룹은 미국으로 돌아가 해산해버렸다. 그로부터 한 달 후인 8월 25일 4년간 독일의 점령하에 있던 파리가 해방되었다. 파리 시민들은 환호했다. 이날 디트리히가 '진짜 병사'가 되어서 전선의 병사들과 전승의 기쁨을 함께 나누지 못한 것에 대해서는 오랫동안 애석해했다. 전선 위문공연에서 얻은 명성이 너무나 강렬했기 때문에 그녀는 자신의 군복 차림의 사진이 매체에 실릴 때마다 그것이 1944년 8월 25일 파리 해방 당일에 찍은 것이라고 우겨대기도 했다. 그로부터 약 일 년 뒤인 1945년 8월 6일과 8월 9일 일본의 히로시마와 나가사키에 원자폭탄이 투하되면서 미국은 핵무기 시대의 막을 열었고 제2차 세계대전이 공식적으로 종료되었다.

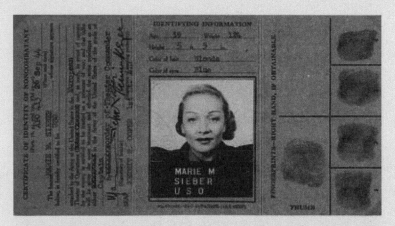

디트리히의 '연합군 육군 신분증'. 남편인 루돌프 지버의 성을 딴 '마리 M. 지버'로 기록되어 있다.

〈푸른 천사〉 촬영 때(1929)의 디트리히와 요제프 폰 슈 테른베르크 감독. 이후 슈테른베르크 감독과 디트리히 콤비는 7편의 영화에서 함께 하게 된다.

루돌프 지버와 마를레네 디트리히

디트리히와 슈테른베르크 감독

영화 〈상하이 익스프레스〉에서 치명적인 매력의
고급 창녀 '상하이 릴리' 역을 맡은 디트리히

스웨덴 출신의 미국 여배우 그레타
가르보. 할리우드의 황금기에 마를
레네 디트리히의 라이벌이었던 그
레타 가르보는 '할리우드의 얼굴'로
불리며 미의 관점을 새롭게 바꾸어
놓을 만큼 할리우드 영화사에 지대
한 영향을 미쳤다. 1925년 그레타
가르보가 여주인공을 맡은 〈기쁨
없는 거리(The Joyless Street)〉에서
단역배우였던 디트리히와 잠깐 연
인 사이였다는 공공연한 소문이 있
기도 했지만, 상류층에서 교양을 몸
에 익힌 디트리히가 빈민가 출신의
그레타 가르보에 대해 교양도 없고
무식하다는 소문을 내면서 두 사람
은 원수 사이가 되어 평생을 서로
마주치지 않았다.

영화 〈악마는 여자다〉의 한 장면

1944년 9월 29일 군복을 입은 디트리히. 군복이 특별히 잘 어울렸던 디트리히는 군복 스타일의 여성 복식을 유행시켰다.

1938년 한스 라입 작사, 노르베르트 슐체 작곡의 노래 〈릴리 마를렌〉의 가사. 당시 병사들에게 큰 사랑을 받았던 이 노래는 마를레네 디트리히가 해외에 주둔한 미군 장병들을 위한 위문공연에서 자주 불렀고, 또 에디트 피아프(Edith Piaf)는 프랑스군들에게 이 곡을 들려주었다.

1941년 존 웨인과 디트리히

제2차 세계대전 중 연합군 부대 식당에서 식사 배급을 준비하는 디트리히

2부

국가와 예술,
그리고 전쟁의 브리콜라주

제5장

1955년 최승희,
북한 최고 인민배우 칭호를 받다

1955년은 최승희의 무용 인생 30주년이 되는 해이다. 이 해에 최승희
는 무용예술가 최초로 '인민배우'의 칭호를 받았다. 1952년 6월 4일에
제정된 인민배우 칭호는 북한 예술인들에게 수여되는 가장 명예로운
호칭이었다. 그리고 그해 가을 최승희 무용 30주년 기념 공연이 개최
되었다. 북한 언론은 최승희 무용 생활 30주년의 결실을 이렇게 칭송
했다.

> 최승희는 확실히 우리 시대가 낳은 탁월한 무용가이며 안무 창작가이며
> 연출가이며 교육가이다. 우리나라 무용예술의 오늘과 같은 화려한 개화
> 는 직접적으로나 간접적으로 최승희의 이론과 연결되어 있지 않은 것이
> 없다. 이러한 의미에서만도 인민배우 최승희는 우리나라 문화사에 빛나
> 는 공적을 남겨 놓은 우리 민족의 자랑스러운 딸이다.[1]

1955년은 최승희의 무용 인생에서 두 번째의 전성기를 맞이한 해라고 할 수 있다. 영예로운 '인민배우' 칭호를 받으면서 북한 최고의 예술가로 공인받은 해라는 점에서도 의미가 있지만, 무용 지도자로서의 위상을 대내외적으로 인정받으면서 예술가와 지도자라는 모든 면에서 최승희의 가치가 최고도로 격상된 해였기 때문이다. 특히 1955년 8월 폴란드 바르샤바에서 개최된 제5회 '세계청년학생축전'에서 최승희가 중국 베이징 시절에 가르쳤던 조선족 제자 최미선崔美善이 독무 〈부채춤〉으로 금메달을 수상하고, 동시에 '최승희 무용연구소'의 연구생들이 〈조선의 어머니〉로 '세계평화상'을 수상하면서 그녀의 지도자로서의 면모가 더욱 부각되었다. 이 행사에 최승희는 심사위원 자격으로 참석했다.

이 시기는 남북 분단 상황이 고착화됨에 따라 북한이 사회주의 이데올로기를 전면에 내세우면서 이념성과 사상성을 노골적으로 주입시키는 프로파간다로서의 교육이 고조되는 시기였던 만큼 최승희 역시 이러한 북한 체제에 복무하면서 무용계에서의 세력 확장을 도모해갔던 것으로 보인다. 가령 1956년에 출판된 최승희의 저서《생활과 무대》에는 "김일성의 교시를 연구하여 우리 전체 무용가들의 사상 의지의 통일과 철석같은 단절을 보장해야 하며 인민들의 업적을 무용 작품에 반영해야 한다"[2]라는 주장을 피력했는데, 실제로 이 무렵 김일성의 후원에 따라 최승희가 직접 만든 민족무용극 4부작 〈반야월성곡〉, 〈사도성 이야기〉, 〈맑은 하늘 아래〉, 〈운림과 옥란〉은 사회주의적 리얼리즘이 퇴조해가는 분위기에서 진행된 김일성 주체사상과 궤를 같이하면서 민족적 자주주의를 강조하는 내용으로 이루어져 있다.

최승희의 대표작으로 꼽히고 있는 이 무용극들은 월북 이후 최승희

1955년 최승희의 무용생활 30주년 기념회에서 최승희가 참석자와 악수하고 있다. 1955년에 최승희는 북한 최고의 '인민배우'로 등극했다.

가 북한 문화계의 요직을 차지하면서 무용 활동의 전성기를 누릴 수 있었던 기반을 마련해주기도 했다. 요컨대 식민지 시기에 마련된 최승희의 첫 번째 전성기가 동양(조선) 무용의 현대화 작업과 세계무대를 누비면서 무용예술에 투신했던 과정과 제국 일본의 프로파간다를 수행하면서 형성해간 것이었다면, 월북 후 북한에서 이루어진 두 번째 전성기는 김일성 주체사상의 교시, 즉 북한 정치체제를 공고화하는 프로파간다를 수행하면서 이루어낸 성과였다고 할 수 있다. 왜냐하면 김일성 일인독재체제의 강화를 피력한 조선노동당 제3차 대회(1956.4.28~29)에서 김일성이 천명한 문화예술의 향방을 살펴보면 이 시기의 최승희 무용예술이 취해갔던 목적의식이 어디에 있었는가를 예측할 수 있기 때문이다.

1948년 7월 월북 후 최승희가 처음 북한의 무대에 올린 대표적인 무용극 중의 하나인 〈반야월성곡〉

당은 우리의 문학 예술인들이 맑스-레닌주의 세계관으로 무장하고 인민들의 생활을 더욱 깊이 연구하며 우리나라와 세계 각국의 고전적 작품들을 깊이 연구하며 부단히 자기의 예술적 소양을 높여서 더욱 우수한 작품들을 인민 대중 앞에 내놓으며 우리 인민을 조국에 대한 무한한 사랑과 우리의 전도에 대한 혁명적 낙관주의로 교양하는 사업에서 거대한 성과를 거두리라는 것을 확신하는 바입니다.[3]

● ●

최승희는 아시아·태평양전쟁 발발 직후인 1942년 6월 중국 화베이華北 지방의 위문공연을 시작으로 1945년 일본의 패전 직전까지 텐진天津, 칭다오青島, 타이위안太原 등 전시체제하의 중국에서 연이은 공연을 감행했다. 미드웨이 해전(1942)과 과달콰날 해전(1943)에서 일본의 연이은 참패로 제해권을 상실하자 최승희의 동양무용은 '전시'라는 대의명분 속에서 일본군 위문공연 일색으로 진행될 수밖에 없었다. 일본의 고명한 예술인들 45명으로 구성된 '최승희 무용관상회'는 이런 시국에서 발족된 것이었다. 이 시기에 최승희·안막 부부가 특별히 내세운 '동양무용'이란 조선·중국·일본적 정서를 그린 프로그램을 지칭하는 것이었다. 이때의 '동양무용'이란 일본의 자기 완결적 서사인 '세계사적 입장', 즉 '서양적인 것'의 대항 항으로서의 '동양적인 것'을 의미한다고 볼 때 그것은 제국 일본의 입장을 보편적 세계사에 편입시키는 의미에서의 '동양 이데올로기'였다는 점에서 최승희의 입장에서도 하나의 전환점에 해당하는 것이었다.

가령 1943년 8월 8일 일본 제국극장에서 개최된 제1회 최승희 무용관상회의 프로그램은 일본무용 3편, 중국무용 3편, 조선무용 7편으로 구성되어 있었다.[4] 조선무용의 편수가 더 많았다고 해서 최승희가 '조선적인 것'을 우위에 두었다고 말할 수 없는 것은 이 '동양무용' 중심의 프로그램이 전시체제하의 제국 일본의 프로파간다로 기획되었기 때문이다. 이 공연을 관람했던 일본의 무용평론가 에구치 히로시江口博의 다음과 같은 언급은 이러한 의혹을 뒷받침해준다는 점에서 의미심장하다.

최승희의 무용은 지금 중대한 전기를 맞고 있다. 이번 감상회를 보고 생각나는 것은 이시이 바쿠에게 서양춤을 배웠던 그녀이지만 독립 후 조선무용을 통해 최승희 무용을 창건하여 우선은 그 예술이 완성되었던 것인데, 또다시 동양무용이라는 새로운 경지에 들어가려고 몇 해 동안 공연 때마다 그 시험 작품을 내놓고 있다. 이 같은 그녀의 활동은 찬양할 만하나 오늘의 성과를 놓고 볼 때 거기는 미완성품으로 그녀가 거둔 조선무용의 성과에 견주어 동양무용은 좀 거리가 있는 것 같다. 그러므로 이 어려움을 어떻게 극복해 내느냐가 그녀에게는 중대한 전기가 될 것으로 보인다.[5]

일제 말 '동양무용이라는 새로운 경지'에 진입하는 일이란 자본주의 말기의 몰락 단계에 들어선 서양 문명이 지배했던 '구질서'를 대신해 일본을 맹주로 하는 동양의 '신질서' 수립이라는 일본발 '세계사의 철학'과 궤를 같이 하는 이념이다. '세계사의 철학'이란 아시아와 아프리카와 같은 비서구 세계를 식민지화한 근대 유럽이 '세계사'의 단독 주체로 자리매김된 이래 제1차 세계대전을 계기로 유럽이 몰락하고 비서구 세계가 대두하면서 '세계'의 다원화를 주장한 일본적 세계 인식의 구상이다. 이때 '세계사'란 구체적으로 '자기 완결적 고립체계'로서의 유럽사라는 지리학적 공간의 역사가 아니라 그동안 비존재 혹은 역사의 전사前史로 간주되었던 '동양적 구조의 역사' 혹은 '동양적 통일의 역사'를 가리킨다. 여기에는 유럽 중심주의의 일원적 세계사관의 부정인 동시에 서구적 근대의 초극을 위한 사상적 기반을 형성하려는 의도가 내포되어 있다. 따라서 이때의 '세계사'란 서구 제국주의에 대한 비판적 역사철학의 담론 장치가 될 수 있었다. 하지만 식민지 조선이 대륙병참기지 역할을 떠맡은 상황에서 일본에서 발화된 '세계사의 철학'에 입각한 '동아협동체'로서의 '동양 통일'이란 식민지인들에게는 자기기만적인 이데올로기일 수밖에 없었다.[6] 제국 헌법이 적용되지 않았던 식민지 조선인들에게 네이션nation을 넘는 통일된 동양이란 그야말로 '상상의 공동체'에 지나지 않았기 때문이다.

'동양 무용의 새로운 경지'를 열기 위해 최승희는 중국으로 갔다. 무용관상회가 끝난 뒤 도쿄에 와있었던 중화전영공사中華電影公司 부사장 가와키타 나가마사川喜多長政의 주선으로 1943년 8월 12일 일본군 위문공연을 위해 시모노세키를 출발, 9월 14일에 약 10만 명의 일본군이 주둔해 있는 난징南京에 도착했다. 난징에서의 일본군 위문공연을 마친 후 상하이로 간 최승희는 중국 경극의 4대 명단名旦[7]으로 불리던 메이란팡梅蘭芳(1894~1961)을 처음 만났다.

중국 경극을 세계에 알리고 한때 '메이란팡 붐'을 일으키면서 경극계의 제1인자로 군림했던 메이란팡은 관대한 성품과 강한 의협심 그리고 과감한 혁신가이자 리버럴리스트의 자세를 보임으로써 중국인들의 귀감이 되고 있었다. 더욱이 1937년 10월 상하이가 일본군에 함락되자 일본군을 위한 경극 무대에 오르지 않기 위해 홍콩으로 건너가 콧수염을 기른 채 항일투쟁을 선언했다. 그러나 홍콩마저 함락된 1942년에 다시 상하이로 돌아와 그림 그리기에 몰두하고 있었다. 따라서 최승희가 메이란팡을 만났을 무렵 그는 모든 창작활동을 멈춘 상태였다. 하지만 경극을 소재로 한 중국무용을 창작하고 있었던 최승희로서는 동양무용의 새로운 경지를 개척하는 데 있어서 메이란팡과 경극은 중요한 참고 자료가 될 수 있었다.

이때의 만남으로 1950년 10월 19일 한국전쟁으로 평양이 함락되었을 때 메이란팡은 최승희 가족의 피난처가 되어주었다. 1949년 중화인민공화국이 수립된 이후 중국희극학원 원장을 지내고 있었던 메이란팡이 전쟁 피난민으로 중국에 건너온 최승희를 중국희극학원 무도반의 교수로 초빙해주었던 것이다. 이때부터 최승희는 무용연구소를 따로 운영하며 후학 양성과 무용 연구를 겸하면서 약 2년간 베이징에서 생활했다. 이 시기에 그녀는 중국 만주지역에서 항일 무장독립운동을 펼쳤던 조선의용대 출신의 조선족 작가 김학철과 중국의 저명한 여류 작가 딩링丁玲과도 교류했다.

한국전쟁 중 김일성이 저우언라이周恩來에게 연락하여 최승희를 특별히 부탁했던 것은 잘 알려져 있는 사실이거니와 당시 중국 문화부 부장 마오둔矛盾(1896~1981)이 이들의 만남을 주선했는데, 이때의 기록은 중앙인민정부의 공식문서로 남아 있으며 현재는 '메이란팡 기념관'에 보관되어 있다. 아래의 글들은 최승희가 베이징에 도착했을 때 마오둔이 메이란팡에게 최승희에 대한 지원을 요청한 서한, 그리고 그로부터 2년 후 베이징을 떠난 최승희가 메이란팡의 도움에 대해 감사의 마음을 표한 서한이다.[8]

메이란팡 원장님

조선의 저명한 무용가인 최승희 선생이 11월 7일 북경에 도착했습니다. 이번에 미제국주의가 조선을 침략한 전쟁에서 조선의 무용학교는 큰 손실을 입었습니다. 이에 최승희 선생은 베이징에서 무용학교를 복구할 수 있도록 우리 정부에 도움을 요청했고, 우리 정부는 이에 동의를 표하였습니다. 그는 중국 경극계와 합작하여 중국 구舊 희곡 가운데 춤동작(주로 여성 춤동작에 한하여)을 연구할 것을 희망하고 있으며, 이런 연구 사업에 많은 관심을 기울여줄 것을 바라고 있습니다. 메이란팡 원장님의 많은 지지를 바랍니다.

부장 마오둔
1950년 11월 20일

존경하는 메이란팡 원장님

1953년에 들어선 이때, 건강하시고 유쾌하시기를, 경극 연구에서 더 많은
성과가 있기를 바라는 바입니다.

1951년과 1952년, 2년 동안 당신은 중국 인민의 수도 베이징에서 저를 비
롯한 우리 모두에게 많은 관심과 도움을 주셨고, 또 무용 연구에 대해서
도 많은 지도를 해주셨습니다. 이에 진심으로 감사를 표합니다.

10월 귀국 후 우리는 평안북도 용천군의 한 마을에서 '국립 최승희 무용
연구소'를 개설한 이후 작품 정리도 하고 또 많은 위문공연도 다녔습니
다. 지원군 부대에서 공연을 하면서 저는 중국과 조선 두 나라의 튼튼한
동지적 관계와 피로 맺어진 형제적 우의를 느꼈습니다. 이것은 저로 하여
금 당신과 함께 베이징에서 보낸 나날들을 떠오르게 했습니다. 영원히 잊
지 못할 것 같습니다.

우리의 공연에 무척 감동한 지원군 동지들의 모습은 그들에게 적군에 대
한 분노와 전투 의지를 유발하는 계기가 되었습니다. 저의 이런 성과들은
당신의 도움 없이는 불가능했다고 생각합니다. 저는 앞으로도 더 많은 자
료를 수집하고 창작활동을 계속할 것이며 평화사업에도 힘을 보태고자
합니다.

건강하십시오.

최승희

1월 4일

경극 200년사를 통틀어 '화단花旦' 연기의 최고 권위자로 꼽히는 메

이란팡과의 교류는 최승희가 중국 무용을 체계화함으로써 동양 예술의 이론적 기반을 다지는 계기를 마련해주었을 뿐만 아니라 훗날 〈패왕별희〉의 안무를 맡는 데 하나의 인연이 되었음을 짐작할 수 있다.

• •

1946년 7월 월북 이후 김일성의 적극적인 후원하에 비교적 안정적으로 무용연구소를 운영해갈 수 있었던 최승희는 본격적으로 후진 양성을 위한 무용 교육을 실천하면서 동시에 북한의 동맹국인 중국과 소련, 그리고 동유럽 국가로 순회공연을 이어갔다. 월북한 지 약 2개월 후인 1946년 9월 7일 김일성의 후원으로 평양 대동강변 연광정練光亭에 기숙사까지 갖춘 조선식 2층 건물의 '최승희 무용연구소'가 설립되었다. 당시 서울의 문화단체들이 사무실 한 칸조차 갖추지 못하고 있었던 사실과 비교해보면 그야말로 최상급의 호화로운 무용연구소였다. 더욱이 인근 사회주의 국가의 젊은 무용수들이 평양으로 무용 유학을 올 정도로 최승희의 명성도 최고조에 달해 있었다.

당시 남한의 언론에는 "초여름 북평北平(베이징-인용자)으로부터 귀국하여 평양으로 간 무희 최승희 여사는 최근 평양 대동강에 있는 요리점 동일관에다 동양발레단을 조직하고 맹활약 중이라 한다"[9]는 소식을 전하기도 했다. 〈최승희 무용학교 생도 모집요강〉을 살펴보면 조선민족무용 예술을 위한 인재 양성을 목적으로 함을 명확히 함과 동시에 '사상교육'을 병행했다는 점을 큰 특징으로 꼽을 수 있다. 신흥 무용을 통한 전문 무용가 육성을 목적으로 1929년 18세의 나이에 처음 경성에 마련했던 무용연구소[10]와 1935년 일본 도쿄에 설립했던 무용연구소를 비교해볼 때 북한에서의 무용연구소는 북한의 체제 선전에 기여하고 있었음을 시사한다.

최승희 무용학교 생도 모집요강

1. 목적: 조선민족무용 예술의 새로운 발전을 위하여 무용예술에 관한 연구와 공연 및 무용가를 양성함을 목적으로 함

2. 연구과목

   1) 무용 기본 연습(조선·로서아 발레, 신흥 중국, 인도 각 무용의 기본)

   2) 동서양무용사東西洋舞踊史

   3) 무용미학 등 무용예술이론

   4) 무용창작법(구성법, 안무법-按舞法-)

   5) 무용음악이론

   6) 동同 실습

   7) 무용조명학照明學

   8) 무용의상 고안법考案法과 제작법

   9) 예술일반교육

   10) 사상교육思想敎育

3. 연구기간: 만 3년 간 매주 3일 간

   1) 1반: 전문 무용가 지망자(오후 2시-4시 반)

   2) 2반: 근로인·학교 선생님(4시 반-6시 반)

4. 입학자격: 14세 이상 20세까지의 남녀로서 무용을 통하여 민주주의적 민족문화 건설에 헌신하려는 자이며 본교의 시험에 합격한 자. 단 학교 교사로서 무용 교육에 종사하려는 희망자는 연령을 제한치 않음.

5. 원서제출: 입학원서와 이력서와 보증인의 승낙서와 사진. 정면으로 찍은 '전신'이여야 하는 것과 이면裏面에 씨명氏名 외에도 체중과 신장을 기입.

6. 시험

   1) 구두시험口頭試驗: 예술과 일반상식에 관한 문제

   2) 소양시험素養試驗: 동작, 박자에 관한 것

   3) 신체검사

7. 월사금: 한 달에 100원[11]

1946년에 설립된 '최승희 무용연구소'는 1952년에 '국립 최승희 무용극장' 산하의 '최승희 무용학교'로 바뀌었다가, 1953년 12월에 '국립예술극장 부속 예술학교'와 통합하여 '평양종합예술학교'가 되었고, 1956년에 '국립 최승희 무용학교'로 변경되었다가 다시 1962년에 '평양예술대학'으로 승급되었다. 이후 1972년 '평양음악대학'과 통합하여 '평양음악무용대학'으로 바뀐 이후 현재까지 존속되고 있다.[12]

월북 이후 최승희가 가장 먼저 착수한 작업은 김일성의 지시에 따라 무용 기본의 정리와 체계화, 신인 무용가 양성, 무용예술의 군무화, 민족무용극의 창조 등을 하는 일이었다.[13] 최승희는 1946년 10월에 발족한 '북조선무용가동맹'의 원장으로 발탁되었다. 또한 1947년 11월 북조선인민위원회 총선거에서 '평양지구 동위원회 대의원'으로 당선, 이어서 1950년 3월 '무용동맹중앙위원회 위원장'으로 발탁되면서[14] 그야말로 북한 무용계의 중심인물로 급부상했다. 더욱이 안막이 중앙당 문화선동부 부부장직에서 문학예술총동맹 부위원장으로 승급, 이어서 1949년 평양에 설립된 '국립음악학원'의 초대 학장으로 부임하게 되면서 점차 북한 문화계를 장악해갔던 사정은 김일성의 후원하에서 최승희·안막 부부가 북한의 정치체제와 긴밀한 공모관계를 형성해갔기 때문에 가능했다는 것을 짐작할 수 있다.

김일성이 '최승희 무용연구소' 개소식에 참석하여 "극장은 인민 교육의 도장이요, 거기서 공연하는 예술은 인민의 교사"라고 연설했던 사실에서 볼 수 있듯이, 북한에서 최승희의 무용예술은 그 출발부터 사회주의 국가체제를 영위하기 위한 이데올로기 선전을 주목적으로 한 것이었다. 1946년 10월 5일 '최승희 무용연구소'의 첫 공연 수입 중 절반은 북한 정부에 헌납하고 나머지 절반은 최승희 무용단의 수입으로 가져갔다는 기록은 이 사실을 뒷받침한다. 주지하다시피 해방 직후부터 냉전체제를 거치는 동안 남한의 민족주의 논리는 공산주의-야만-반민족, 소련 제국주의-김일성-매국노라는 의미 연쇄를 통해 반공주의와 내셔널리즘을 결합한 형태로 진행되었다.[15] 그리고 한국전쟁을 통해 남과 북은 비로소 서로 다른 '국민국가'를 만들어버렸다. 그렇다면 최승희의 무용예술이 '조선적인 것'을 표방한 민족주의의 발현이었다는 후대의 평가는 어떤 종류의 민족주의를 가리키는 것인지, 그리고 그러한 민족주의의 발현이란 과연 정당한 것이었는지 되돌아보아야 할 필요가 있다.

북한에서 급속하게 자신의 입지를 구축해가던 최승희에게 있어서 월북 초기 중요하게 언급될 만한 무용 공연은 1949년 8월 15일 모란봉극장에서 개최된 '해방기념축제'일 것이다. 김일성이 참석한 이 공연에서 최승희는 일본 제국주의와 투쟁하는 조선 민중의 거대한 힘이 조선의 해방을 지향해가야 한다는 민족의식을 반영한 대작 〈해방의 노래〉를 선보였다. 총 3부작으로 구성된 〈해방의 노래〉는 일제 강점기

평양에 위치한 '최승희 무용연구소'에서 무용 지도를 하고 있는 최승희. 사진의 맨 앞줄 왼쪽의 인물이 남한의 원로 무용가 김백봉이다. 김백봉은 최승희의 수제자이자 안막의 남동생인 안제승의 부인이다. 김백봉은 스승인 최승희를 따라 월북했다가 한국전쟁이 발발하자 1·4 후퇴 시 남편과 함께 월남하여 남한에서 최승희 춤의 맥을 이어갔다. 남편인 안제승은 경희대학교 무용학과 교수로 재직하면서 연극연출가와 무용평론가로 활동했다.

만주 유랑민들의 처참한 모습에 이어 일본 헌병들의 탄압에 맞서 싸우는 민중의 용기를 묘사하면서 해방된 조선민족의 모습을 형상화했다. 더욱이 1949년의 시점에서 이 무용서사시는 남북이 분단된 상황에 대해 "남조선에서는 미 제국주의 아래서 사람들이 이승만 정권의 꼭두각시 노릇을 하고 있는"[16] 데 반해 평화로운 북한의 농민들이 노동자·인민군과 함께 외세로부터 해방된 조선을 이룩해가는 모습을 대비시킴으로써 한반도를 둘러싼 남북한의 헤게모니 투쟁에 있어서 북한의 정치체제를 우위에 둔 것이었다.

항일혁명투쟁시기(1926.10~1945.8)를 잇는 평화적 민주주의건설시기(1945.8~1950.6)에 북한에서의 최승희는 사회주의 이념에 충실한 무용서사시와 같은 대작을 만드는 데 전념했는데, 〈해방의 노래〉를 비롯하여 〈춘향전〉, 〈반야월성곡〉, 〈노사공〉 등은 이 시기 최승희의 대표작으로 꼽힌다. 이렇게 볼 때 최승희 무용극에 반영된 민족의식이란 이른바 '조선적인 것' 혹은 조선의 전통적 면모를 강하게 표방한 것이기는 하지만, 다른 한편 그것은 남북 분단 이후 북한의 사회주의 체제가 욕망하는 이데올로기를 구현하는 프로파간다의 성격을 강하게 띤 것이기도 했다. 더욱이 북한의 사회정치적 변동이 1단계 새민주건설시기 (1945~1950), 2단계 조국해방전쟁시기(1950~1953), 3단계 전후복구건설시기(1953~1960), 4단계 천리마대고조시기(1960년대)[17]로 이행하면서 진행되었음을 고려할 때 최승희 무용의 전개 방식도 이러한 정치적 변화의 영향하에 놓여 있었으리라는 것은 쉽게 짐작할 수 있다.

한국전쟁이 발발하자 북한 정부는 모든 예술가들에게 조국 해방을 위한 혁명투사로서 전쟁 의지를 고무시키는 전령의 임무를 부여했다. 최승희는 과거 일제 식민지 시기에는 황군 위문공연을 수행했지만, 이번에는 북한 인민군의 전쟁 독려를 위한 위문공연에 파견되었다. 〈전선의 밤〉, 〈조선의 어머니〉, 〈조국의 깃발〉, 〈여성 빨치산〉, 〈후방의 새벽〉, 〈기병 부채춤〉과 무용조곡 〈아름다운 나의 향토〉, 〈승리의 노래〉 등은 한국전쟁 시기에 최승희가 평안북도 용천과 신의주, 평안남도 대동군 등지에 주둔했던 인민군 위문공연에서 선보였던 작품들이다.

한국전쟁이 발발할 무렵 최승희는 대규모의 '방소예술단' 조직의 일원으로 소련에서 한창 무용 공연에 전념하고 있었다. 북한의 국립예술극장과 인민군 합주단에서 선발한 국악인, 관현악단, 합창단과 독주자, 독창자, 그리고 최승희 무용연구소 단원들로 구성된 '방소예술단'은 100여 명으로 구성된 대규모 조직이었다. 이들이 1950년 6월 7일 평양을 출발하여 모스크바와 레닌그라드, 우크라이나 등지를 순회하면

서 공연을 하고 있을 때 조선 인민군은 서울을 함락하고 한강 이남까지 내려오고 있었다.[18]

그러나 전세가 역전되면서 유엔군과 한국군의 평양 입성이 임박해지자 1950년 11월 최승희는 중국 베이징으로 탈출하여 당시 중국희극학원의 원장직에 있었던 메이란팡을 찾아가 도움을 구했다. 이때 김일성은 저우언라이 총리에게 부탁하여 1951년 3월 최승희가 베이징 중국희극학원 무도반 교수로 일할 수 있도록 조치해주었다. 아울러 저우언라이의 후원으로 '최승희 무도연구소'를 설립해 중국 희극 무용을 연구하고 정리할 수 있는 기회를 얻었는데, 이때의 작업은 훗날 최승희가 중국의 신무용을 체계적으로 공부할 수 있었던 계기를 마련해주었다.[19] 즉 1930~40년대에 '제국 일본의 무희'로서 다년간의 세계 순회공연을 통해 깨달은 동양무용에 대한 관심은 이때를 기점으로 하여 연구와 실험을 거듭하면서 독자적인 동양무용의 체계화 작업으로 이어질 수 있었던 것이다.

중국어로 '최청씨이'로 불렸던 최승희가 베이징 무대에 처음 올린 작품은 〈어머니〉였다. 이 작품은 한국전쟁 중 미국이 평양을 폭격했던 일을 소재로 한 것이었다. 이 작품은 포탄이 떨어지는 평양의 한복판에서 어린 딸을 잃어버린 어머니가 우여곡절 끝에 딸을 찾아냈지만 미군의 폭격을 맞은 딸이 그만 숨을 거두자 복수심에 불타는 마음으로 유격대에 들어가 미군과 싸워서 승리를 거둔다는 내용을 담고 있다. 이 작품은 1950년 12월 4일 중국 문화부와 전중국문련全中國文聯이 공동 주최한 베이징호텔 만찬공연에서 첫 선을 보이면서 중국 정부의 호평을 받았다. 이 공연을 관람했던 저우언라이는 훗날 〈어머니〉에 표현된 사상성과 예술성을 격찬했던 것으로 전해진다.

1951년 8월 5일부터 19일까지 동독에서 개최된 제3회 '세계청년학생축전'에서 최승희의 딸 안성희가 〈장검무〉로 금상을 수상한 데 이어 최승희의 〈어머니〉를 개작한 〈조선의 어머니〉라는 무용극을 공개한 '최승희 무용단'이 1등 평화상을 수상했다. 이후 폴란드 바르샤바, 체코 프라하, 불가리아 소피아 등지에서 순회공연을 지속하는 등 한국전쟁의 한가운데서도 최승희는 여전히 관록을 과시하고 있었다. 이러한 최승희의 유명세에 대해 훗날 일본의 《아사히신문》은 다음과 같이 전했다.

평양 부근에서 종전을 맞은 뒤 그대로 소식이 끊겼던 '반도의 무희' 최승희가 북경에서 활약하고 있다는 사실이 (1952년 7월-인용자) 1일 귀국한 미야코시 기스케宮腰喜助 의원을 통해 전해졌다. (중략) 50여 명이 단원을 이끌고 북경의 일류극장에서 매일 막을 올려 일본에 있을 때보다 더 큰 인기를 모으고 있다고 한다. (중략) 최 여사의 스승인 이시이 씨의 친척이라 밝히고 두 차례나 면담을 신청했으나 때마침 '아시아평화회의' 준비위원회에 모인 손님들을 초대한 모임에서 최 여사가 지나치게 긴장하여 설사를 한 탓에 만날 수 없다고 거절하여 유감이었다고 한다.[20]

최승희는 한국전쟁이 한창이던 와중에도 상하이와 난징을 비롯한 중국 각지에서의 순회공연을 지속했다. 그러나 1952년 11월 중국 정부의 초대 계약 2년이 만료되자 최승희는 다시 북한으로 귀국해야만 했다. 북한 귀국 후의 첫 공연은 인민군 위문을 위한 것이었다. 여기에는 〈전선의 밤〉, 〈조국의 깃발〉, 〈여성 빨치산〉, 〈후방의 새벽〉, 〈기병〉, 〈부채춤〉, 그리고 무용조곡 〈아름다운 나의 향토〉, 〈승리의 노래〉 등 인민군

들의 전투 의지를 진작시키고 사기를 복돋우는 혁명주의적 작품들로 구성되어 있었다.[21]

1953년 7월 27일 휴전협정이 체결될 무렵 평양의 '최승희 무용연구소'는 '국립 최승희 무용연구소'로 개칭되었는데, 월북 이후 최승희의 연이은 체제 선전에 대한 활약이 그의 위상을 격상시킨 요인이 되었다. 이후 전개되는 최승희의 무용은 완전히 북한 사회주의 정치체제의 영향하에 놓이게 되면서 당과 인민성에 복무하는 혁명성을 표방한 사회주의 프로파간다 형식의 무용극과 군무群舞가 주를 이루게 된다. 실제로 '국립 최승희 무용연구소'로 재편된 후에 무용 실기 이외에 사회주의 사상을 중심으로 한 정치 교과목이 새로 신설되었던 것은 이러한 사정이 반영된 것이었다. 예술의 효용적 기능을 고양하여 사회주의 정치체제와 동일시하는 것, 즉 최승희의 무용예술은 이제 일본 제국주의의 프로파간다에서 북한 사회주의 정치체제를 위한 프로파간다로 전환됨으로써 새로운 예술의 정치화가 진행되고 있었던 것이다.

● ●

중국에서 북한으로 귀국하자마자 최승희는 1954년 11월 무용극 〈사도성 이야기〉를 평양 모란봉극장 무대에 올렸다. 한국전쟁이 끝난 직후에 상연된 이 무용극은 당시 김일성의 호평을 받았던 완성도 높은 작품으로서, 그 무대의 원형을 기록에 남기기 위해 영화로도 촬영되었다. 1955년에 첫 촬영에 들어가 1956년 4월에 완성된 영화 〈사도성 이야기〉는 전체 5막 6장 31장면에 러닝 타임이 약 50분에 이르는 대작으로서 최승희가 직접 대본을 쓰고 안무와 주연까지 맡았다.[22]

신라 조분이사금助賁尼師今 시대 경주 동해안에 자리한 고성古城인 '사도성沙道城'을 배경으로 한 이 작품은 신라를 침략한 왜적과 싸워 승리를 거둔 무사 '순지'의 영웅적 투쟁을 그린 민족무용극으로서, 사도성 성주의 외동딸 '금희'와 가난한 어부 출신의 무사 '순지'의 애절한 사랑과 그들의 애국충절을 결합한 이야기다. 두 남녀가 서로 연모하는 가운데 '아한'이 간교한 꾀를 부려 순지가 누명을 쓴 탓에 직위를 박탈당한다. 순지는 금희와 아쉬운 작별을 하고 고향으로 돌아가 어부생활을 이어간다. 때마침 평화로운 신라 땅에 왜적이 침략하자 의병을 거느린 순지와 금희의 활약으로 치열한 전투 끝에 왜군을 격파한다. 전쟁에서 승리한 순지는 신하들이 지켜보는 가운데 금희와 감격적으로 재회한다.

북한 문화선전성의 막대한 경비 투자에 힘입어 '조선국립영화제작소'가 제작한 이 영화는 북한이 정권을 수립한 이래 최초로 만든 컬러영화로서, 남북한 영화사를 통틀어 무대예술을 영화화한 첫 사례라는 점에서 매우 의미가 있는 작품이다. 1956년 모스크바국제영화제에서 촬영상을 수상하기도 한 영화 〈사도성 이야기〉는 당시 북한 최고의 예술가들과 제작진들이 총동원되어 창작한 수준 높은 작품으로 평가되고 있다. 1967년 최승희 숙청설 이후 최승희 관련 자료가 일체 봉인되면서 이 작품 역시 그동안 묻혀 있었지만 나중에 중국을 통해 이 영화가 세상에 알려지게 되면서 한국에서는 1998년 8월 8일에서 10일까지 서울 호암아트홀에서 처음으로 상영된 바 있다.[23]

1956년 1월 북한 권력층 내부에서 소련파가 몰락하고 이태준계가 숙청됨에 따라 한설야가 북한 문화예술계의 새로운 실력자로 부상했다. 그 무렵 안막이 평양음악대학 학장에서 문화선전성 부상으로 승진하면서 최승희 부부 역시 북한 권력의 핵심부에 안착했고, 또 모스크바에 유학 중이었던 딸 안성희가 국제무용콩쿨에서 〈집시춤〉으로 일등상을 수상하면서 그해 6월 김일성과 당 핵심 간부들, 그리고 소련 문화부장관 알렉산더가 참석한 가운데 모란봉극장에서 대대적인 귀국 공연을 선보이는 등 북한의 '새민주조선건설시기(1945~1949)'부터 '사회주의기조건설시기(1955~1959)[24]에 이르기까지 최승희 가족은 문화예술 방면에서 북한 사회주의 체제 건설에 적극적으로 기여하고 있었다.[25]

1957년 최승희는 '최고인민회의 상임위원회'에서 수여한 제일급 국가훈장을 받고, 이어서 '최고인민회의' 대의원 선거에 재당선되면서 그동안 이루어놓은 업적 속에서 성공가도를 지속해가는 듯했다. 한국전쟁 이전의 〈춘향전〉(1948)과 〈반야월성곡〉(1949)을 시작으로 불굴의 투지로 미 제국주의에 대한 인민 승리를 그린 〈조선의 어머니〉(1950)를 비롯하여 〈사도성 이야기〉(1954), 〈맑은 하늘 아래〉(1955)와 〈운림과 옥란〉(1958), 〈붉은 깃발〉(1959), 〈계월향〉(1961), 〈불멸의 노래〉(1961), 〈유격대의 딸〉(1962), 〈밝은 태양 아래〉(1962)와 같이 "민족의 독립과 사회적 해방을 위해 싸우는 조선 인민의 투쟁을 반영"[26]한 대규모의 '민족무용극'을 잇달아 발표함과 동시에 조선 민족무용을 체계화하는 작업에 몰두해갔기 때문이다. 이 작품들의 내용은 "모두 인민 대중의 운명과 연결되어 있으며 그 시대의 생활 속에서 가장 의의를 지닌 아름답고 숭고한 영웅적인 인간을 그린 것"[27]으로서, 과거 일제에 대한 항일투쟁과 미국에 대한 불굴의 투지를 형상화한 조선의 민족주의적 심성을 강조한 것들이었다.

가령 1956년 조선노동당 제3차 대회를 경축하는 차원에서 창작된 민족무용극 〈맑은 하늘 아래〉에 대해 월북 무용가 정지수는 다양한 수법과 형식으로 민족무용의 주체적 면모를 잘 드러냈으며 높은 사상성과 예술성, 교양적 의의를 구현함으로써 민족무용극의 모범적 진수를 보여주었다고 평가한 바 있었으며,[28] 최승희 민족무용극의 정점으로 꼽히는 〈사도성 이야기〉는 조선의 전통적 춤동작을 통한 무용극 창조의 가능성을 보여주었다는 점에서 북한 예술계뿐만 아니라 소련과 동유럽의 무용계에서도 호평을 받았다. 이렇게 북한 정치사상에 대한 찬양 일색의 최승희 민족무용극은 "창조의 원천을 인민으로부터 얻는 한편 그들을 사상적·정신적으로 교육하는 역할을 수행해왔다"[29]는 점에서 북한의 프로파간다를 수행하는 중요한 미디어가 되고 있었다. 그 외에 《최승희무용극대본집》(1958, 평양: 조선예술출판사)[30]은 무용극 극본을 새로운 문학적 형식으로 정립한 사례에 해당하며, 또 최승희의 주요 무용 작품을 정리한 무보舞譜라 할 수 있는 《조선민족무용기본》(1958, 평양: 조선예술출판사)은 《조선아동무용기본》(1963, 평양: 조선문학예술총동맹출판사)과 함께 최승희의 대표적인 저술로 꼽힌다.

여기서 '민족무용극'은 "조국의 자유와 인민의 행복, 정의와 진리를 위한 영웅적 이야기" 혹은 평범한 한 인간이 봉건적 계급투쟁 또는 항일투쟁이나 미제 침략자들을 타도함으로써 진정한 공산주의형 인간으로 재탄생한다는 스토리의 반복을 통해 "외국 침략자 혹은 국내 압제자들과의 불굴의 싸움에서 위훈을 세운 영웅적 형상-애국적 성격들"[31]을 묘사함으로써 혁명주의적 인민 계몽을 목적으로 한 것이었다. 이렇듯 김일성의 교시에 따라 사회주의적 애국사상을 반영한 종합예술 형태의 대형 무용극은 '무용서사시'와 '무용조곡'이라고도 불렸는데, 월북 이후 최승희의 첫 창작품인 〈김일성 장군에 바치는 헌무〉

(1946), 〈해방의 노래〉(1948), 〈평화의 노래〉(1952), 〈승리의 노래〉(1953), 〈영광스러운 우리 조국〉(1958), 〈시절의 노래〉(1959), 〈붉은 서광〉(1960), 〈대동강반에서〉(1961), 〈꽃피는 청산리〉(1961) 등은 일제 식민지 시기부터 1950년대 말 천리마운동 시대에 이르기까지 조선 인민의 불굴의 투쟁을 그린 작품들이다.[32]

북한의 춤 평론가 서만일은 북한의 사상과 업적을 찬양한 최승희의 무용극이 "창조의 원천을 인민으로부터 얻는 한편 그들을 사상적·정신적으로 교육하는 역할을 수행"[33]했다고 평가한 바 있다. 또한 김일성은 "최승희는 민족무용의 현대화에 성공했다. 그녀는 민간무용, 승무, 무녀춤, 궁중무용, 기생무용 등을 깊이 연구하여 민족적 정서가 짙은 우아한 무용 소재를 하나하나 파헤쳐 현대 조선 민족무용 발전의 기초를 다지는 데 기여"[34]했음을 상찬했다. 해방 이후 1960년대 초반까지 김일성 단일체제 형성 시기였던 만큼 거기에는 사회주의 혁명 과정에서 하나의 정치 지도 중심체를 둘러싼 반종파투쟁과 같은 내부적 대립과 갈등은 필연적으로 존재할 수밖에 없었다. 결국 1956년 8월 종파사건으로 남로당계와 연안파, 소련파 등 김일성 개인숭배에 반대하는 잔존 세력들을 완전히 숙청함으로써 마침내 김일성 단일체제 구축이 확립되었다.

그렇다면 최승희의 무용극에 대한 북한에서의 평가는 북한 사회주의 체제에 대한 프로파간다에 기여했다는 사실을 상찬한 것이었다고 할 수 있는데, 남북한이 군사적으로 대치하고 있었던 시기에조차 최승희의 무용극에 반영된 민족주의적 정서와 그 토대에 대해 북한에서의 평가를 그대로 인용하고 강조한 남한에서의 평가는 어딘가 복잡하고 기묘한 민족주의적 함정에 빠져 있는 것이 아닐까. 즉 최승희 무용예술에 대한 남한에서의 평가는 해방과 한국전쟁 이후 남북한의 극심한 체제 경쟁의 소용돌이 속에서 예술계가 남북한 양쪽의 체제 유지를 위해 정치 프로파간다의 중심적인 역할을 수행했던 사실에 대해서는 묵과하고 있는 것이다.

북한 사회주의 건설을 둘러한 다양한 분파적 이해 투쟁에서 김일성이 유일한 지도노선으로서 관철되었다는 점, 그리고 그러한 북한 혁명의 기원이 '항일혁명전통'에 뿌리를 두고 사회주의 혁명을 지향하면서 오늘날까지 북한 지도집단의 일체감을 형성하고 있다는 사실을 감안한다면, 북한에서 최승희의 무용극이 소재로 채택한 항일 민족투쟁의 감성은 김일성 중심의 사회주의 체제 유지를 위한 물적 기반과 이미지 구축을 제일의 목적으로 한 프로파간다였음을 확인할 수 있기 때문이다. 북한에서의 '항일혁명전통'이란 하나의 민족적·역사적 사건에 기초한 관념이라기보다 권력파벌 투쟁에서 승리한 김일성 지도집단의 혈통과도 밀착된 사상적 편력이라는 사실을 감안한다면 최승희 무용극의 민족주의적 감성을 상찬하고 있는 남한에서의 평가는 훨씬 더 기묘하다.

●●

해방 이후 김일성 유일체제가 확립되어간 과정에는 중국을 기반으로 한 연안파와 소련 공산주의 사상을 기반으로 한 소련파와 같은 반김일성 세력의 도전이 끊이지 않았다. 그중에서도 1956년 2월 모스크바에서 개최된 제20차 소련공산당대회에서 흐루쇼프가 스탈린에 대한 개인숭배를 비판하고 집단지도체제로의 개편을 선언하면서 소련공산당은 다른 사회주의 국가들에서도 개인숭배 배격을 관철하려는 영향력을 행사했다. 이러한 분위기에 따라 1956년 4월 조선노동당 제3차 대회에 참가한 소련의 브레즈네프는 김일성 개인숭배에 대한 조선노동당의 오류를 경고했다.[35] 그러나 이 대회는 김일성 개인숭배 비판에 대한 결정서를 채택하지 않았으며, 새로 규정된 당 규약에도 소련의 경고는 관철되지 않았다. 결국 형식적으로는 소련의 경고가 관철되는 것처럼 보였지만 내용적으로는 김일성 독자 노선의 추구로 나타났다. 그러자 이러한 분위기에 힘입어 김일성 반대파에 대한 도전의 조짐은 계속되고 있었는데, 연안파와 소련파의 잔존 세력들이 연합하여 1956년 6월 1일부터 7월 19일 김일성의 소련 순방 기간에 반종파투쟁의 내부 갈등이 폭발하고 말았다. 결국 갈등은 1956년 8월 30일과 31일에 개최된 당중앙위원회 8월 전원회의에서 반대 세력이 공개적으로 문제를 제기하고 김일성에 대한 개인숭배 비판으로 번지면서 절정에 달했다.[36]

그러나 해방 이후 남북 분단과 한국전쟁을 경유한 이 시기는 이미 김일성의 독자 노선정책이 확립되고 있던 때였으며, 북한 대중 사이에는 김일성이 북한사회주의혁명 건설의 '유일한 지도자'라는 의식이 광범위하게 수용되고 있었다. 그러한 탓에 반 김일성파 세력의 도전은 무위로 끝나고 말았다. 1956년 9월 5일자 《로동신문》은 이 종파주의자들에 대한 원색적인 비난을 쏟아내면서 그에 대한 결정사항을 다음과 같이 보도했다.

민주주의 발양과 비판의 자유라는 미명하에 당의 규율을 저해시키며 당의 통일을 저해하는 행동들은 당내에서 절대로 허용될 수 없다. '자유'를 운운하면서 당의 영도에 대한 대중의 신임과 존재를 훼손시키며 당의 중앙집권적 지도를 무시하며 당 지도부에 대한 불신임을 조성하며, 당의 정책 결정들을 귓골목에 앉아서 비난 혹은 반대하며, 간부들을 중상하여 당의 단결을 와해시키려는 따위의 일체 자유주의적, 무정부주의적, 반당적, 종파적 행동들은 오직 우리 당을 외부로부터 반대하는 원쑤들의 비난 공경과 상통하며, 이것은 바로 적들이 원하고 있으며 자기들의 적대 행동에 이용하려고 한다는 것을 우리는 항상 경계하여야 한다.[37]

조선노동당의 발전 과정에서 가장 심각한 위기의 정점을 이루었던 이 '8월 종파사건'으로 말미암아 결국 대다수의 연안파 세력들은 권력의 핵심에서 축출되었고, 상당수의 소련계 한인들 역시 소련으로 돌아가야만 했다. 결과적으로 1958년 3월에 열린 제1회 당대표자대회에서 종파주의 청산으로 마무리된 8월 종파사건은 김일성과 그의 동료들에게 종파주의의 위험성을 다시 한 번 일깨워준 계기가 된 동시에 중국과 소련으로부터 자주적인 사회주의 국가 건설이라는 자신의 명제를 재확인시켜 준 계기가 되었다.[38] 이렇듯 연안파였던 안막이 이 무렵에 북한 문화 권력의 핵심에서 숙청되었던 배경에는 김일성 유일체제의 독자 노선 확립이라는 강력한 정치 이념 확립의 과정이 놓여 있었다. 1958년 4월 안막은 '반당 종파분자'라는 혐의를 받고 교화소에 수감되었다. 일설에 의하면 최승희가 김일성에게 호소하여 교화소에서 나온 안막은 최승희가 사는 문화아파트에서 사실상의 연금 생활을 하던 중 곧 사망한 것으로 전해진다.[39]

안막이 숙청되자 최승희의 세도 역시 급격히 하락의 길을 걸을 수밖에 없었다. 1958년 9월 '국립 최승희 무용연구소'가 '평양음악대학

무용학부'로 개편됨과 동시에 문화계에서 실권을 상실한 최승희가 공연을 통한 활약보다 무용 이론서 집필과 연구에 몰두해갔던 것은 이러한 사정 때문인 것으로 보인다. 북한에서의 첫 저술인 무용교재 《조선민족무용기본》와 《무용극 대본집》이 1958년에 출간된 것은 이러한 사실을 뒷받침한다. 이때부터 1966년까지 최승희는 무용이론과 무용 작품에 대한 평론 작업에 몰두해갔다.[40] 1958년 9월 평양에서 열린 각 도당 선전부장회의에서 당시의 선전선동부장이었던 이일경이 고발한 최승희의 죄상은 다음과 같다.

"일제의 잔재 사상과 자본주의 예술의 잔재가 있다."
"당 조직 원칙을 경멸하고 무용학교 초급당을 무시하였다."
"인민의 지지를 받을 수 없는 무용을 하였다."
"최승희가 이와 같은 과오를 저지른 것은 안막의 영향이다."[41]

여기에 더하여 이일경은 '김일성의 교시'를 인용하여 최승희의 반당 행위를 다음과 같이 노골적으로 비난했다.

위대한 수령님께서 1958년 10월 14일 작가 예술인들 앞에서 하신 '작가 예술인들 속에서 낡은 사상 잔재를 반대하는 투쟁을 힘 있게 벌인 데 대하여'에서 위대한 수령님께서는 절대 다수의 작가 예술가들은 우리 당의 사상으로 무장하고 온갖 지혜와 정력을 다 바쳐 싸우고 있으나 아직도 일부 작가 예술인들에게는 우리 당의 사상, 공산주의 사상과 인연이 없는 낡은 사상 잔재가 적지 않게 남아 있는 데 대하여 지적하시고 그 표현을 구체적으로 들어 분석하시었다.

일부 작가 예술인들은 잘 한다고 칭찬이나 하고 상이나 주어야 좋아하지 그렇지 않으면 좋아하지 않았다. 무용 대가라고 자처하는 한 예술인(최승희 - 인용자)은 당과 인민을 위해 일을 더 잘하라고 당에서 지도와 방조를 주었으나 그는 돈을 많이 받고 칭찬을 듣고 상을 타면 좋아하고 그렇지 않으면 불평을 부리고 시비질을 하고 자기 작품에 대한 논평을 신문에 내지 않는다고 노골적으로 불평을 부리는 데까지 이르렀다. 그는 자기만 잘난 체하면서 내세우던 나머지 마치 자기가 없으면 조선의 무용 예술이 발전할 수 없는 것처럼 교만하게 행동하고 있다.[42]

이러한 비난은 최전성기에 최승희 무용이 항일무장투쟁에 참여한 인민의 투지에 반영된 민족애와 조국애, 그리고 숭고한 애국심과 정의 감을 지닌 전형적 인물을 형상화하면서 혁명에 대한 미래적 전망을 보여주었다는 과거의 평가와 완전히 상반되는 관점이다. 교만한 자본주의적 예술가로 폄하된 이상 정치적 회생의 기미가 보이지 않게 된 분위기에서 최승희의 실각과 관련된 그 이후의 사정에 대해서는 다양한 증언이 나온 바 있지만, 공식적으로 확인할 수 있는 기록은 1967년 11월 8일자《아사히신문》에 게재된 기사다.

(1967년 11월 - 인용자) 7일 판문점에서 개최된 제257차 군사정전위원회 본회의 때 이를 취재하러 나온 북한 기자가 전한 바에 의하면, 최근 북한에서는 반 김일성파의 숙청이 진행되고 있는데, 북조선 중앙통신사 사장 배기준裵基俊 씨를 비롯하여 조선노동당 선전부장 김도만金道滿 씨 등이 추방되었고, 무용가 최승희 씨 일가가 연금되었다고 한다.[43]

지금까지 밝혀진 바에 의하면 1967년 6월 말경 평남북창수용소에 수감된 최승희는 그로부터 2년 뒤인 1969년 8월 8일에 사망했다. 그녀의 나이 59세였다. 1967년 6월은 조선노동당중앙위원회 4기 16차 총회(6.28~7.3)에서 사회주의 모국인 소련과 중국을 비판하고 김일성 주체사상만을 지도사상으로 승인하면서 '당의 유일사상 체계 확립'을 결정한 때이다. 안막과 최승희의 숙청이 이러한 북한의 정치적 배경과 직접적인 관련이 있다는 사실은 그 자체가 정치적 희생에 의한 것이었다고 할 수 있다.

　　1967년 이후 최승희는 월북 예술인이라는 이유와 북한에서 숙청당한 인물이라는 이유로 남한과 북한 양쪽에서 모두 최××, 최모, 최○희 등으로 표기되면서 금기와 망각의 인물이 되었다.[44] 이후 1988년 남한에서 월북예술가에 대한 해금조치가 이루어지면서 최승희에 대한 재조명이 이루어졌다. 그리고 북한에서는 1994년 5월에 출간된 김일성 회고록 《세기와 더불어》에서 최승희가 조선의 민족무용을 현대화하는 데 성공한 세계적인 유명 예술가로서의 공적을 상찬한 이래 2003년에 이르러 김정일의 지시에 의해 실질적인 복권이 이루어졌다.

　　2003년 2월 평양 근교에 있는 형제산 구역 신미동 애국열사릉에 최승희의 묘가 안치되었다. 묘비에는 "최승희 녀사 / 무용가동맹중앙위원회 위원장 / 인민배우 / 1911년 11월 24일생 / 1969년 8월 8일 서거"라는 글자가 선명하게 새겨져 있다. 이로써 완전한 복권이 이루어진 것이다. 2011년 11월 27일 북한의 조선중앙TV와 조선중앙방송의 보도에 따르면, "평양대극장에서는 국립민족예술단에서 재현한 민족무용극 〈사도성 이야기〉가 공연되"었다. 2011년은 최승희가 태어난 지 100주년이 되는 해였다.

최승희의 묘. 1958년 안막의 몰락과 함께 최 승희 역시 숙청되었다는 소문이 나돌았으나 2003년 사후 복권되면서 평양 형제산 구역 애국열사릉에 이장되었다.

• •

　한국에서 신무용 도입 100주년을 향해간다고 말할 때 그것의 출발 점은 단연코 최승희의 무용에서 시작된다. 무용이란 양반의 여흥을 돋우기 위해 기생들이나 하는 천박한 것이라는 세간의 인식을 뒤로 하고 일본으로 무용 유학을 떠난 최승희는 조선 최초의 전문 무용수 가 되어 무용이란 세련된 서양의 문명적 예술이라는 관념을 확산시켰 다. 더욱이 '조선적' 혹은 '동양적' 무용을 선구적으로 개척하고 그것을 세계적 수준의 예술 장르로 끌어 올린 최승희의 과업은 그 어떤 훌륭 한 레토릭을 사용하더라도 모자란 감이 있을 정도로 최고임을 부정할 수 없다. 하지만 이러한 평가는 어디까지나 사후적 관점일 뿐 최승희 의 무용을 바라보는 관점과 평가는 시대와 정치의 질곡에 따라 시시

각각 달라졌다.

식민지 시대 최승희의 무용은 제국 일본의 전쟁 수행에 복무했다는 점에서 제국의 프로파간다적 성격을 띠고 있었다. 가령 대부분의 무용 공연이 제국 일본의 후원에 의한 일본군 위문을 위한 것이었다는 점, 따라서 '조선의 무희'와 '제국의 무희' 그리고 '동양의 무희'라는 최승희의 정체성은 식민지-제국의 판도에 기반을 두고 있는 것이었다. 근대 한국 신무용의 유산은 바로 이렇게 출발한 것이었다. 그런 점에서 최승희의 무용예술에서 조선의 민족주의적 감성을 읽어내려는 시도에는 처음부터 무리수가 따를 수밖에 없다. '조선의 무희'냐 '제국의 무희'냐에 대한 판가름은 조선과 일본 그 어느 쪽의 정체성과도 관련될 수 없는 것이었고, 또 '동양의 무희' 역시 서양 중심의 일원론적 세계관에 대응한 일본의 '세계사적 입장', 즉 서구의 침략에 대비하여 일본을 맹주로 한 동양의 연대를 뜻하는 일본적 세계관을 앞세운 것이었다는 점에서 그것은 '제국의 무희'와 다르지 않았다.

한편 안막과 함께 월북한 이후 최승희의 무용은 김일성 중심의 북한 유일체제 확립을 위한 과정에서 정치 프로파간다를 수행했다. 북한에서 식민지 시기의 항일무장투쟁 경력은 김일성 유일체제를 지탱하는 정통 이념의 중요한 기반이 된다. 그런 점에서 항일투쟁을 위한 인민의 불굴의 투지를 그린 최승희의 민족무용극에서 '무용가로서의 굳은 소신'과 같은 정치성이나 식민지 조선의 대일 내셔널리즘의 사상성을 읽어내려는 후대의 평가는 일종의 함정에 빠져 있다고 볼 수 있다. 북한에서 항일무장투쟁에 대한 강조는 김일성 단독체제의 역사적·혈통적 정통성을 선전하는 데 우선적인 목적이 있었기 때문이다. 더욱이 남한의 내셔널리즘은 냉전체제를 경유하면서 반공주의와의 결합을 통해 더욱 강력한 힘을 발휘해갔다는 점에서 최승희의 민족무용극을 내셔널리즘의 소산으로 보는 것은 다소 무리가 따른다.

또한 전후 복구 시기의 북한이 소련과 동유럽 사회주의 국가들의 적극적인 원조를 받았던 사실을 감안한다면 소련, 중국, 불가리아, 루마니아, 체코슬로바키아 등의 동유럽 순회공연은 과거 미국과 유럽, 남미 국가들에서 순회공연을 했던 것과 같은 글로벌한 활약이라기보다는 사회주의 국가들과의 친선 교류를 위한 북한 정치제제의 선전적인 성격으로 보는 것이 더 타당할 것이다. 즉 월북 이후 최승희의 동유럽 순회공연 역시 북한 사회주의 체제 이념에 복무한 프로파간다의 일종이었던 것이다. 이러한 최승희의 글로벌한 활약은 북한 체제의 공고화를 염두에 둔 김일성의 적극적인 지원으로 가능했기 때문이다.

그러나 그것도 얼마 가지 않아 김일성 유일체제의 확립 과정에서 안막과 최승희가 함께 종파주의·자유주의자로 지목되어 숙청됨으로써 최승희의 무용예술은 정치적으로 불순한 것으로 치부되었다. 전 세계의 냉전체제는 남북한을 군사적 대치 상태로 만들었고 그것은 남한과 북한 양쪽에서 최승희의 과업 전체를 부정해버리는 결과를 낳았다. 남한에서 최승희의 무용은 '친일'의 수단이자 북한 정치체제의 공고화를 위한 프로파간다로 치부되었고, 북한에서는 김일성 유일체제에 반하는 '반당 종파분자' 혹은 자유주의를 표방하는 '문화예술 부분의 불순분자'로 치부되어 정치적으로 부정당했다. 이렇게 해서 그동안 그 누구도 이루어내지 못한 최승희 무용예술의 선구적이고 독보적인 업적 전체가 망각되어버렸다. 최승희 무용예술의 전 역사는 그렇게 시시각각 달면 삼키고 쓰면 뱉어도 좋은 것으로 되어버렸던 것이다.

그렇게 완전히 망각되어버린 최승희의 명예를 복권하고 그 작품들에 대한 정당한 평가가 시작된 것은 냉전의 서막이 걷힌 1990년대에 이르러서였다. 1988년 남한에서는 월북 예술인에 대한 해금조치가 시작되었고, 북한에서는 1990년대부터 최승희 작품에 대한 발굴 작업에 착수했다.

90년대부터의 발굴보존사업 집대성

반세기 이상 사람들의 기억 속에 묻혀 있던 무용 작품들이 올해 평양의 무대에 오른다. 조선에서는 1990년대 말부터 민족 무용 유산들에 대한 발굴 보존 사업이 활발히 진행되어왔다. 북한이 전설적인 무용가 최승희 (1911~1967)의 춤을 발굴해 (2006년-인용자) 5월 평양 무대에 올릴 계획이다. 8일 재일본 조선인총연합회 기관지《조선신보》는 '반 세기 이상 사람들의 기억 속에 묻혀 있던 무용 작품들이 올해 평양 무대에 오른다'며 이번에 재연되는 작품에는 최승희의 〈산조〉, 〈장단과 춤〉, 〈고구려 무희〉 등 40여 편도 포함됐다고 밝혔다. 신문에 따르면 조선민족음악무용연구소의 무용연구실은 1990년부터 해방 후 무용 유산 발굴, 복원 작업을 계속해 그 성과를 5월 평양에서 선보인다. 김수옥(63) 무용연구실장은 지난 시기 무용 작품은 여러 예술단체가 각각 자체의 작품으로 보유하고 있어 체계적인 보존사업을 진행하기가 어려웠다며 연구소가 여러 작품을 연대별로 분류하고 있다고 밝혔다. 분류된 작품은 녹화물과 춤가락들을 악보처럼 부호로 표기하는 무용 표기법에 따라 보존하는 동시에 작품의 주제와 사상, 창작가의 이름, 창작 연대, 의상 등을 글과 그림으로 기록하고 있다. 신문은 1960년대 이후의 작품에 관해서는 기록이 많이 남아 있거나 당시 무용 배우로 활동하던 사람들이 생존하는 경우가 많다. 따라서 발굴, 보존사업이 비교적 쉽게 이뤄졌지만 1940~50년대 그러한 조건이 제대로 갖추어지지 않았다. 연구소에서는 그 당시에 활동한 무용가들을 찾아가 전수받는 방식으로 복원했다고 덧붙였다.[45]

냉전체제가 끝나고 과거 역사를 조망할 만한 시간적 거리감이 확보되자 망각의 공동체는 또다시 애도의 공동체로 변모했다. 한국 신무용사의 선구인 최승희의 무용 전체를 망각해버리기에는 근대 신문화의 유산에 대한 처리가 불안정하고 불합리했을 뿐만 아니라 그 망각이라는 것이 결국은 국가에 의해 강요된 희생의 재물과도 같은 것이었다는 사실을 비로소 깨닫게 되었기 때문이다. 그런데 이번에는 이 애도의 행위에서 새로운 굴절이 나타났다. 사후의 관점에서 볼 때 최승희의 '친일'과 '종북'이란 시대와 국가가 부여한 '어쩔 수 없는 행위'였을 뿐, 최승희의 무용에는 '조선적인 것', '동양적인 것'을 발현한 자주적인 민족주의적 심성이 숨겨져 있었다는 것. 최승희를 망각해왔던 애도의 공동체는 그녀를 다시 민족주의자로 복원시킴으로써 그에 대한 사죄를 대신했다.

국가는 희생의 강력한 근거가 된다. 전 세계의 모든 국가가 전쟁 영웅을 위한 추모원을 만들고 특별히 애도하는 것은 바로 그 때문이다. 한국의 내셔널리즘이 일본 내셔널리즘에 대한 대항과 반공주의가 결합될 때 더욱 강력한 위력을 발휘해왔던 과정을 더듬어 볼 때 식민지와 분단의 역사는 한국인들에게 '세습적 희생자'(지그문트 바우만)라는 공유된 집단의식을 확산시켰다. 민족주의 이념을 담보로 하여 최승희 예술의 복원을 시도하는 욕망에는 이러한 '세습적 희생자의식'이 전제되어 있다. '세습적 희생자의식 민족주의'(임지현)는 우리가 받은 피해가 가장 크다는 점을 강조함으로써 수동적 민족주의의 외피를 입고 있는 것 같지만, 적대적 상황에 처했을 때 그것은 공격적·배타적 민족주의로 나타날 위험성을 내포한다. 한국 근대 신문화의 발전과정을 돌아볼 때 그것의 정신사를 문제 삼아야 하는 것은 바로 이 때문이다.

중국에서의 최승희와 메이란팡(1943)

1946년 평양에 문을 연 '최승희 무용연구소'의 제1기
졸업생들

1946년 김일성이 무용연구소로 준 건물(대동강변의 동일관, 지금의 옥류관 자리). 그해 9월 7일 이
건물에 최승희 무용연구소 간판이 내걸렸다.

최승희가 창작한 대표적인 무용극 〈사도성의 이야기〉. 신라를 배경으로 성주의 외동딸 금희와 가난한 어부 출신 무사의 사랑 이야기를 그린 이 작품은 최승희가 오랫동안 꿈꾼 '코리언 발레'의 진면목을 보여준 야심작이다.

1948년 7월 최승희가 북한에서 처음 무대에 올린 〈반야월성곡〉. 공연시간 총 1시간 40분 규모의 이 대작은 신라 말 토호세력에 맞선 농민들의 투쟁을 형상화한 것으로서, 현재도 최승희의 대표적인 무용극으로 꼽히고 있다.

최승희의 일본에서의 공연 기록 브로슈어   북한에서의 최승희

1948년 최승희의 무용극 〈춘향전〉의 한 장면

1952년 최승희 공연을 관람하고 있는 저우언라이 중국 총리(앞줄 가운데)

1956년 평양국립극장에서 〈밝은 하늘 아래〉를 공연 중인
최승희

제2부 국가와 예술, 그리고 전쟁의 브리콜라주

1974년 야마구치 요시코,
자민당 참의원에 당선되다

1974년 일본인 '야마구치 요시코'로 회귀한 리샹란이 마침내 일본 자
민당 참의원參議院 의원에 당선되었다. 그녀의 나이 54세였다. 1974년 7
월 7일 '제10회 참의원의원통상선거參議院議員通常選擧'에서 자민당의 거
물급 정치가 다나카 가쿠에이田中角英 파로 입후보해서 성취한 쾌거였
다.¹ 1946년 2월 패전국 일본 국민의 자격으로 쫓겨나다시피 '운젠마
루'를 타고 상하이를 떠나 일본으로 귀국한 지 약 28년 만의 일이었다.
자민당 참의원이라는 신분은 일본 사회로부터 완전한 일본 국민의 아
이덴티티를 부여받은 것과 같은 것이었다. 그러나 야마구치 요시코에
게 과거 일본 제국주의가 남겨놓은 역사의 상흔들은 망각의 대상이
될 수 없었다. 더욱이 일본 사회에서 정치적 입지를 공고히 하기 위해
서는 어떻게 해서든 자신의 과거사를 해소해내야만 했다.
　야마구치 요시코는 과거 구舊식민지 문제에 대해 정면 돌파해가는

일이 자신의 과오를 조금이나마 덜어내는 일이라고 생각했다. 전쟁고 아나 위안부 문제와 같은 일들에 관심을 갖고 참여하는 것은 '조국 일 본'이 자행했던 오욕의 역사와 정면 대결하는 일이기도 했다. 이번에는 여배우가 아니라 자민당의 정치인으로서 종합적인 입장에서 시대와 더불어 살아가는 인간 생활의 기초적 조건을 문제 삼아야 했다. 저 옛 날 제국 일본은 스스로 일으킨 전쟁에서 끝내 패배하고 말았지만, 현 재의 이 세계에는 자신의 의지와 상관없이 새로운 시대의 흐름에 떠 밀려 운명이 결정되어버리는 인간 부류들이 곳곳에 존재하고 있었다. 산케이 신문사産経新聞社의 권유로 세 번째 중동 여행의 취재기록을 한 권의 책으로 출간할 것을 결심했던 것은 그러한 인간 부류들이 곧 야 마구치 요시코 그 자신이기도 했기 때문이다.

1971년 처음 팔레스타인행을 감행한 이래 1973년까지 세 차례에 걸 쳐 입국하여 팔레스타인 해방투쟁의 면면을 취재해왔던 그녀는 1974 년 자신의 첫 저서《아무도 쓰지 않은 아랍: '게릴라의 백성'에 대한 시 詩와 진실》을 출간했다. 이 책에서 야마구치는 전쟁에서 아들을 잃고 슬퍼하는 어머니들, 그리고 부모를 잃고 고아가 되어버린 수많은 어린 아이들이야말로 전쟁의 가장 큰 피해자라고 주장했다. 약 30년 전 '리 샹란'은 중국 대륙에서 거의 매일 일본군 위문공연을 다녔고, 그때 우 렁차게 박수를 쳐주었던 수많은 일본 군인들이 다음날 시체가 되어 돌아오는 것을 수도 없이 목격했다. 1970년 베트남전쟁을 취재한 이후 또다시 중동전쟁 현장에 직접 뛰어들어 취재하고 그것을 기록해갔던 이유에 대해 야마구치 요시코는 다음과 같이 자신의 소회를 밝힌 바 있다.

나는 나 자신의 마음의 상처를 치유하기 위해서 굳이 전쟁터에 오는 것이 아니다. 그 상처를 더 이상 확대하지 않기 위해서, 이제는 저 중국 대륙의 전쟁터에서 도망쳤을 때의 상처를 새로운 전쟁터의 상처로 남기고 싶지 않기 때문에 오는 것이다.

과거 제국 일본의 전쟁이 남겨놓은 상흔이 자신에게 하나의 역사의 감옥이 되어버렸음을 밝힌 그녀의 심정은 이후 약 18년간 자민당 정치인으로 활동하면서 베트남과 중동의 전쟁 문제 및 구식민지 문제를 비롯하여 세계평화 유지를 위한 실천에 주력하게 만들었다. 그렇게 해서 야마구치 요시코는 1974년에 이어 (1977년 환경청 정무차관 취임과 함께) 1980년과 1986년에 일본 자민당 참의원으로 연이어 당선됨으로써 차츰 일본의 국민적 신뢰를 얻어가며 완전한 일본인으로 승인받은 것처럼 보였다.

정치인의 신분임에도 야마구치 요시코는 새로운 일들에 도전하는 것을 멈추지 않았다. 가령 그녀는 1979년 TV 아사히朝日의 한 방송 프로그램이었던 〈안녕하세요! 북조선こんにちわ! 北朝鮮〉의 리포터 자격으로 북한을 방문해 김일성 주석을 단독 인터뷰하는 데 성공했고 이 일은 곧 일본 언론에서도 대서특필되었다. 당시 김일성은 해외 언론 접촉을 극도로 기피하고 있었는데, 과거 중국에서 항일운동에 매진하던 청년 시절 자신 역시 '리샹란'의 팬이었음을 고백하면서 야마구치 요시코의 인터뷰 제안에 응했던 것이다. 과거 빨치산 활동을 하고 있었던 김일성이 중국 지린성吉林省의 한 지하공작소에서 리샹란이 출연한 영화를 보고 단번에 팬이 되어버렸다고 언급한 작품은 〈지나의 밤〉과 〈만세유방〉이었다.[2] 당시 리샹란 주연의 〈지나의 밤〉과 〈만세유방〉이 중국에서

1974년 7월 7일 자민당 참의원
의원에 당선된 야마구치 요시코
가 1974년 7월 24일 국회에 처
음 들어간 날

초유의 히트를 기록했다는 사실은 이미 잘 알려져 있거니와, 2002년
평양에서 발간된 최학수의 장편소설《개선》에는 이때의 분위기를 잠
시 상상해보는 데 유용한 풍경을 제공해준다.

현관문을 열고 건물 안에 들어선 곽두섭은 굽이 돌아간 저켠 복도 쪽에
서 그 무슨 음악 반주에 맞추어 부르는 녀가수의 노래 소리를 듣고 잠시
멎어섰다. 그는 귀를 강구었다. 귀에 익은 노래가락이였다. 뱌쯔꼬예 훈련
기지에서 사령관 동지의 비밀전보 지시문을 받고 국내로 나와 청진에서
신북청까지 렬차 행군을 할 때 렬차 방송으로 승객들에게 노래 보급을
해주던《시나노요루》(지나의 밤)였다.
"이 안에 다방이나 카페 같은 게 꾸려져 있는 게 아닙니까?"
"축음기에서 나는 소리 같습니다. 왜놈들이 〈대화숙〉으로 쓰고 지내던 건
물이니 어느 방에 축음기와 레코드판들이 있었겠지요. 저쪽 켠에 선전부

가 있던 것 같은데 아마 그 선전부 것들이 심심풀이 삼아 소리판들을 틀어보는 모양입니다."

일본군 장병들을 중국 대륙에 대한 정복 전쟁에 꾀여 들이기 위하여 달짝지근한 가사와 선율로 엮어 만든 유혹적인 노래였다. 왜적들의 간특한 계교를 간파하고 그에 대하여 증오스럽게 여긴 곽두섭이조차 때때로 부지불식간에 몇 소절 흥얼거리고 싶어질 만큼 귀맛이 좋은 곡조였다.[3]

이 장면은 중국 대륙에 주둔한 일본군들을 위해 불렀던 리샹란의 노래가 당시 항일운동 중에 있었던 빨치산 부대조차 한순간에 매혹을 느낄 만큼 듣기 좋고 달콤한 느낌으로 기억되고 있었다는 사실을 잘 전달해준다. 당시 중국의 국민배우이자 가수였던 리샹란이 최고의 대중적인 인기를 구가하고 있었다는 사실을 감안해볼 때 빨치산 부대원으로 활동했던 김일성이 리샹란의 영화를 보고 단번에 매료되었다는 사실은 그리 특별한 일도 아니었다.

일본 방송사의 리포터로 북한을 방문한 과거의 리샹란, 즉 야마구치 요시코와 처음 만난 김일성은 연회석상의 분위기가 무르익을 무렵 청년 시절에 들었던 옛 노래를 불러줄 것을 간청했다. 그때 야마구치 요시코는 "옛날에 제가 부른 노래는 사회주의에 반하는 노래들밖에 없어요. 그래도 괜찮겠습니까?"라고 물었다. 그러자 김일성은 "괜찮아요. 사실 그 옛날에 나도 밤에 위장을 하고 〈지나의 밤〉을 보러갔던 적이 있었어요"라고 응수했다.[4] 목숨을 건 치열한 전쟁 상황에서 리샹란의 팬이 되어버렸다는 김일성의 고백은 당시 중국 대륙에서 제국의 프로파간다로서의 리샹란의 존재가 이념을 넘어 대중 속에 파급되었던 위력을 잘 보여주는 사례 중의 하나다.

한편 1979년 '일본·팔레스타인 우호의원동맹' 설립을 계기로 하여 야마구치 요시코는 사무국장을 역임하면서 또다시 중동문제에 관여했다. 가령 1981년 민족자결을 위한 평화투쟁의 선두에 서 있던 '팔레스타인해방기구PLO'의 야세르 아라파트Yasser Arafat 의장의 첫 일본 방문을 실현시키는 등 그녀는 지속적으로 중동문제에 관여함으로써 전후 일본 평화주의의 대의를 실천해가는 것으로 과거 자신의 과오를 참회하려는 노력을 대중에게 보여주었다.

이와 함께 '오키나와 및 북방문제에 관한 특별위원장', '참의원 외무위원장', '자민당 부인국장' 등의 요직을 두루 맡아가면서 1992년 정계 은퇴를 선언할 때까지 아시아·아프리카의 외교문제에도 힘썼다. 그뿐만 아니라 정치계를 은퇴한 이후에도 일본군위안부에 대한 일본 정부의 사죄를 요청하는 등 제국 일본이 일으킨 침략전쟁의 역사적 과오를 참회하고 청산하자는 발언을 계속 이어나갔다. 그녀의 이러한 활동은 1993년 11월 3일 '공로이등보관장' 수상으로 이어졌고, 또 '여성을 위한 아시아 평화국민기금'의 부이사장을 지내면서 일본군위안부 문제에 대해 전면에 나섰으며, 일본 총리의 야스쿠니 신사 참배를 반대하는 등 일본 제국주의가 남긴 영광의 흔적을 무너뜨리는 데 앞장서고자 했다.

이러한 일련의 정치적 행보는 형식적으로 볼 때 미국에 의해 강요된 일본의 전후 평화주의 이념에 대한 대응의 일환이기도 했지만, 내용적으로 볼 때 이것은 야마구치 요시코가 전후 일본 사회의 범주에 '일본국민'으로서 완전히 편입되었다는 사실을 말해준다. 이때 그녀가 '조국 일본'에서 완전한 내셔널 아이덴티티를 승인받을 수 있었던 요인 중의 하나는 1987년 후지와라 사쿠야藤原作弥의 협조를 통해 출간한 야마구치 요시코의 회상록《리샹란: 나의 반생》이 큰 역할을 차지했다. 그녀는 이 회상록을 통해 자신이 제국 일본의 프로파간다로서의 임무를 수행했던 행적에 대해 솔직하고 담담하게 고백함으로써 과거를 반성하고 자신의 과오를 바로잡겠다는 투지를 일본 대중을 향해 호소하고자 했다.

아시아·태평양전쟁이 끝난 직후 일본인들에게 불어 닥친 패전의 충격과 쑥대밭이 되어버린 일본의 전 영토를 맨손으로 복구해가야만 했던 참담한 상황은 그야말로 목숨을 건 도약을 필요로 하는 일이었기 때문에 사람들은 일제히 일본이 벌인 침략전쟁을 입에 올리는 것조차 꺼려하는 분위기가 만연했다. 그러나 어느 정도 패전의 충격에서 벗어날 만큼의 시간이 흐르자 일본 국민은 과거 자신들이 겪었던 전쟁의 참상, 그리고 그때그때 전쟁의 상황이 이끄는 대로 부유할 수밖에 없었던 자신들의 자화상을 상대화해 보면서 일종의 회한의 감정을 공유해가기 시작했다. 즉 전쟁의 참혹함 속에서 목숨을 부지해가는 인간 존재의 비루함, 인간적인 나약함, 그리고 패전이 가지고 온 엄청난 혼란 속에서 일본인들은 객관적인 판단력을 상실한 채 그저 상황이 이끌어가는 대로 흘러가버렸다는 사실을 차츰 깨닫게 되면서 서로 연민하는 정서를 공감하는 분위기가 형성되었다. 야마구치 요시코가 '리샹란 회고록'을 출간할 수 있었던 것은 바로 이러한 대중적 공감의 분위기가 확산되고 있었던 시대적 맥락이 작용했기 때문이었다. 그와 동시에 '리샹란 회고록'에 적힌 고백담은 이러한 '회한 공동체'의 정서를 일본 사회 전역으로 확산시키는 매개가 되기도 했다.

실제로《리샹란: 나의 반생》이 출간된 지 약 2년 후인 1989년 후지 TV 개국 30주년 기념작으로 야마구치 요시코의 회상을 원작으로 한

TV 드라마 〈안녕 리샹란さよなら 李香蘭〉(1989.12.21~12.22)이 방영되었다. 그런데 아이러니하게도 대중적 드라마로 재조명된 리샹란의 파란만장하고도 미스터리한 삶의 여정은 전후 일본의 평화주의의 분위기에 편승하면서 결과적으로 리샹란의 재신화화를 가져오게 되었다. 이러한 상황적 맥락은 패전 직후 '리샹란'이 '야마구치 요시코'로 회귀할 때 '조국의 반역자'로 낙인찍으면서 그녀를 '일본 국민'으로 쉽게 용인해주지 않았던 일본 대중의 반응과는 완전히 달라진 것이었다. 이뿐만이 아니다. 1991년 일본의 유명 극단 사계四季가《리샹란: 나의 반생》을 원작으로 한 〈뮤지컬 리샹란〉을 초연(1991.1.7~1.27, 도쿄 아오야마 극장青山劇場)한 이래 2001년 현재까지 일본에서 약 500회 이상의 공연이 이어졌다. 이 뮤지컬은 1992년부터 중국과 동남아시아 국가들에서도 공연되었는데, 특히 1997년 싱가포르에서는 리샹란의 인생을 소재로 한 이 뮤지컬을 '반전 뮤지컬'의 대명사로 평가하기도 했다. 이러한 상반된 평가는 제국 일본의 프로파간다라는 씻을 수 없는 오명으로 패전 직후 일본 연예계에서 재기하지 못하고 결국 미국으로 건너갈 수밖에 없었던 때의 리샹란에 대한 평가가 완전히 전복된 것이었다.

이렇게 전전戰前과 전후戰後에 걸쳐 펼쳐진 리샹란-야마구치 요시코의 스펙터클한 과거사는 전후 일본의 평화주의 이념에 함몰된 '회한 공동체'의 주관적·자의적인 방식으로 현재까지 재신화화되어 남아 있다. 이렇게 '리샹란 재신화화'가 형성될 수 있었던 기초는 전전 '리샹란'의 행적보다 오히려 전후 '야마구치 요시코'의 행적에서 기인한 바가 훨씬 더 컸다고 할 수 있는데, 이렇게 역전된 분위기에 대해 요모타 이누히코四方田犬彦는 "신화로서의 리샹란과 위안부 문제에는 깊은 인연이 있으며, 그것은 일본영화사뿐만 아니라 전후의 일본문학사와 점령군의 문화검열사라는 복수의 영역에 걸친 문제 문맥을 형성하고 있다"[5]라고 논평한 바 있다. 즉 체험과 기록에 근거한 전후의 인식이 선명한 이미지를 제공했음에도 시간이 지나면서 그 객관성을 보증해온 사회 전체의 구조와 인식이 변화했다는 것, 이렇게 전후에 대한 인식이 부분적·자의적인 관점으로 변화해간 사정에는 일본 전후체제가 동요해가고 있다는 문제와 맥을 같이 하고 있는 것이었다.

••

전전의 '리샹란'이 전후의 '야마구치 요시코'로 회귀해간 과정은 그리 녹록치만은 않았다. 패전 직후 중국에서의 리샹란은 '친일반역자'라는 뜻의 '한간'이라는 멍에가 덧씌워지면서 한순간에 추락해버렸지만, 일본에서 '리샹란'이라는 브랜드 네임brand-name은 여전히 대중적으로 소비될 만한 가치가 남아 있었기 때문에 이따금 영화 출연 제의가 들어오기도 했다. 하지만 리샹란은 오직 '야마구치 요시코'라는 본명으로만 활동할 것을 고집하면서 영화 촬영 제의를 거절하고 가수로서의 명맥만을 조금씩 이어나가기 시작했다. 1946년 10월 가수로서의 재기를 노리기 위해 일본 제국극장에서 리사이틀을 열고, 1947년에는 〈부황〉, 〈파계〉와 같은 뮤지컬 출연에도 도전을 해보았지만 '리샹란'으로 각인된 대중적 이미지는 쉽게 극복되지 않았다. 설상가상으로 중국 베이징에서 귀국한 모친이 알코올중독으로 몸이 쇠약해진 탓에 야마구치 요시코는 가족의 부양을 떠맡아야만 했다.

그런 와중에 전후 일본에서 '야마구치 요시코'라는 본명을 사용한다는 조건하에서 찍은 첫 영화가 바로 〈우리 생애 최고의 날わが生涯の

1950년 구로자와 아키라 감독의 영화 〈추문〉 포스터

かゞやける日〉(1948)이다. 일본 영화사상 처음으로 키스 장면이 등장하는 것으로 당시 화제를 모았던 이 작품을 시작으로 해서, 그녀는 일본군 병사와 종군위안부의 사랑 이야기를 소재로 한 반전영화 〈새벽의 탈주暁の脱走〉(1950)에 이어 무책임한 언론의 폭력성이 개인과 사회에 미친 부정적 파급력을 고발한 구로자와 아키라黒澤明 감독의 영화 〈추문醜聞〉(1950) 등 사회적으로 민감한 문제를 다룬 작품들에 출연하기 시작했다. 패전 직후의 혼란상을 수습하기에 급급했던 이 시기에 구로자와 아키라의 〈라쇼몬羅生門〉이 1951년 베니스영화제에서 작품상을 수상한 것을 시작으로 기노시타 게이스케木下惠介, 미조구치 겐지溝口健二, 기누가사 데이노스케衣笠貞之助 감독 등이 해외영화제에서 잇달아 입상하는 등 전후 일본 영화는 그야말로 황금기를 맞이하고 있었다.

하지만 과거 '만영의 간판스타'이자 '대동아공영의 아이돌'이었던 리샹란의 이미지를 완전히 불식시키면서 '야마구치 요시코'로 회귀하기에는 역부족이었다. 심지어 냉전의 분위기가 더욱 심각해진 상황에서 매카시즘McCarthyism 광풍이 불기 시작하자 야마구치 요시코에게 '공산주의 스파이'라는 의혹이 따라붙는가 하면, 미국에서는 '중국의 스파이'라는 의심을 산 나머지 미국으로의 입국이 허락되지 않은 일도 있었다. 실제로 1947년 2월 21일자 '연합국 총사령부 참모 제2부(G2)의 해금문서'에는 야마구치 요시코가 전후 일본에서 '공산주의 동조자'로 활동하면서 도쿄에 체류 중인 소련 스파이와 접촉했다는 기록이 남아 있다.[6]

그러나 또 다른 문서에는 소련의 스파이 보에보딩Autonomna Pokrajina Vojvodina이 야마구치 요시코에게 직접 접근하여 자신의 파티에 초대했지만 그것은 어디까지나 야마구치에게 품고 있었던 보에보딩 개인의 연정의 표시였을 뿐, "그녀가 공산주의 동조자거나 소련 동료의 일원이라는 증거는 없다"라고 기록되어 있다. 1950년대 일본을 점령한 미군 장교들이 사용했던 일본어 교재에 리샹란 주연의 영화 〈지나의 밤〉이 실려 있었던 탓에 많은 미국인 장교들이 매혹적인 여배우였던 야마구치와 가깝게 지내고 싶어 했던 경우가 많았었는데,[7] 이러한 일련의 해프닝이 냉전 시기에 야마구치를 공산주의자로 몰고 간 원인이 되었다는 것은 '민족 반역자'의 각인된 이미지로 인해 패전 직후 일본에서 그녀가 운신할 수 있는 폭이 매우 좁을 수밖에 없었다는 사실을 시사해준다.

제국 일본의 프로파간다였던 '리샹란'의 행적에 대한 대중의 끊임없는 의혹과 불신은 결국 야마구치 요시코가 과거의 명성을 회복하지 못한 것은 물론, 일본 국민으로서 삶을 영위해가는 행위에도 제동을 걸어오기 시작했다. 그러자 야마구치 요시코는 자신이 일본인으로 살아가기 위해 수반되는 수많은 곤란들을 극복하지 못하고 마침내 미국으로 떠났다. 미국에 도착한 야마구치 요시코는 '셜리 야마구치Shirley Yamaguchi'라는 또 다른 이름으로 살아갔다.

1950년 하와이 공연을 시작으로 재미 일본인들을 대상으로 한 리사이틀을 핑계로 미국을 방문한 야마구치는 그대로 미국 체류기간을 연장하여 뉴욕에서 영어와 연기 공부를 하며 지내다가 뮤지컬 〈마르코 폴로〉의 오디션에 합격했다. 과거 '대동아공영권의 전설의 스타'로 명성을 떨쳤던 야마구치가 미국으로 건너가 뮤지컬 오디션을 보러 다녔다는 사실만 보더라도 당시 그녀의 삶이 얼마만큼 궁지에 몰려 있었는가를 가늠케 해준다. 이 무렵 할리우드의 영화감독 킹 비더King Vidor의 〈일본인 전쟁신부Japanese War Bride〉[8]에서 한국전쟁을 배경으로 한 여주인공 역을 맡게 되면서부터 야마구치 요시코는 '셜리 야마구치'라는 이름으로 몇 편의 미국영화에 출연하기도 했다.

1951년 세계적으로 명성을 떨치고 있었던 일본인 조각가 노구치 이사무野口勇(1904~1988)와 결혼하면서 자신의 미국식 예명을 '셜리 노구치Shirley Noguchi'로 개명했다. 미국인과 일본인의 혼혈이었던 유명 조각가 노구치 이사무와 호화로운 결혼식을 치르면서 새로운 삶에 안착하는가 싶었지만 불과 4년간의 결혼생활을 끝으로 1956년 2월 이혼을 결정했다. 노구치 이사무는 주로 미국에서 작품 활동을 펼쳐나갔는데, 그 무렵 미국 전역을 휩쓴 매카시즘 광풍은 '셜리 노구치'에게까지 영향을 미쳤다. 1950년 2월 미국 공화당 상원의원 조지프 레이먼드 매카시Joseph R. McCarthy가 한 연설장에서 "미 국무성 안에 205명의 공

1951년 여름, 뉴욕 라과디아
공항에 내린 기모노 차림의
야마구치 요시코

산주의자가 있다"라고 한 발언이 발단이 되었다고 해서 '매카시즘'이라
고 이름 붙여진 이 반공주의 열풍은 반대파 정치인들을 공산주의자
로 몰아 공격했던 것은 물론, 정치 이념상 약간의 의혹만 있어도 공산
주의자로 연결되어 곧바로 심판대에 올려졌다. 당시 매카시즘 여파는
언론계와 예술계에까지 확산되면서 심각한 인권침해를 낳기도 했는
데, 이때 할리우드 영화계의 감독과 배우들 가운데 많은 사람들이 공
산주의자로 몰려 한꺼번에 일자리를 잃기도 했다. 더욱이 중국의 공산
화와 한국전쟁의 발발 등 공산주의 국가들의 팽창이 위협으로 인식되
면서 오히려 미국 국민들 사이에서 매카시즘은 점점 광범위한 지지를
얻어가고 있었다.

냉전이 시작된 1940년대 후반에 불거지기 시작한 매카시즘 광풍은

영국의 희극배우이자 감독인 찰리 채플린Charles Chaplin을 '반미활동조사위원회'로 소환하면서 결국 미국에서 추방하는 등 수많은 진보적인 예술가들이 무차별적인 정치 탄압을 받고 있었다. 이런 상황에서 '셜리 야마구치' 역시 '공산주의 동조자'라는 근거 없는 의혹을 피해가기란 쉽지 않았다. 결국 공산주의자라는 의혹은 '셜리 야마구치'의 미국 입국을 거부하는 원인으로 작용했고, 또 그 때문에 4년간의 결혼생활 동안 부부가 같이 기거했던 기간은 채 1년도 되지 못했다.[9]

의식 있는 진보적 예술가이자 코스모폴리탄을 자처했던 노구치 이사무와 셜리 노구치 부부는 매카시즘 광풍이 불어오기 시작할 무렵 찰리 채플린과 가깝게 지냈던 것으로 알려져 있다. 당시 미국 FBI 국장 존 에드거 후버John Edgar Hoover는 불법적으로 연예인들의 사생활을 캐내어 그들을 공산주의자로 오인하도록 유도했던 것으로 유명했는데, 헬렌 켈러를 비롯하여 알베르트 아인슈타인, 존 스타인벡, 찰리 채플린, 마틴 루터 킹 등 당대의 저명한 예술인들과 정치 운동가들은 거의 모두 그의 요시찰 대상이 되었을 정도였다. 그중에서도 찰리 채플린은 〈모던 타임즈Modern Times〉(1936)와 〈살인광시대Monsieur Verdoux〉(1947) 등의 영화를 통해 미국 자본주의 사회의 메커니즘을 비판하고 또 영화 검열에서도 비협조적인 태도를 보인다는 이유로 후버는 그에게 과도하게 집착하고 있었다. 급기야 미국 정부는 찰리 채플린의 영화 제작 활동을 방해하고 미국시민권을 박탈해버렸는데, 점점 더 미국에서의 활동에 염증을 느끼고 있던 찰리 채플린이 영화 〈라임라이트Limelight〉(1952)의 주제곡을 막 완성했을 무렵 결국 스위스로 망명해버렸다. 그 이후 1960년대까지 채플린이 일본을 방문할 일이 있을 때마다 셜리 노구치를 만나 우정을 나눴다.[10]

1955년 할리우드 필름 느와르의 거장 새뮤얼 풀러samuel Fuller 감독의 영화 〈동경암흑가·대나무 집東京暗黑街·竹の家〉에서 셜리 노구치는 미국인 남성을 상대로 한 일본인 여주인공 역을 맡았다. 이 영화의 구도는 과거 '만영' 시절 리샹란이 일본인 남성을 상대로 한 중국인 여성 역을 맡았던 〈지나의 밤〉을 상기시킬 수밖에 없다. 피지배국의 여성과 지배국 남성의 민족과 국적을 뛰어넘은 로맨스 서사라는 점에서 동일한 구도를 갖추고 있었기 때문이다. 중국을 침략한 일본인들에게 반감을 갖고 있었던 중국 여성 '꾸이란'이 일본인 남성에게 뺨을 맞고 나서야 일본인들의 선량함을 깨닫게 되고 또 그 일본 남성을 사랑하게 된다는 설정은 당시 중국인들의 증오감을 고양시킨 바 있었다.

그런데 패전 직후 영화 〈동경암흑가·대나무 집〉이 처음 일본에서 개봉되었을 때, 흥미롭게도 일본의 영화 평론가들은 일제히 이 작품을 '국욕영화國辱映畫'라고 비난했다.[11] 과거 중국인 여성과 일본인 남성의 로맨스 구도를 제국 일본의 프로파간다로 활용했던 일본이 전후에 와서는 일본인 여성과 미국인 남성의 로맨스 구도를 국가적 굴욕으로 느꼈던 것이다. "일본은 강한 남성이고 중국은 순종적인 여성으로서, 중국이 일본을 의지한다면 이처럼 일본은 중국을 지켜줄 것이다"[12]라는 은밀한 메시지가 제국 일본에서는 당연했던 것이 패전 이후에는 완전히 역전된 상황을 보여준 이 사례는 일본 제국주의의 프로파간다가 텅 빈 기호에 불과했다는 사실을 여실히 보여준다.

더욱이 1950년대 전후 일본 사회에서 미군과 일본인 여성이 팔짱을 끼고 거리에서 데이트를 하는 모습은 흔히 볼 수 있었던 시대 풍조였기 때문에 당시 일본인 여성과 미국인 남성의 사랑 이야기에는 미국에 점령된 패전국 일본의 사회상이 오버랩되었고, 또 그 무렵 일본에서 이와 유사한 방식의 오리엔탈리즘 구도를 갖춘 상업영화들이 다수 제작되기도 했다. 그런데 유독 이 영화에서 전후 미국과 일본의 종속관계를 읽어내고 또 거기에서 '국욕'의 감정을 느꼈던 평론가들의 무의식은 성적으로 종속적 입장에 놓인 일본인 여성 '마리코' 역을 맡은 셜리 노구치는 더 이상 중국인 '리샹란'이 아닌 일본 국민으로서의 정체성을 이미 승인받고 있었다는 사실을 말해준다.

잘 알려져 있듯이 대중의 환상은 유명 스타와 동일성을 공유하려는 심성을 조직해내곤 한다. 로버트 스택Robert Stack이 연기한 백인 미국 조사관과 살해당한 그의 친구 조사관의 아내인 일본인 마리코 사이에는 유혹을 매개로 한 지배·종속관계가 놓여 있었는데, 관객들은 거기서 전후 미국과 일본의 점령 및 종속관계를 오버랩했던 것이다. 성적으로 종속의 입장에 놓인 여성 마리코 역은 과거의 스타였던 셜리 야마구치가 연기했지만, 이제 그녀는 더 이상 과거의 유명 스타 '리샹란'도 아니고 '셜리 야마구치'도 아닌 '일본 국민'이라는 동일성 그 자체로 존재했던 것이다. 다시 말해 등장인물의 국적과 유명 스타의 인격적 국적이 일치해버린 이 상황은 국제관계의 알레고리가 갖고 있는 정서적 효과를 과잉적으로 수용하게 만들었던 것이다.[13] 이렇게 자신들에게 유리할 때는 동일성을 공유하고 불리할 때는 제거해버릴 수 있는 것, 즉 민족적·국민적 정체성이란 언제든지 손쉽게 처리될 수 있는 하나의 수단에 불과한 것이다.

1956년 노구치 이사무와 협의이혼을 한 셜리 야마구치는 브로드웨이 뮤지컬 〈샹그릴라Sangri-La〉에 출연하기 위해 뉴욕에 머물고 있었다. 이때 그녀는 유엔회의에 참석한 일본 대표로부터 식사 권유를 받았지만 뮤지컬 공연 연습으로 바쁘다는 핑계로 식사 자리를 사양했다. 이를 대신해 일본 대표는 야마구치의 뮤지컬 공연에 꽃다발을 보냈는데, 이때 꽃다발을 들고 분장실을 찾아온 여덟 살 연하의 청년 외교관 오타카 히로시大鷹弘와 인연이 되어 1958년에 정식으로 결혼을 했다.

이 해에 일본의 도호영화사가 제작한 〈동경의 휴일東京の休日〉 촬영을 끝으로 야마구치는 영화계를 은퇴했다. 현재도 이 작품은 '야마구치 요시코'의 연예생활 20주년 기념 영화이자 배우 은퇴 기념 영화로 기록되어 있다. 영화계를 은퇴한 야마구치는 남편 오타카 히로시의 부임지인 당시 버마의 랑군Rangoon으로 건너가 외교관의 부인으로서 전업주부 생활을 하며 약 10년간 대중 앞에 전혀 모습을 드러내지 않았다. 당시 일본 외무성은 유명 여배우와 젊은 외교관의 스캔들에 따른 정치적 타격을 우려해 좌천의 형식으로 오타카 히로시를 랑군으로 보냈던 것으로 알려져 있다. 오타카 히로시는 야마구치의 적극적이고 외향적인 활동에 대해 묵묵히 지지해주었고, 이후 벨기에 공사와 스위스, 피지, 스리랑카에서 대사를 역임한 후 1987년부터 1990년까지 주미얀마 대사를 지냈다. 이때 야마구치 요시코는 일본의 관습에 따라 남편의 성인 '오타카 요시코'라는 이름을 호적에 올렸고, 그 후 이 이름으로 일본에서 정치생활을 영위해갔다.

• •

오타카 히로시와의 결혼생활에 대해서는 세간에 잘 알려지지 않았지만, 그동안 오타카 요시코는 남편의 부임지를 돌면서 목격해왔던 세계 각지의 정세를 일본 언론에 전달해주는 귀중한 정보원으로서의 역할을 해나갔다. 일본의 텔레비전 방송국은 오타카 요시코를 뉴스 캐

스터로 기용하기 시작했고, 그러는 동안 그녀는 아시아와 중동지역의 정치적 분쟁에 정통한 인터뷰어로 활약하면서 조금씩 새로운 이력을 쌓아나갔다. 연예계 은퇴를 선언한 지 약 10년 후인 1968년 뉴스 캐스터로 TV에 출연한 것을 시작으로, 1969년부터 1974년까지 후지티비富士TV의 생방송 와이드 쇼 정보 프로그램 〈세 시의 당신3時のあなた〉에서 사회자로 발탁되면서부터 일본의 미디어에 복귀했다.

사회 정보 프로그램을 통해 방송계에 복귀하면서 그녀는 국제 주요 이슈들에 대한 취재 범위를 더욱 확대할 수 있는 기회를 얻을 수 있었다. 예컨대 1970년 캄보디아와 베트남전쟁에 직접 뛰어들어 취재를 감행하는가 하면, 1971년부터 1973년 일본 정치계에 입문하기 직전까지 팔레스타인과의 접촉을 시도하면서 요르단, 레바논, 이스라엘, 이집트 등지와 팔레스타인 해방투쟁의 면면을 취재하고 관련 인사들을 인터뷰하는 동안 오타카 요시코는 아랍식 이름인 '자밀라'라는 필명으로 냉전체제가 야기한 국제분쟁의 중요한 사건들의 현장을 기록하는 데 몰두했다.

한편 1971년 12월 28일《경향신문》에 〈2차 대전 중 톱스타로 선풍적 인기 〈지나의 밤〉의 이향란 곧 한국에, 남편 주한일본대사관 부임 따라〉라는 의외의 기사가 게재된 적이 있었다. 그러나 야마구치의 회고록에도 이 사실에 대한 언급이 등장하지 않을뿐더러 이 시기에 그녀가 일본에서 언론활동을 하면서 팔레스타인 취재에 몰두하고 있었던 것으로 보아 한국행은 불발되었던 것으로 보인다. 당시《경향신문》의 기사는 야마쿠치 요시코에 대해 다음과 같이 소개했다.

제2차 세계대전 때 일본의 톱스타로 선풍적인 인기를 독차지했던 이향란 씨(사진·51)가 주한일본대사관 참사관으로 내정된 남편 〈오오다까〉 씨를 따라 서울에서 살게 될 것 같다. 이향란 씨의 본명은 〈야마구찌·요시꼬〉. 이 씨는 1920년 중국 푸순에서 출생, 17세에 만주영화사 제작 〈東遊記〉에 이향란이라는 예명으로 데뷔했다. 그 뒤 일본 만영에 픽업되어《백란의 노래》,《지나의 밤》,《야래향》 등 숱한 영화에 출연, 선풍을 일으켰다. 이향란 씨는 종전 후 미국으로 갔다. 1950년 브로드웨이에서 일본인 2세 〈노구찌〉 씨와 결혼했다. 1956년 노구찌 씨와 이혼, 일본에 돌아와《새벽의 탈출》 등 많은 작품에 출연, 중년층의 〈노스텔지어〉를 달래면서 다시 인기를 모았다. 1959년 현 남편 오오다까 씨와 결혼,《동경의 휴일》을 마지막으로 은막에서 은퇴했다.

한국이 일제로부터 해방된 지 약 25년이 지난 시점에서 쓰인 이 기사에는 한때 '대동아공영권의 아이돌'로 조선에서도 엄청난 대중적 사랑을 받았던 그녀의 이력에 대해서는 기록되어 있지 않았다. 한국에 불어 닥친 해방과 냉전의 분위기는 '일본인 리샹란'의 대중적 인기를 식민지 시기의 오욕으로 치부하면서 서둘러 망각되기를 요청하고 있었던 것이다. 즉 해방 후 한국에서 리샹란은 이미 '일본 국민'이라는 정체성으로 인식되고 있었다.

1973년 세 번째로 방문한 팔레스타인 취재는 야마구치 요시코에게도 중요한 이력을 제공했다. 당시 일본을 탈출하여 '팔레스타인해방인민전선PFLP'과 연대를 모색하고 있던 일본적군파日本赤軍派의 간부 시게노부 후사코重信房子를 만나 긴급 인터뷰를 진행했던 것이다. 이때의 공적으로 그녀는 1973년 'TV대상 우수개인상'을 수상하게 되면서 언론인으로서의 위상을 확립함과 동시에 넓은 의미에서의 민간외교 활동을 적극적으로 수행해갔다. '붉은 테러리스트'로도 불렸던 시게노부 후사코는 '일본적군파JAPAN RED ARMY' 여성 간부로서 당시 국제혁명근거지론에 따라 레바논을 통해 중동에 잠입하여 '팔레스타인해방인민전선'과 연계하여 세계변혁을 꿈꾸는 등 일본 사회에서 요주의 인물로 꼽히고 있었다. 그런 시게노부 후사코를 팔레스타인에서 직접 만나 인터뷰를 했다는 것은 아무나 쉽게 할 수 없는 독보적인 행보였을 뿐만 아니라 매우 의미 있는 민간외교 활동으로 세간에 비춰질 수 있었다.

바야흐로 서구 68혁명의 여파가 일본으로 확산되었던 1960년대 말 세계 변혁을 꿈꿨던 전투적 학생운동이 과도한 폭력정치로 인해 대중으로부터 고립되자 소수의 대학생들은 무장게릴라투쟁으로 선회해버렸다. 이들은 일본 제국주의를 부정하고 또 일본 사회에만 한정하지 않는 '세계동시혁명'을 궁극의 목표로 삼았는데, 이때 시게노부 후사코는 일본공산당연맹을 탈퇴한 뒤 테러리즘을 수단으로 마르크스·레닌주의에 입각한 전 세계 혁명을 달성하기 위해 '일본적군파'를 창설한 여성 간부였다.

1970년 3월 31일 9명의 무장 적군파 요원들이 승객 129명을 태우고 하네다 공항을 출발한 일본항공 351편 여객기를 납치해 북한행을 요구했던 이른바 '요도호 사건'[14]으로 세상에 실체가 드러난 이래 그들은 일본 제국주의에 반대한다는 명목으로 수차례에 걸쳐 폭탄 테러와 총기 탈취, 은행 강탈 등 무차별인 공격을 자행했다. 그러나 1972년 적군파 내부가 분열 조짐을 보이자 온건파 요원 14명을 무참히 처형하고 불안한 도피생활을 이어나가던 중 경찰의 수사망이 계속 좁혀오자 그 해 겨울 나가노 현長野県의 '아사마 산장'에서 인질극을 벌이며 경찰과 대치하면서 세력을 완전히 상실했다.

이 사건으로 일본적군파는 완전한 괴멸에 이른 것처럼 보였지만, 이후 그들은 '팔레스타인해방 인민전선'과 합류하여 공동 테러를 자행하기 시작했다. 당시 시게노부 후사코는 '붉은 테러리스트'로 불리며 아랍권의 인민해방 투사로 자임하고 있었다. 따라서 당시 야마구치 요시코가 팔레스타인에서 시게노부 후사코를 직접 만나 인터뷰를 했다는 것은 일본 언론계에서도 대서특필될 만한 사건이었다.

그 외에도 야마구치 요시코는 남아프리카공화국의 인종차별 문제에 적극적으로 개입하는가 하면 일본의 '반反아파르트헤이트 의원연맹'에 참가하기도 하고, 또 동남아시아 국가들의 민주화운동에 참여하면서 '일본미얀마협회'의 회장직을 맡기도 했다. 이러한 그녀의 활동은 과거 여배우로서 누렸던 유명세까지 더해지면서 급기야 일본 내각 총리대신을 역임한 다나카 가쿠에이가 1974년 제10회 참의원 선거에 입후보할 것을 권유하는 데까지 이어졌다. 정계에 입문한 이후에도 '아시아인 여성 일본군위안부'에 대한 일본 국가의 책임 소재가 불거졌을 때, 자민당 참의원 '오타카 요시코'는 '국가의 체면'보다는 '피해 여성의 삶'을 우선시하겠다는 다짐으로 '여성을 위한 아시아 평화국민기금'의 이사직을 맡으면서 약소민족 국가와 일본 제국주의에 의해 피해당한 여성들을 지원하는 활동에 전념했다.[15]

한편 오랜 세월이 흘러서 마침내 1972년 9월 29일 중일국교가 정상화되었다. 패전 이후 오랜 기간 동안 일본과 중국은 공식적으로 적대적인 외교정책을 취하고 있었다. 1970년 초까지 미국·중국·소련은 서로 장기적인 대치상태에 놓여 있었는데, 이후 미국은 중국과의 관계 개선을 통해 소련과의 대치상태를 강화하고자 했고 또 중국 역시 소련의 위협에서 벗어나기 위해 미국과의 관계 개선을 필요로 하고 있었다. 1972년 2월 닉슨의 중국 방문은 중미 관계의 외교적 소통의 문을 열기 시작하면서 장기적인 대립관계를 해소하도록 만들었다. 이렇게 미국의 대중 외교정책이 실리를 추구해감에 따라 일본의 야당과 기업계는 중일 국교 정상화에 대한 목소리를 높여갔다. 1972년 새로 정권을 잡은 다나카 가쿠에이 수상은 시대정신의 변천에 따라 양국의 국교 정상화를 실현하기로 결정함으로써 그해 9월 중국을 전격 방문하여 마오쩌둥과 저우언라이를 만나 정상회담을 가진 뒤 마침내 대만과의 국교 단절을 선언했다. 장기간의 적대관계의 종언을 선언하고 중일 국교가 정상화되었을 때, 야마구치 요시코는 스스로 일본은 '조국', 중국은 '모국'이라고 규정했다.

1993년 정계를 은퇴한 오타카 요시코는 심포지엄 '아시아의 평화와 여성의 역할'을 개최하면서 과거 구식민지 일본군위안부 문제에 적극적으로 관여해가기 시작했다. 그녀의 세 번째 저서 《전쟁과 평화의 노래戰爭と平和の歌: 李香蘭心の道》(도쿄신문사, 1993)는 앞서 출간했던 《리샹란: 나의 반생》의 후일담에 해당하는 내용인데, 이 책에서 그녀는 전후 아시아의 평화를 지향해가기 위해서 여성의 문제에 천착해야 하는 이유에 대한 자신의 소신을 술회한 바 있다. 이어서 1995년에는 '일본아시아여성기금'의 '대국민호소문'에 도쿄대학 교수 와다 하루키和田春樹 등과 함께 16인의 발기인으로 이름을 올리기도 했다. 1995년 당시 이 '대국민호소문'에는 "10대 소녀를 포함한 많은 여성을 강제로 위안부로 만들고 군을 따르게 한 것은 여성의 근원적인 존엄을 짓밟은 잔혹한 행위였습니다. (중략) '종군위안부'를 만든 것은 과거 일본 국가입니다. 그러나 일본이라는 국가는 결코 정부만의 것이 아니며, 국민 한 사람

한 사람이 과거를 계승하고 현재를 살아가며 미래를 창조해 나가는 것
입니다. 전후 50년이라는 이 시점에서 전 국민적인 보상을 하는 것은
현재를 살아가고 있는 우리 스스로가 희생자 여러분께, 국제 사회에
대한, 그리고 차세대에 대한 책임이라고 확신합니다"라고 쓰여 있었다.

일본 외무성 홈페이지에도 게재되었던 이 '대국민호소문'은 오타카
요시코가 사망하고 난 지 한 달 뒤인 2014년 10월, 아베 신조安倍晋三
정권에 의해 삭제되었다. 전쟁 중의 식민지와 점령지의 여성들이 일본
군위안부로 종사했던 사항은 '강제'에 의한 것이 아니었다는 것이 그
이유였다. 당시 일본 차세대당 야마다 히로시山田宏 의원은 2014년 10
월 6일 '중의원예산위원회'에서 "위안부의 강제 연행은 존재하지 않았
다"라고 언급하면서 기시다 후미오岸田文雄 외무상에게 호소문 삭제를
요구했던 것으로 전해지고 있다.[16]

일본군위안부 문제를 일본 국가 내부에서 국민적인 반성과 성찰의
과제로 이끌어내고 그러한 희생에 대한 책임의 소재를 구하고자 했음
에도 불구하고 그 해결을 구하지 못한 채, 야마구치 요시코는 2014년
9월 7일 오전 10시 42분 심부전으로 도쿄의 자택에서 사망했다. 그녀
의 나이 94세였다.

•　•

'리샹란'이라는 한 인물이 야마구치 요시코, 판슈화, 리코란, 이향란,
이홍란, 셜리 야마구치, 셜리 노구치, 자밀라, 오타카 요시코라는 이름
으로 국가와 시대와 지역의 맥락에 따라 각양각색으로 호명되었던 사
실에서 볼 수 있듯이, 리샹란은 최종적으로 특정 국민국가에 귀속될

山口淑子さん死去

女優・李香蘭、参院議員、94歳

朝日新聞

9月14日

号外

速報も詳報もデジタル版で

山口淑子さん

「李香蘭」時代の山口淑子さん（1940年ごろ）

《아사히신문》 2014년 10월 16일
야마구치 요시코의 사망 기사

수 없는 코스모폴리탄이었다. 전전 '리샹란'이라는 중국식 이름을 가졌던 이 여성은 '야마구치 요시코'라는 일본 내셔널 아이덴티티와 대결해야만 했고, 전후에 '야마구치 요시코'라는 일본식 이름으로 회귀한 이 여성은 전시하에 구축된 '리샹란'이라는 환영과 정면대결해야만 했다. 민족적 정체성을 둘러싼 이 기묘한 상황에 대해 훗날 야마구치 요시코는 자신의 자서전을 통해 이렇게 술회했다. "리사이틀, 뮤지컬, 무대 연극. 그 무엇을 해도 내게 납득할 수 없는 결과가 돌아왔다. 나는 야마구치 요시코로 돌아왔다. 그러나 일본인들에게는 여전히 리샹란이었다. 전전의 스크린에서 본 얼굴, 목소리, 동작만을 보려 했다."[17] 그랬던 탓에 '리샹란=야마구치 요시코'는 결국 중국과 일본 그 어느 쪽에도 귀속되지 못한 채 어쩔 수 없이 미국으로 향했다.

그러나 전후 미국 전역을 휩쓸었던 매카시즘 광풍은 리샹란을 돌연 '공산주의 동조자'로 지목했고, 또 그녀가 주연한 할리우드 영화 〈동경 암흑가〉가 일본에서 '국욕영화'라는 평가를 받는 등 또 다른 한편에서는 냉전체제가 야기한 정치 이념의 스펙트럼 속에서 자신의 아이덴티티와 또다시 대결해야만 했다. 이러한 사례는 전전에 리샹란이 주연을 맡았던 '일만친선' 국책영화 〈지나의 밤〉에서 일본 남성이 중국 여성의 뺨을 때린 장면이 중국에 대한 모독에 해당한다며 중국인들의 반일감정을 고조시켰던 사건의 재판이기도 했다. 리샹란이 이사무 노구치와의 혼인신고서를 제출하기 위해 미국대사관에 갔을 때 "아메리카합중국에 충성을 맹세하겠는가"라는 질문에 그녀가 즉각 '노No'라고 대답했던 것은 하나의 고정된 내셔널 아이덴티티가 갖고 있는 구속력이 때로는 목숨을 담보로 하는 강력한 폭력성을 내재하고 있다는 사실을 잘 인지하고 있었기 때문일 것이다. 당시 미국에서의 충성서약을 거부했던 이유에 대해 야마구치 요시코는 이렇게 고백했다. "전시 중에 그랬듯이 또다시 두 개의 조국을 갖는 것이 싫었기 때문이었다."[18] 그 일로 인해 결국 미국 체류 비자를 얻지 못했고, 그것은 그녀로 하여금 미국에 대한 귀속 역시 불가능한 것으로 만들어버렸다.

이러한 저간의 사정에도 불구하고 1970년대에 이르러 자민당 참의원으로 당선, 국민에게 호출됨으로써 결과적으로 일본 귀속이 승인될 수 있었던 원인은 당시 일본인들에게 평화주의와 민주주의라는 전후 일본의 국가 이데올로기를 그녀가 체현해주고 있다는 실감을 제공했기 때문이다. 여기서 우리가 주목해야 할 것은 우선 전후 일본 국민에게 철저히 외면당했던 전전의 여배우 '리샹란=야마구치 요시코'가 일본의 침략전쟁에 복무했다는 자신의 과오를 정직하게 고백하고 사죄하는 내용을 신문에 연재하기 시작한 시점이다.

이 시기는 패전 직후 일본의 사회적 혼란상이 차츰 안정을 찾아가던 때였기 때문에 반전평화 사상의 확립과 함께 본격적인 자기반성을 경유한 실천을 도모하는 결집된 지성의 분위기가 '전후 혁신사상'이라는 모토로 대두된 때였다는 점을 주목할 필요가 있다. 과거 올드패션의 리버럴리스트를 대체하고자 했던 혁신파 리버럴리스트들, 이른바 '전후 지식인'들이 대거 등장함으로써 이들을 통해 '전후 민주주의'와 같은 평화사상이 대중에게 직접적으로 제공되기 시작했다. 가령 이와나미쇼텐岩波書店에서 출간한 《세계世界》를 비롯하여 《조류潮流》, 《사상의 과학思想の科學》 등은 전후 일본 사회에 새롭게 등장한 잡지들인데, 이 잡지들을 중심으로 활동한 집필진들은 이른바 '전후 민주주의파'로 분류되었고 당시 특유의 리버럴한 지적 기풍을 형성하면서 전후 논단을 주도해갔다. 그 밖에도 일본 각지에서 생겨난 일련의 사회·문화단체들의 기관지와 강연회 등 역시 전후 혁신사상을 대중에게 전파하고 그에 대한 실천을 도모함으로써 전후 일본을 살아가는 국민 일반에 '평화국가' 이데올로기를 확산시키고 있었다.

또한 미국 점령체제가 끝난 뒤 일본의 평화담론을 둘러싸고 현행 평화헌법을 지키자는 호헌론과 헌법을 바꾸자는 개헌론이 대립하면서 국민적 지지와 비판이 동반된 혼란상이 지속되었는데, 이에 따라 현실적으로 유효한 실감을 국민에게 제공할 수 있을 만한 정치적·사회적 실천이 뒤따라야 할 필요성이 존재했다는 점 역시 중요하게 지적될 수 있다. 이러한 당시의 분위기는 패전 후 20여 년이라는 시간의 흐름과 함께 과거 침략전쟁의 참상과 패전의 고통을 공통적으로 경험한 사람들에게 공동의 연민과 공감의 감성이 고양되면서 일종의 '회한 공동체'를 형성하는 정서적 기제로 작용했기 때문이다. 패전의 상처와 절망을 극복해가는 과정에서 형성된 역사적·국민적 공동의 감성이 새롭게 재건해가야 할 국가 이데올로기를 지지하는 방향으로 기울게 되는 것은 일견 자연스러운 일이었다.

일본경제신문 간행으로 〈나의 이력서〉를 연재했을 때, 84년의 인생을 불과 34회, 4만여 자의 글자로 응축할 수 있을까 하는 생각이 들었다. 무엇을 어떻게 써야 할지 난감했다. 그러나 어떻게든 글로 써서 남기는 것이라면, 그 모든 내용을 전부 다 쓴다고 생각하면 끝이 없다. 참의원이 된 이후의 일들은 포기하기로 하고 전쟁시대, 쇼와昭和라는 시대에 중점을 두고 서술했다. 연재가 시작되자 곧바로 독자들로부터 편지가 오기 시작했다. 외국에서 온 것을 포함하여 수많은 지인들, 지인들에게서 전화도 왔다. 독자들의 편지는 나날이 증가하여 연재가 끝난 후에도 한 통, 또 한 통씩 도착했다. 팬레터의 종류는 아니었다. "그때 저는 중국의 모처에서 전투 중이었습니다", "전전 영화작품의 장면 그리고 당신의 목소리와 함께 그 시절의 일들이 떠올랐습니다"와 같은 내용뿐이었다. '아, 수많은 사람들이 각양각색의 추억으로 그 당시의 자신을 응시하고 있었구나' 하고 속으로 중얼거리면서 빼곡히 담긴 편지들을 읽었다. 그 귀중한 편지들이 무거운 묶음이 되어 내 곁에 남아 있다.[19]

이렇게 볼 때 전후 일본에서 민주주의·평화주의의 이념적 토대에서 일본의 노동운동, 교육운동, 여성운동에 이르는 다양한 사회운동이 폭넓게 전개되었다고 해서 그것 자체를 보편적 인권이나 시민권 개념에서 볼 수 있는 '혁신'으로 간주하는 것에는 모종의 불합리한 점이 있다.

리샹란의 참회가 전후 일본인들에게 정서적인 연민과 회한의 공감을 불러일으킬 수 있었던 것은 전쟁과 패전이라는 공동의 체험이 반영된 '전후 가치'를 옹호한 데서 도출된 결과였기 때문이다. 나카노 도시오中野敏男가 전후 일본의 평화주의와 민주주의가 지나치게 내향적인 표현이자 편의주의적인 망각과 자기정당화를 포함하고 있다고 비판한 것은 이런 점에서 정당하다.[20]

'리샹란=야마구치 요시코'의 고백에는 전후 일본의 '회한 공동체'가 형성되어간 과정이 시민-국가-공동체community의 감성으로 구성된 내셔널 아이덴티티와 직결되어 있음을 잘 보여준다. 여기에는 '리샹란=야마구치 요시코'를 포함한 '회한공동체'의 구성원들이 말로는 다 형용할 수 없는 저 처절한 사연의 무게감에 대한 상호이해가 전제되어 있기 때문이다. 그리고 그 회한은 '리샹란=야마구치'에게서 목도되는 전후 평화주의 운동을 통해 위안을 받고 또 그것에 공감을 표하면서 그녀의 행위를 적극적으로 지지하는 데까지 이어지고 있다. 그것이 일반 대중의 고백과 참회의 과정을 대변해주고 있다는 믿음으로 고양될 수 있었기 때문이다. 전후 '리샹란의 재신화화'는 이러한 과정을 경유하여 탄생할 수 있었다.

1960~70년대 이케다 하야토池田勇人와 사토 에이사쿠佐藤英作 등 당시의 일본 총리들은 '평화국가'라는 용어에 '국시國是'의 지위를 부여하고 거기에 대응하는 전후 일본의 내셔널 아이덴티티를 구축해갔다. 그러나 1990년대에 들어서 '평화국가'로서의 외교안보노선을 수정하려는 움직임이 등장했다. 전후 미 점령시기에 구축된 평화헌법체제를 정상적인 헌법체제로 간주하는 것이 아니라, 다른 일반 국가와 같이 군대를 보유하여 당당하고 자유롭게 외국과 동맹을 맺어 집단자위권을

행사할 수 있는 국가라는 의미의 '보통국가론'이 등장한 것이다. 전후 오랫동안 유지되었던 평화국가 이념을 수정하기 위해 새로운 '보통국가론'이 등장했다는 사실 그 자체가 전후 일본 국가가 내셔널 아이덴티티를 '평화국가'로 규정했었다는 것을 역설적으로 증명해주고 있는 것처럼, 적어도 1970년대 말까지 '평화국가' 이념은 일본의 체제 이데올로기로 유지되고 있었다.[21]

이렇게 볼 때 전후 일본의 대중 속에서 서서히 형성된 '회한 공동체'는 평화주의·민주주의라는 전후의 국가 이데올로기를 추동하고 견인해갔던 감성이었다고 말할 수 있다. 그런 점에서 전후 일본 사회에 확산된 '회한 공동체'의 감성은 일본의 국가 권력이 생산한 내셔널 아이덴티티를 시민사회가 소비함으로써 대중의 집합적 기억을 국가의 '집합적 무죄'로 만들어간 일종의 현실도피 혹은 자의적인 망각의 성격을 처음부터 내재하고 있었다. 그러므로 천황을 근원으로 하는 국가 정신과 패전의 기억을 집합적으로 소비·망각한 국민 공동체의 담합과정에서 구식민지 출신자들이 제외되는 것은 당연한 일이었다. 구식민지 출신자들은 순수한 혈통을 공유한 일본 국민만이 공감할 수 있는 '회한'을 내면화할 수 없기 때문이다. 혈통이 순수하지 않은 사람은 회한을 공유할 수 없고, 따라서 회한의 공감을 형성할 수 없는 부류들은 '일본 국민'에서 제외된다는 것, 이러한 논리로 인해 전전에 '황국 신민'의 지위를 강요받았던 구식민자 출신들을 전후에 와서는 너무나 간단하게 '외국인'이라는 지위로 타자화할 수 있었던 것이다.

더욱이 전승국 미국에 점령·종속된 관계 속에서 '팍스 아메리카나'와 응대하는 과정에서 체험한 일본의 굴욕은 필연적으로 일본의 내적 자기정당화를 큰 과제로 안고 갈 수밖에 없었다. 이 때문에 패전에 대한 자기부정화를 내면화해야 할 필요가 있었고, 그것은 처음부터 아주 쉽게 대중적 내셔널리즘의 확산 가능성을 배태하고 있었다. 결과적으로 이러한 정체성의 내러티브는 정치적 감성을 편리한 방식으로 대중에게 전달함으로써 대중의 감성이 권력의 균형을 수정하려는 노력에 기름을 부어 과거와 현재에 대한 인식을 변형시키고 또 새로운 인간 집단의 조직을 창조하는 데 일조한다.[22] 이러한 사태는 사회적 제반 영역이 확대됨에 따라 근대 시민사회가 소외를 경험한 사람들, 예컨대 인간적인 영혼의 만남과 같은 친밀권을 형성하는 대중적 현상을 초래함으로써 점진적으로 전체주의로 향하게 할 가능성을 품게 한다는 한나 아렌트의 지적과 정확히 일치한다.[23] 요컨대 전시하의 '리샹란'이 전후의 '야마구치 요시코'로 회귀하는 과정이 매우 험난했음에도 불구하고 마침내 '일본 국민'으로 승인받게 된 과정은 대중적 감수성과 내셔널 아이덴티티의 공모관계가 크게 일조했다.

1949년 《사가신문(佐賀新聞)》에 게재된 야마구치 요시코의 모습

전후 일본에서 출간된 야마구치 요시코의 첫 저서, 《아무도 쓰지 않은 아랍》, 산케이신문사, 1974.

1974년 7월 7일 자민당 참의원 의원에 당선된 야마구치 요시코

도쿄 치요다 구 환경청에서 환경청정무차관 시
절의 야마구치 요시코. 1978년 10월 2일 중국에
서 온 환경보호시찰단 이초백 단장과 악수하고
있다.

1950년 다니구치 센키치 감독의 영화 〈새벽의
탈주〉의 한 장면. 이 영화에서 야마구치 요시코
는 조선인 군위안부 '하루미' 역을 맡았다.

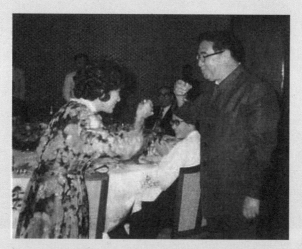

1979년 김일성과 만난 야마구치 요시코. 1979년 TV 아사히의 프로그램 〈안
녕하세요! 북조선〉의 리포터의 자격으로 북한을 방문하여 김일성을 단독 인
터뷰하는 데 성공했다. 이때 김일성은 과거 리상란이 출연하는 영화를 보고
리상란의 팬이 되었다고 고백했다.

1951년 야마구치 요시코는 세계적인 조각가 노구치 이사무와 뉴욕에서 결혼식을 올렸다.

1951년 조각가 노구치 아사무와
야마구치 요시코의 결혼피로연
사진

1955년 할리우드 필름 느와르의 거장 새뮤얼 풀러의 영화 〈동경암흑가·대나무 집〉의 한 장면. 미군과 일본인 여성의 사랑이야기가 묘사되어 있는 이 영화에 대해 일본의 평론가들은 '국욕영화'라고 비난했다.

1969년 후지티비 프로그램 〈3시의 당신〉에서 사회자를 맡았던 야마구치 요시코　말년의 야마구치 요시코

제7장

1974년 레니 리펜슈탈,
《누바족의 최후》가 최고의 걸작으로 선정되다

1974년 레니 리펜슈탈의 첫 번째 다큐멘터리 사진집《누바족의 최후 Die Nuba von Kau》가 미국, 영국, 프랑스, 이탈리아, 스페인, 일본 등 전 세계에 걸쳐 출간되었다. 이 사진집이 발간되자마자 평론가들은 일제히 인류학적 통찰력과 인간 신체의 아름다움을 체현한 데 대해 호평과 찬사를 쏟아냈다. '뉴욕 아트 디렉터스 클럽The Art Directors Club of New York'에서는 이 사진집을 1975년도 최고의 걸작으로 선정했다. 점차 전세계의 곳곳에서 레니의 강연 요청이 쇄도하기 시작했고, 아프리카 수단의 니메이리Nimeiri 대통령은 수단에 대한 레니의 사랑에 대한 감사의 표시로 외국인 최초로 수단 시민권을 수여하기도 했다. 이미 70세가 넘은 레니에게 새로운 인생이 펼쳐진 것이다. 어니스트 헤밍웨이의 작품《아프리카의 푸른 언덕The Green Hills of Africa》(1935)을 읽고 크게 감동을 받은 레니가 아프리카에 대한 강렬한 호기심에 이끌려 '나치의 프로파간다'라는 세간의 격렬한 비난을 뒤로 한 채 1956년 4월 5일 미지의 땅 아프리카를 찾아 떠난 지 약 20년 만의 일이었다.

아프리카 수단의 중부 코르도판Kordofan 지역에 있는 누바 산맥의 원주민으로 알려져 있는 '누바족'은 문명이 침투하면서 차츰 그 존재의 기억을 상실해가고 있던 아프리카의 원시부족들 가운데서도 전혀 훼손되지 않은 것처럼 보였다. 과거 7세기 무렵 아랍인들에게 영토를 장악당한 이래 험준한 산간지방으로 내몰리고 이슬람 근본주의자들의 박해가 끊이지 않았으며 정부로부터 배척당해 삶을 터전을 잃었음에도 자신의 독자적인 전통문화를 고수하며 꿋꿋하게 살아가고 있었기 때문이다. 그러나 앞으로 곧 사라지게 될 조짐을 보이는 누바족 최후의 모습은 이렇게 나일 강 7000킬로미터에 걸쳐 펼쳐져 있는 아프리카의 대자연과 함께 레니의 사진집을 통해 처음으로 세상에 알려지게 된 것이다. 근대 문명의 침투에 의해 사라져가는 원시부족의 이미지가 제공하는 비애감은 그들의 강인한 원시적 육체 미학과 결합되면서 인간의 근원적 존재감에 대한 미적 감동과 무참히 흘러가버리는 시간에 대한 일종의 애수의 감성을 불러일으켰다. 그런 의미에서 이 사진집은 매우 가치 있는 인류 문명사에 대한 중요한 기록물로 호평받을 수 있었다.

그러나 레니의 다큐멘터리 사진집 《누바족의 최후》에 대해 수전 손택은 혹독한 비평을 쏟아낸 것으로 유명한데, 그는 바라보는 관점에 따라 다양한 이미지를 만들어낼 수 있는 카메라는 이 세계의 크기를 자의적으로 축소·확대하거나 개작 및 조작할 수도 있다는 점에서 치명적인 환상을 제공해준다고 경고했다. 유명 연예인들의 사진을 소유하는 현상에서 볼 수 있듯이, 하나의 환상을 만들어낸 사진은 피사체가

아프리카 수단에서의 레니 리펜슈탈

된 사람을 상징적으로 소유할 수 있는 사물로 만들어버릴 수 있다. 이렇게 볼 때 사진으로 찍어서 기록으로 남기거나 소유할 만한 가치가 있는 그 무엇을 일종의 사건으로 만들어주는 결정적인 요소는 바로 (넓은 의미에서의) 이데올로기인 것이다.[1]

특히 수전 손택은 '누바족'의 강건한 육체미를 효과적으로 이미지화하여 전달하고자 했던 레니의 사진집이 의도하고 있는 점에 주목했다. 나치 영화가 무아지경의 자기통제와 복종을 통해 일상 현실을 초월할 수 있는 공동체의 서사시를 만들어냄으로써 일종의 권력의 승리를 보여주었던 것처럼, 원시부족이 갖고 있는 사라지기 일보직전의 아름다움과 신비로운 힘에 대한 비가悲歌를 보여준 사진집《누바족의 최후》는 〈올림피아〉, 〈의지의 승리〉에 이어지는 레니 리펜슈탈의 파시스트 3연작의 마지막 편으로서, 전형적인 파시스트 미학이 구현된 것이라고 평가했다.[2] 수전은 레니가 나치 시대와 완전히 동일시할 수 있는 유일한 주요 예술가라는 비판을 혹독하게 퍼부었는데, 세 권의 아프리카 원시부족에 관한 사진집 출간을 통해 독일 제3제국 시대뿐 아니라 제3제국 몰락 이후 30년이 지난 후에도 파시스트 미학의 여러 주제를 꾸준히 보여주고 있는 유일한 예술가라고 일갈했다.[3]

그럼에도 레니는 1974년 《누바족의 최후》의 명성에 힘입어 1976년 《카우 사람들People of Kau》, 1982년 《레니 리펜슈탈의 아프리카Leni Riefenstal's Africa》와 《사라지는 아프리카Vansbing Africa》를 잇따라 출간하면서 이제 영화감독이 아닌 사진작가로서 새로운 명성을 얻어갔다. 하지만 사진작가로서의 명성을 얻게 되기까지의 과정은 그리 녹록한 것이 아니었다. 과거 무용수와 여배우, 영화감독의 경력을 쌓아가기 위해 피나는 노력을 마다하지 않았던 것처럼 그녀는 또다시 자신과의 힘겨운 싸움을 지속해야만 했다.

제2차 세계대전에서 독일이 패배한 이후 영화감독으로 재기하기 위해 수많은 도전을 해왔지만 '나치의 부역자'라는 낙인 때문에 영화사와의 계약이 번번이 무산되기 일쑤였던 1962년, 누바족을 연구하기 위해 코르도판으로 향하는 인류학자들로 구성된 탐험대와 함께 아프리카로 간 레니는 외부인을 경계하는 누바족과 먼저 친구가 될 것을 결심하고 탐험대에서 나와 누바족과 함께 살아가면서 그들의 언어와 생활방식, 그리고 규율을 몸에 익히기 시작했다. 아프리카에 도착하자마자 자동차 교통사고로 중상을 입은 가운데 힘겨운 치료를 병행해가면서도 누바족이 자신을 받아들여주기를 끈질기게 기다렸다.

누바족에게 한순간 매료당한 이유도 컸지만, 아프리카에서는 어디를 가더라도 나치 부역 문제를 둘러싼 치욕을 당하는 일도 없었고 또 자신을 믿어주지 않는 사람들과 맹렬하게 싸울 필요도 없었으며 자신을 배신한 옛 동료들로부터도 자유로울 수 있었다. 레니는 아르놀트 팡크 감독을 비롯하여 독일에서 몰락한 나치 정권과의 연관을 부인하기 위해 자신과의 관계를 끊어버린 수많은 친구들이 자신을 왜곡하고 배신했다고 생각했기 때문이다. 무엇보다 그녀는 누바족의 순수함과 강렬하고 역동적인 매력, 그리고 때 묻지 않은 그들의 생활풍습에 매우 감동했다. 더욱이 현대 문명의 침투가 곧 그들의 문화를 사라지게 할 것이라는 생각에 대해 레니는 아련한 비애감을 느꼈다.

인내심을 갖고 끈질기게 기다린 끝에 어느덧 누바족과 다정한 친구 사이가 된 레니는 35미리 촬영기로 영화를 촬영하기로 했던 각오를 바꿔 라이카 사진기를 손에 들고 누바족의 일상들을 조금씩 기록해 갔다. 훗날 노년이 된 레니는 누바족과 함께 생활한 이 시기에 자신이 그동안 평생 웃어왔던 것보다 훨씬 더 많이 웃을 수 있었을 정도로 즐거웠다고 회상했다. 과거 나치 정권과의 관계가 영화사와의 계약을 둘러싸고 수많은 문제들을 일으키자 더 이상 영화계에서 자신이 설 자리가 없다는 것을 완벽하게 깨달은 레니는 '대도시에서 외롭게 살다 죽느니 차라리 누바족 친구들과 함께 살다 죽는 것이 훨씬 편안할 것'이라고도 생각했다. 그러나 나체로 살아가는 누바족의 관습에 당황한 수단의 이슬람 정부는 마을에 의류를 배포하는 정책을 취하고 있었는데, 이에 따라 이른바 문명의 부산물들이 유입되기 시작하면서 누바족의 전통문화는 급격히 훼손되고 있었다. 바야흐로 누바족은 이미 빠른 속도로 사라져가고 있었다.[4]

1945년 5월 8일 독일이 패전하면서 전례 없는 유태인 학살에 관한 나치의 잔혹성이 만천하에 드러나자 팡크 감독을 비롯하여 그동안 레니와 함께 영화 작업을 해왔던 수많은 동료들이 레니에게 불리한 증언을 하면서 그녀와의 인연을 끊기 시작했다. 레니는 연합군 측에 수차례 체포되고 억류당했으며 심문을 받았다. 연합군 측의 심문에 대해 레니는 당시 대부분의 독일인들이 그랬던 것처럼 강제수용소의 존재 자체는 알고 있었지만 그곳에서 얼마나 잔혹한 일들이 벌어지고 있었는지는 전혀 몰랐다고 답변했다. 그리고 나치가 유대인들을 강제로 억류시키고 있다는 사실은 알고 있었지만 그러한 사실에 대해 스스로 진지하게 의문을 제기해본 적은 없었기 때문에 당연히 홀로코스트에 대해서 아는 바가 전혀 없었다고 진술했다.

약 25년간 히틀러의 비서로 일했던 요한나 볼프Johanna Wolff조차 미국인 심문관이 전해준 나치의 홀로코스트의 사실에 대해 사악한 측근들이 히틀러 몰래 저지른 일이었을 뿐, "총통이 그런 일을 알고 있었을 리가 없다"며 그 사실을 믿으려 하지 않았다. 요한나 볼프와 마찬가지로 레니 역시 어쩌면 히틀러가 자신이 닦아놓은 제3제국에 대한 원대한 계획이 실패로 돌아가자 정신적으로 무기력해진 나머지 비인간적인 모습으로 돌변해버렸을지도 모른다고 생각했지 유태인에 대한 홀로코스트가 철저히 히틀러 정권의 계획에 따른 실행이었다고는 믿으려 하지 않았다. 인류 역사상 유래 없는 홀로코스트의 참혹함에 대한 진실을 알게 된 이후에도 그녀는 히틀러가 독일에 대한 사랑과 독일 민족에 대한 희망을 품고 조국의 미래를 위해 전속력으로 매진해갔다고 믿고 싶어 했다.

1945년 5월 8일 패전 독일을 점령한 미국·영국·프랑스·소련의 4개국 연합군은 독일 군대를 해산시키고 나치 지도자들을 모두 체포한 뒤 독일의 무정부상태를 막기 위해 약 4년간(1945~1949) 독일 지역을 직접 분할통치하고 있었다.⁵ 미국 측에 억류되어 심문을 받고 있었던 레니는 1945년 6월 3일 나치 당적이 없었기 때문에 증거 불충분으로 아무런 신변상의 불이익 없이 풀려났다. 미국 측은 자신들이 발급해준 복권서류가 독일을 점령한 다른 연합국가에 대해서도 유효하다고 말해주었다. 그러나 프랑스가 점령한 독일 지역에서는 사정이 달랐다. 미국 측에서 발급해준 복권서류를 갖고 있었음에도 레니와 그녀의 남편 페터는 가혹한 대우를 받으며 더욱 혹독한 심문을 당했다.⁶ 설상가상으로 1946년 3월 할리우드의 《세터데이 이브닝 포스트Saturday Evening Post》는 '나치의 핀업 걸'이었다는 세간의 소문에 기대어 레니를 조소하는 데만 몰입해 있을 뿐 명백한 근거가 없는 기사를 지속적으로 게재했다.

결국 프랑스 당국은 키츠뷔헬에서 가택연금 상태에 있던 레니에게 그 당시까지 완성되지 못했던 영화 〈저지대〉 필름을 포함한 그녀의 모든 재산을 압수하겠다고 통보했다. 이 무렵 레니는 일주일에 두 번씩 프랑스 경찰에게 자신의 근황을 보고해야만 했다. 그때마다 영화 촬영을 함께 했던 옛 동료들에 대해, 그리고 강제수용소의 존재에 대해 얼마나 알고 있었는지에 대해 혹독한 심문을 받았다. 그러는 동안 레니의 재산과 작품은 프랑스와 미국으로 뿔뿔이 흩어져버렸다. 전쟁이 끝난 지 2년이 지난 후에도 레니에게 자신의 작품에 대해 그 어떤 권리도 남아 있지 않았다. 모든 자유를 박탈당하고 삶이 피폐해지자 레니

와 페터의 관계도 점점 악화되었다. 결국 1947년 레니는 페터 야콥과 이혼했다.[7]

'히틀러의 연인'이라는 가십기사가 연이어 터지고 프랑스 당국으로부터 가택연금 조치가 취해지면서 레니는 그 어떤 대외활동도 하지 못한 채 정부 물자와 지인들이 보내주는 생필품에 의지하여 근근이 살아갔다. 급기야 심각한 우울증에 걸려 약 3개월간 프라이부르크 정신병원에 입원해 전기충격 요법을 받기도 했다. 1948년 초 3년간의 가택연금 해제를 공식적으로 통보받은 레니는 영화계에 복귀하기 위해 자신이 할 수 있는 모든 일들을 찾기 시작했다.

하지만 가택연금에서 풀려나자마자 그보다 더 혹독한 일들이 레니의 앞을 가로막고 있었다. 프랑스에서 출간된 《에바 브라운의 내밀한 일기Le Journal Intime d'Eva Braun》에 레니와 히틀러에 대한 근거 없는 가십거리가 잔뜩 실린 채 순식간에 전 유럽으로 퍼져갔던 것이다. 이 사건으로 프랑스에 압류된 자신의 영화 필름을 되찾기 위해 백방으로 노력해왔던 일이 전부 물거품이 되어버릴 상황이었다. 변호사는 만약 이 일기가 누군가에 의해 조작된 것이라는 사실을 증명하지 못한다면 레니의 재산을 되찾는 일은 불가능하다고 조언했다.

훗날 밝혀진 바에 따르면, 이 스캔들은 과거 1923년 레니가 무용수의 삶을 마감하려 할 무렵 레니에게 팡크 감독을 소개해준 인물이자 팡크의 산악영화 〈운명의 산〉에서 주인공 역을 맡았던 루이스 트렌커가 조작한 것으로 드러났다. 에바 브라운의 일기를 출간한 더글러스 휼렛Douglas L. Hewlett은 그 책의 서문에서 루이스 트렌커가 1944년과 1945년 두 차례에 걸쳐 에바 브라운을 만났고, 그 과정에서 입수한 에바의 일기를 공증인이 입석한 자리에서 공개한 것이라고 밝혔다. 하지만 그때까지 트렌커는 에바 브라운의 일기 원본을 공개하지 못하고 있었다.

이 일기에는 오만하고 우아한 척하는 레니가 정작 히틀러 앞에서는 나체로 춤을 추고 히틀러의 관심을 끌기 위해 "뒤에서 꼬리를 쳤다"는 등과 같은 외설적인 추문과 두 사람의 문란한 사생활에 대한 흥미 위주의 가십거리가 가득했고, 그로 인해 레니에 대한 에바 브라운의 증오심이 잔뜩 표현되어 있었다. 이 책이 출간된 직후 레니는 그러한 내용은 진실이 아니라는 것을 반복해서 호소했으나 그녀의 말에 귀 기울여주는 사람은 없었다.

히틀러를 둘러싼 미모의 두 여인이 그의 관심과 사랑을 독차지하기 위해 경쟁하는 모습에 대해 대중은 그것의 진위 여부와는 상관없이 그저 흥미를 느끼면서 사실로 믿고 싶어 했다. 오늘날까지 레니 리펜슈탈을 언급할 때마다 따라다니는 '히틀러의 정부'이자 '괴벨스의 연인'이었다는 소문, 그리고 영화 〈저지대〉 촬영에 동원된 집시들이 강제수용소에서 불려왔으며 촬영이 끝난 직후에 다시 수용소로 돌아갔다는 등의 반인륜적인 소문들은 모두 이 시기에 완성된 것이었다.[8]

실제로 이 일기는 에바 브라운이 직접 서술한 글이 아니었고, 더욱이 시기적으로 보아도 에바가 히틀러를 둘러싼 무언가를 자필로 기록한다는 것은 매우 위험하고도 경솔한 행위였다. 게다가 미국 점령군들이 원고를 검토한 결과 그 내용이 사실이라는 직접적인 증거를 발견하지 못했기 때문에 나중에 이 책의 저자인 더글러스 휼릿은 이 기록이 공식적으로 인정받을 수 없다는 점을 스스로 시인해야만 했다. 이 수수께끼와도 같은 폭로 사건에 대해 대중의 관심과 의혹이 점점 증폭되자 루이스 트렌커도 차츰 모호한 태도를 취하기 시작했다.

이때를 틈타 에바 브라운의 동생인 일제 브라운Ilse Braun과 레니는 이 일기가 조작된 것이라는 사실을 밝히기 위해 함께 소송을 제기했다. 그 결과 1948년 9월 10일 뮌헨에서 열린 재판에서 독일 법원은 일제 브라운과 레니의 손을 들어주었고, 결국《에바 브라운의 내밀한 일기》는 누군가에 의해 고의로 조작된 기록이라는 사실이 밝혀지면서 출판금지명령이 내려졌다.[9] 하지만 훗날 산악영화의 대중화에 기여한 인물로 평가되고 있는 루이스 트렌커가 항상 레니의 성공에 대해 집착하면서 질투심을 느껴왔었다는 레니 자신의 증언 이외에 그가 어떻게 이 미심쩍은 사건에 연루하게 되었는지에 대해서는 끝내 완전히 밝혀내지 못했다.

• •

패전 독일에서 뉘른베르크 재판은 크게 두 단계로 나뉘어 실시되었다. 이른바 '뉘른베르크 국제군사재판Nuremberg International Military Tribunal'으로 불리는 이 유명한 재판은 국제법 및 전시법에 따라 독일을 점령한 연합국(미·영·프·소 4개국)에 의해 403회에 걸쳐 실시되었다. 제1차 재판은 미국, 영국, 프랑스, 소련이 주도했는데, 1945년 11월 20일부터 1946년 10월 1일까지 치러진 재판은 전쟁 발발에 대한 책임이 있는 나치 독일의 핵심 정치·군사 지도자, 즉 1급 전범 24명에 대한 '국제군사재판'이었다.[10] 제2차 재판은 1946년 12월부터 1949년 3월까지 반인륜적 범죄, 즉 유대인 학살에 대한 책임을 묻기 위한 것으로서, 이것은 미군 점령지의 미군 군사법정에서 진행된 나치 지도자급 인물 185명에 대한 이른바 '계속재판'이었다.

제1차 재판 당시 피고들은 반평화적 범죄Crime against peace를 위한 공모죄, 침략전쟁을 계획하고 실행한 죄, 전쟁법 위반, 반인류적 범죄(유대인 학살)를 이유로 총 24명이 기소되었다. 그 가운데 가장 핵심적인 최고위 심판 대상이었던 아돌프 히틀러, 하인리히 힘러, 빌헬름 부르크도르프, 한스 크렙스, 요제프 괴벨스는 연합군에게 체포되기 직전 또는 직후에 모두 자살해버린 탓에 피소되지 않았다.[11]

뉘른베르크 국제군사재판은 역사상 최초로 국제적 형법에 위배되는 전쟁범죄에 대해 국제 법정이 평결을 내린 사건이라는 점에서 오늘날까지 현대 국제법의 모범적 사례로 간주되고 있지만, 다른 한편 승전국의 패전국에 대한 전범 처리 행위가 과연 정당한 것인가를 둘러싼 문제 제기 역시 꾸준히 이어지고 있다. 다시 말해 이 재판은 독일 국민에 대한 상징적인 처벌로 인식되어 대다수 국가들의 지지를 받았지만, 실제로는 승전국에 의한 신적인 정의의 실현이 합법적인 의식儀式으로 위장된 역사적 교훈이라는 느낌을 지울 수 없었기 때문이다. 그럼에도 뉘른베르크는 과거 나치 전당대회를 화려하게 개최했던 도시였던 만큼, 이곳에서 연합국이 국제군사재판을 실행한다는 것은 나치에 대한 도덕적·역사적 청산 작업을 이루는 상징적인 의미를 갖는 것이었다.

제1차 세계대전 이전까지 국제법은 전쟁범죄를 국가적 행위acts of state의 범주로 규정하고 있었기 때문에 개인의 책임 문제와는 거리가 멀었다. 그러나 두 차례의 세계대전이 초래한 인류적 비극은 침략전쟁에 대한 계획과 실행을 처벌해야 한다는 필요성을 재고하게 만들었고, 그에 따라 주권자 면책 및 국가행위 면책 관념이 부인되기 시작했다. 구체적으로 국제법에 의거하여 전범을 처벌한 최초의 시도는 1919년

'베르사유 조약'에서 빌헬름 2세의 소추 조항을 둔 제1차 세계대전 이후의 일이었다.

그 이전에는 국가와 별도의 존재로 간주했던 개인에 대한 국제형사 책임은 고려 대상이 아니었다. 빌헬름 2세는 독일 혁명 기간에 네덜란 드로 망명해버린 탓에 실질적인 전범 처벌의 대상이 되지는 못했다. 하지만 제2차 세계대전 이후에 보여준 연합국의 뉘른베르크 재판은 도쿄 재판과 함께 국제법상의 '반인도적 범죄Criminal against Humanity'를 적용함으로써 전쟁범죄에 대한 개인의 책임을 인정한 최초의 국제재 판으로서 오늘날까지 국제법 발전에 기여한 것으로 평가받고 있다.[12]

연합국에 의한 독일 분할 점령이 종료되기 직전인 1948년 말 나치 전범재판에서 레니는 무죄 판결을 받았다.[13] 가택연금도 공식적으로 해제되었다. 전범재판 과정에서 레니가 나치당에 가입한 사실이 없었 고, 또 다수의 유대인들과 우호적인 관계를 지속하고 있었다는 점, 그 리고 레니가 〈올림피아〉를 촬영했다는 사실이 곧바로 전쟁범죄에 일조 한 것으로 연결된다기보다는 일종의 국제적 프로젝트에 가담한 행위 에 해당되며, 또 나치 전당대회를 기록한 〈의지의 승리〉를 촬영하고 있 었던 1934년 당시에는 나치 독일의 반유대주의법[14]이 공포되지 않았 던 때였기 때문에 레니는 그저 다큐멘터리 영화를 만들었던 것일 뿐 그것이 나치당의 선전을 위한 도구로 만들겠다는 의도가 분명하지 않 았다는 사실을 인정받았기 때문이다. 따라서 레니는 나치에 대한 '지 지자' 또는 '동조자'로 분류되어 공직 피선거권을 박탈당하는 선에서 판결은 끝이 났다.

이러한 판결을 인정할 수 없었던 프랑스는 수차례 항의를 표시했지 만, 실제로 수많은 세간의 소문과 달리 레니와 히틀러가 친밀한 관계였다는 기록이나 증언이 없었을 뿐만 아니라 오히려 그와 반대되는 증언이 더 많았다. 게다가 영화 〈저지대〉 촬영에 강제 노역 중이었던 집시들을 동원했다고 증언한 집시들 역시 위증죄를 선고받았다. 이에 1949년 프라이부르크Freiburg의 정치정화 조직인 바덴 주 위원회 역시 연합국의 판결을 지지했다. 판결 내용 가운데 일부는 이러했다.

> 일반 사람들에게나 언론에 널리 퍼진 소문과 주장에도 불구하고 리펜슈탈이 그녀에게 부과된 예술적 임무를 수행하는 동안 일어나는 정상적인 업무적 관계 외에는 전범들 중 어떤 자와도 관계가 있었다는 증거가 없다.[15]

무죄 판결로 풀려난 레니는 그동안 자신을 둘러싸고 벌어졌던 치욕을 만회하고 명예를 회복하기 위해 소송을 제기하고 싶었지만 모든 재산이 동결된 상태인 데다 전범재판이 진행된 몇 년 동안 변변한 수입도 없었기 때문에 체념할 수밖에 없었다. 가까운 친구들의 도움에 의지하여 간신히 의식주를 이어나가던 가운데, 1950년 6월 미국 영화부가 베를린 벙커에 기적적으로 남아 있었던 레니의 필름 목록을 만들어도 좋다는 허가를 내주었다. 미국의 감시하에 1500여 캔에 달하는 필름을 조사해서 어렵게 작품 목록을 작성해 놓았지만, 몇 년 후 그 필름들을 다시 가져가도 좋다는 허가를 받았을 때 벙커는 이미 텅 비어 있었다. 훗날 이 필름들은 1980년대가 되어서야 워싱턴 의회도서관에서 발견되었다.[16]

레니가 전범재판에서 무죄 판결을 받았지만 독일인들은 레니가 독일 영화계에 복귀하는 것에 극렬히 반대했다. 대다수의 투자자들은 레니가 관련되어 있는 영화에 투자하기를 거부했고 그때마다 번번이 영화 촬영 계획도 무산되었다. 1951년 11월 로마에서 레니의 데뷔작 〈푸른 빛〉 재편집 버전의 시사회가 개최된 데 이어, 1952년 4월 〈푸른 빛〉을 〈산타 마리아의 마녀Die Hexe von Snta Maria〉라고 제목을 바꿔 새롭게 개봉할 예정에 있었다. 이것은 레니가 영화계에 복귀하려는 움직임으로 세간에 비쳤다.

　　그러자 과거 나치당을 둘러싼 레니의 스캔들이 또다시 반복되었다. 독일인들이 레니의 영화를 보이콧하자 투자비용을 회수할 수 없을 것 같다고 판단한 영화사는 개봉을 포기하고 말았다. 또다시 레니는 끝이 보이지 않는 빚 독촉과 소송에 휘말렸다. 법원은 레니의 무죄를 입증해주었지만, 언론은 좀 더 자극적으로 레니의 과거를 들추는 데 여념이 없었다. 그러한 세간의 분위기는 독일 대중으로 하여금 레니의 무죄 판결을 수긍할 수 없도록 부추겼다. 전후 독일에서 영화 촬영에 몰두하는 레니의 모습은 과거 나치 독일 시대에 히틀러라는 피사체를 영웅적으로 표현하기 위해 카메라를 들었던 모습과 오버랩되었기 때문이다.

　　나치의 만행이 만천하에 드러난 전후 독일에서 레니가 카메라를 든다는 행위는 과거 나치 독일에서 유대인 학살을 주도한 히틀러를 향해 카메라를 들었던 행위와 동일시되었던 것이다. 대다수의 독일인들은 레니에게 나치 협력에 대한 비난의 화살을 돌림으로써 그녀의 영화계 복귀를 차단하는 것으로 자신들의 정당성을 확보하고 있었다. 제 2차 세계대전 발발과 나치에 의한 홀로코스트에 대한 책임 문제를 둘러싸고 '독일 국민'이라는 집합명사가 갖고 있는 집단적 정체성은 '집합적 유죄'라는 프레임에서 자유로울 수 없었다. 따라서 제2차 세계대전 중 독일인의 대다수가 나치의 홀로코스트에 대해 잘 몰랐다는 사실에 대해 '집합적 무죄'를 입증하기 위해서는 그들과 구별되는 다양한 코드들을 가해자로 만들고 배제함으로써 자신들의 '모르쇠' 순수도를 보다 강화할 필요가 있었다.

흔히 언론이 선동하고 여기에 대중이 공모하는 이 낯익은 프레임은 인간의 삶을 구성하는 다양한 코드들을 단순히 하나의 민족 혹은 국민의 코드로 환원시킴으로써 과거의 역사적 치욕으로부터 도피하고자 하는 의도를 은폐할 때 자주 목도된다. 전후 독일인들이 제국주의를 타자화하는 과정에서 보여준 레니에 대한 히스테리컬한 반응에 대해 오드리 설킬드는 다음과 같이 서술했다.

전후 독일 국민들은 그들의 이름으로 자행된 잔혹한 행위를 받아들이려 애쓰고 있었다. 자위를 위한 한 방법은 자신들보다 그 끔찍한 사건에 좀 더 가까운 사람을 찾아내서 비난의 화살을 쏟아 붓는 것이었다. 그들 대부분이 이런 강박관념에 시달렸다. 그들은 이렇게 말하고 싶어 하는 듯했다. "우리는 무슨 일이 벌어지고 있는지 알았어야 했다. 하지만 레니 리펜슈탈은 어떤가? 그녀는 히틀러의 친구였으니 우리보다 더 많이 알고 있었음에 틀림없다. 그녀의 죄는 우리의 죄보다 무겁다." 물론 어느 정도 타당한 태도였으며 그들의 완고한 마음의 결정 앞에서는 그 어떤 법정 판결도 소용이 없었다.[17]

요컨대 오드리 설킬드는 전후 독일인들이 갖고 있었던 홀로코스트에 대한 집합적 원죄의식의 논리에는 레니와 같은 가해자라는 의혹만 갖고 있는 사람을 적극적으로 비난하고 배제함으로써 자신들의 집합적 무죄를 정당화하려는 기제가 작동하고 있었음을 말하고 있는 것이다. 다시 말해 여기에는 레니가 가해자라는 사실 그 자체가 중요하다기보다는 전후 독일인이 홀로코스트라는 원죄의식에서 벗어나기 위한 집합적 무죄의 입증, 즉 독일 대중에게는 그것이 관철되고 작동할 수 있는 메커니즘이 더 중요한 문제였다는 것이다. 다른 한편 그것은 비참했던 과거, 좀 더 정확히 말하면 홀로코스트에 대한 기억 담론을 형성해가는 전후 독일 사회에 대한 책임의식을 느끼는 출발점이기도 했다.

한편 제2차 세계대전의 발발로 촬영을 중단했던 미완성작 〈저지대〉 필름이 프랑스로 넘어간 이후 레니는 기적적으로 심각하게 훼손된 필름을 입수하는 데 성공했다. 그동안 미완성작으로 남아 있었던 필름을 팡크 감독의 도움으로 2개월간 새롭게 편집한 끝에 마침내 1954년 2월 슈투트가르트Stuttgart에서 처음으로 공개할 수 있다. 영화 촬영에 돌입한 지 약 20년 만의 일이었다. 관객과 평론가들의 반응은 여전히 엇갈렸고, 또 당시 강제수용소의 집시들을 동원했다는 과오가 또다시 수면에 떠오르기도 했지만 영화는 기대 이상의 평가를 받았다. 그러나 레니의 활동에 항상 수반되는 정치적 오명이 거듭된 탓에 이날 이후 다시는 공개 상영을 하지 않았다. 마침내 레니는 다시는 영화계에 복귀할 수 없으리라는 뼈아픈 사실을 직시할 수밖에 없었다.

영화감독으로서의 레니는 서독 정부에서 이미 추방된 것이나 다름없었지만, 그의 이름이 거론될 때마다 독일 제3제국 및 히틀러와의 스캔들은 지속적으로 터져 나왔다. 1954년 프랑스의 극작가이자 영화감독인 장 콕토Jean Cocteau의 배려로 〈저지대〉가 칸 영화제 비경쟁 부문에서 비공식적으로 상영되었고, 또 1955년 봄 완전히 사장되어버리다시피 한 〈올림피아〉가 뉴욕에서 비공개로 상영되기도 했지만, 여전히 평론계의 평가는 분분했다.

그러나 그로부터 얼마 지나지 않아 할리우드 영화감독들은 전 세계에서 만들어진 최고의 영화 10편에 〈올림피아〉를 포함시켰다. 그러자 독일과 영국의 언론들이 레니를 초청하여 그녀의 작품을 재조명하기 시작했다. 저명한 영화 관계자들이 레니의 영화를 재평가할 조짐을 보일 때마다 대중은 나치의 홀로코스트를 상기시키며 가는 곳마다 끊임없이 레니를 조직적으로 보이콧했다. 그럴 때마다 레니 역시 자신이 나치당에 가입한 적이 없다는 사실과 히틀러나 제3제국을 위해 종사한 적이 결단코 없었음을 끊임없이 주장했다.

반면에 미국에서는 온갖 대중적 항의가 빗발쳤음에도 불구하고 약 8개월간 샌프란시스코에서 〈의지의 승리〉를 상영했다. 또한 다큐멘터리 영화의 아버지로 유명한 존 그리어슨John Grieson은 TV에 출연하여 레니가 '단연코 역사상 가장 위대한 여성 감독'이라며 공개적으로 지지하는가 하면, 자신의 주장을 뒷받침이라도 하듯 〈올림피아〉의 몇 장면을 자신의 영화 〈이 멋진 세상This Wonderful World〉에 삽입하면서 오마주하기도 했다. 이렇듯 레니는 전쟁이 끝난 지 한참이 지나고 나서도 나치의 망령과의 대결을 멈출 수 없었다.[18]

50세가 넘은 레니는 더 이상 영화계에 복귀할 수 없다는 현실을 받아들였고, 또 세상의 편견과 대중에 영합하는 언론과 싸우는 데도 이미 지쳐 있었다. 1955년 어느 날 밤에 우연히 읽었던 어니스트 헤밍웨이의 소설《아프리카의 푸른 언덕》은 신의 계시처럼 아프리카에 대한 레니의 본능적인 열정을 일깨웠다. 마침 한 벨기에 선교사가 아프리카 땅에서 불법적으로 노예를 매매하는 유럽인들의 거대 조직을 고발한 기사가 나면서 매년 5만여 명의 아프리카 노예들이 끔찍한 고통을 당한다는 사실을 알게 된 레니는 백인의 문명세계가 자행하고 있는 저 야만적인 행위를 기록하는 다큐멘터리 영화를 만들겠다는 열망에 사로잡혔다.

　　당시는 케냐 최대의 토착부족 키쿠유족Kikuyu이 영국의 식민통치에 대항하기 위해 무장투쟁단체 '마우마우Mau Mau'를 조직하여 유럽인과 '친영파' 흑인에 대한 테러를 시작했다. 1952년 케냐 중부에서 시작된 이 '마우마우 봉기'로 인해 1954년 영국 당국은 국가비상사태를 선포하고 마우마우 용의자를 가려내기 위해 케냐의 수도 나이로비Nairobi를 봉쇄한 뒤 모든 아프리카계 흑인들을 무차별적으로 감금·학살하고 있었다. 당시 영국의 아프리카 흑인 학살은 마치 나치 독일의 '인종청소'를 연상시킬 정도로 폭력적인 인권 유린과 집단 학살을 단행하고 있었다. 따라서 모든 재산을 빼앗겨 빈털터리가 된 레니가 반식민지 무장투쟁 상황에 놓여 있는 아프리카행을 감행한다는 것은 매우 위험한 도전이었다.

　　그러나 언제나 자신의 도전정신을 꺾은 적이 없었던 레니는 1956년

4월 5일 홀로된 어머니를 뒤로 한 채 아프리카 수단으로 떠났다. 자신을 둘러싼 모든 치욕적인 과거와 현실에서 멀어져 자유로운 미래에 대한 비전을 선사해줄 것으로 여겨졌던 아프리카의 생활은 출발부터 순탄치 않았다. 나이로비에 도착하자마자 큰 교통사고를 당한 레니는 두개골과 갈비뼈가 심하게 골절되었다. 적절한 치료를 해보지도 못한 채 회복이 불가능할 것이라는 의사의 예상을 배반이라도 하듯 천신만고 끝에 살아났다. 또다시 영화에 대한 열정이 불타올랐다.

우여곡절을 겪어가며 마침내 마사이족의 신뢰를 얻은 레니는 그들을 소재로 한 영화 〈검은 화물Black Freight〉 촬영에 돌입하려 했지만, 1956년 7월 26일 그동안 영국이 지배해왔던 시나이 반도의 수에즈 운하를 이집트가 국유화해버리면서 유럽과 아프리카 사이의 유통로가 차단되어 영화 촬영 장비를 조달할 수가 없었다. 시간이 흘러갈수록 촬영 장비를 획득할 가능성은 점점 더 멀어지고 결국 갖고 있던 돈이 다 떨어지면서 촬영 팀도 해산해버렸다. 또다시 그의 야심찬 기획이 수포로 돌아가게 되자 신경쇠약에 걸려 한동안 모르핀에 의존해가는 등 아프리카의 생활 역시 녹록치 않았다.

그 후로부터 5년이 지나 아프리카 수단 남쪽의 미개방 지역에서 영화 촬영을 재차 승낙받았지만, 촬영 준비를 하기 위해 잠시 독일에 머무는 사이에 베를린 장벽이 세워졌다. 이때 동독과 서독에 각각 나뉘어 있었던 레니의 영화 사업 파트너들을 잃게 되면서 또다시 영화 촬영에 대한 모든 계획들도 무산되었다. 이로써 독일을 떠나 아프리카에서 자유롭게 영화 작업을 모색해보려고 했던 레니의 모든 의지도 물거품이 되어버린 듯했다.

그러던 어느 날 아프리카 수단의 누바족을 연구하기 위한 인류학

탐험대가 레니에게 동행을 제안했다. 아프리카에서의 모든 기회를 상실해버린 레니에게 이것은 신의 계시와도 같은 기회였다. 탐험대의 일원으로 아프리카를 가는 것이라면 영화 촬영 작업보다는 여행 다큐멘터리를 기획하는 것이 좀 더 합리적일지도 모른다고 생각한 레니는 투자금을 모으기 위해 주변의 기업가들을 물색했다. 그러나 '나치의 핀업 걸'이라는 세간의 평판이 여전히 견고하게 자리 잡고 있었기 때문에 그 누구도 그녀의 영화 작업에 선뜻 투자의 뜻을 내비치지 않았다. 레니는 자신에게 찾아온 모처럼의 기회를 놓치고 싶지 않았기 때문에 투자금을 모집하는 일에 적극적으로 매달렸지만 번번이 거절당하기만 했던 이때의 뼈아픈 경험을 평생 동안 잊지 못했다.

그도 그럴 것이 전쟁이 끝난 지 20년에 가까운 시간이 흘렀음에도 불구하고 사람들은 악명 높았던 히틀러와 나치당에 조금이라도 관련된 것이라면 그 어떤 선입견을 배제한 채 냉정한 판단을 내리는 것이 불가능했다. 히틀러 정권에 대한 모든 프로파간다 예술에 관여한다는 것은 또다시 나치 정권에 연루되어 세간에 지탄의 대상이 되지 않을까 하는 두려움과 함께 나치 독일에 희생된 수많은 사람들에 대한 존경과 애도의 감정을 감당해야 하는 일이었기 때문이다. 1993년 라이 뮐러 감독의 다큐멘터리 〈레니의 놀랍고도 끔찍한 삶: 이미지의 힘The Wonderful, Horrible life of Leni Reifenstahl〉의 첫 상영에서조차 관객의 거센 반대에 부딪혔던 사실에서도 볼 수 있듯이, 1960년대에는 레니에 대한 이야기를 입에 올리는 것조차 불경한 일에 해당했다.

그런 의미에서 레니에 대한 편견을 갖지 않고 친구가 되어주었던 아프리카 원주민들은 어쩌면 그녀가 찾아갈 수 있었던 유일한 평화의 장소였는지도 모른다. 인류 탐험대와의 관심사가 달랐던 레니는 문명에

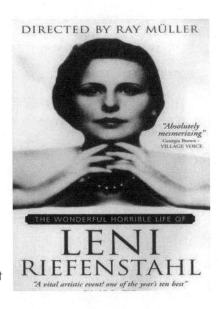

라이 뮐러 감독의 다큐멘터리 〈레니의 놀랍고도 끔찍한 삶: 이미지의 힘〉

의해 훼손되지 않은, 원시주의적 이상에 가까운 아프리카 원주민을 찾아다녔다. 당시 아프리카의 이슬람 정부는 나체로 살고 있는 원주민들의 삶을 개량하기 위해 의류를 제공하는 정책을 펼치고 있었기 때문에 백인의 문명이 침투해버린 이상 원시 그대로의 모습을 간직하고 있는 원주민을 발견하는 일이 불가능해져 버렸기 때문이다.

아프리카에서 열 달간 머무는 동안 인류 탐험대에서 일탈하여 혼자가 된 레니는 수단 경찰청의 조언에 따라 당시 고립된 마을이었던 카두글리Kadugli에서 자신들의 고유문화를 간직하며 살아가고 있던 누바족을 마침내 발견하는 데 성공했다. 외부인에 대한 경계가 심하고 용맹스럽지만 카메라 앞에서는 수줍음을 많이 타는 아프리카 수단의 '메사킨 퀴사이르 누바족Mesakin Quissayr Nuba'과 친구 사이가 되는 데는 그리 오랜 시간이 걸리지 않았다. 건강한 근육질의 몸에 다양한 색깔과 흉터로 몸을 장식한 누바족은 레니의 눈에 육체적 완벽함의 표상으로 비쳤다.[19] 누바족은 레니에게 따뜻한 친구가 되어주었을 뿐만 아니라 영화의 세계를 벗어나 새로운 삶을 펼칠 수 있는 기회를 제공해주었다. 35밀리 카메라를 포기한 레니는 16밀리 카메라로 누바족의 일상을 기록해가기 시작했다.[20]

• •

레니가 찍은 누바족의 사진이 독일의 잡지에 처음 실렸을 때 기대 이상의 호평을 받았다. 수전 손택마저 전 세계를 통틀어 당시에 출간된 책 중에서 가장 아름다운 책이라고까지 말한 바 있다.[21] 그녀의 유명세가 더해지면서 몇 개의 강연 요청이 들어오는가 하면 폭스바겐사에서 차량 두 대를 제공받아 보다 편리하게 아프리카 땅을 누빌 수도 있게 되었다. 하지만 누바족을 소재로 한 영화 촬영에 대한 지원은 여전히 불투명했다. 누바족의 사진을 찍는 데 열중해 있는 동안 독일에서 홀로 지내고 있던 어머니가 세상을 떠났다. 어머니의 임종과 장례식을 지켜보지 못한 레니는 극도의 슬픔과 죄책감으로 괴로워했지만, 아프리카를 향한 열망을 잠재울 수는 없었다.

1968년 11월 넉넉지 못한 경제 사정으로 인해 독일과 아프리카를 오가며 사진 촬영 작업에 열중하던 중 레니가 거래하던 사진 현상소에서 소개해준 젊은 촬영기사 호르스트 케트너Horst Kettner와의 만남은 레니 인생 최대의 행운이었다. 상냥하고 진지한 성격의 호르스트는 누바족 마을에서 의료봉사를 병행해가면서 누바족과 친밀하게 지냈으며, 다재다능한 재능과 감각으로 레니의 훌륭한 조수 역할을 다해주었다. 그 무엇보다 레니를 잘 이해해주었던 탓에 마흔 살의 나이 차이에도 불구하고 호르스트는 레니에게 없어서는 안 될 훌륭한 동반자가 되어주었고, 그렇게 두 사람은 평생을 함께 했다.

두 사람은 '메사킨 퀴사이르 누바족' 마을에서 160킬로미터 떨어진 곳에 있는 '동남 누바족'을 찾아갔다. 레니가 '카우Kau의 누바'라고 불렀던 이 부족의 문화와 기질은 '메사킨 퀴사이르 누바족'과 달랐다. 1974년에 출간한 레니의 첫 사진집《최후의 누바족》이 호평을 받으면서 사진작가로서의 명성을 얻은 이래, 1976년에 출간한 두 번째 사진집《카우 사람들People of Kau》은 바로 이 '동남 누바족'의 일상과 문화를 기록한 것이다. 이 두 사진집의 출간은 1980년 일본 도쿄의 사진 전시회로 이어졌고 결과는 성공적이었다. 레니가 마지막으로 아프리카를 방문한 이후 1982년《레니 리펜슈탈의 아프리카Leni Riefenstahl's Africa》가 출판되었고, 곧이어《사라지는 아프리카Vanishing Africa》가 연이어 출간되었다. 훗날 '메사킨 퀴사이르 누바족'에게 자신들을 촬영했던 레니의 첫 사진집을 보여주자 나체인 모습을 부끄러워했다는 레니의 말처럼 이제 레니와 함께 지냈던 아프리카의 원시부족들은 모두 사라져버렸다.

원시종교와 기독교를 믿는 수단의 흑인들('햄계 니트로인')과 이슬람을 믿는 아랍인들의 오랜 종교적 반목은 당시 '수단인민해방군SPLA'과 수단 정부 사이에 10여 년의 내전을 초래하고 있었기 때문에 레니의 사진 촬영 작업은 결코 누구나 할 수 있을 만한 쉬운 일이 아니었다. 따라서 레니가 출간한 사진집은 인류 역사에 대한 귀중한 기록 작업이었다. 더욱이 레니의 유명세가 더해지면서 그 사진집들이 전 세계에 출간되는 등 호평이 잇따르게 되자 1975년 수단의 가파르 니메이리

라이카를 들고 있는 자화상. 레니 리펜
슈탈의 캐릭터를 잘 드러낸 것으로 사
진 역사에서 걸작 자화상 중 하나로 꼽
힌다.

Gaafar Nimeiry 대통령은 아프리카를 사랑한 레니에게 감사의 표시를 전
하기 위해 '수단 시민권'과 특별 메달을 증정했다.

일평생 포기를 몰랐던 레니가 누바족에 대한 영화 촬영 작업에 거
의 체념하고 있을 무렵 새롭게 도전한 분야는 스쿠버다이빙이었다. 70
대 초반의 나이를 50대라고 속이고 여권의 이름을 위조하면서까지 스
쿠버다이빙 훈련을 시작한 레니는 산호초와 물고기 떼들이 널려 있는
바닷속 세계를 촬영하는 새로운 모험에 매료되었다. 레니는 호르스트
와 함께 홍해, 바하마 제도, 버진 제도와 몰디브까지 이동하면서 수중
세계를 촬영하는 데 몰두했다. 1978년 뮌헨에서 출간된 사진집《산호
초 정원Korallengärten》은 이렇게 해서 탄생한 것이었다.

그녀의 스쿠버다이버 생활은 그 후로도 오랫동안 지속되었다. 세월

이 훌쩍 흘러 레니의 나이 100세가 된 2002년에는 신비로운 해저 생태를 그린 45분짜리 다큐멘터리 영화 〈수중의 인상Wunder Unter Wasser〉을 발표했다. 제2차 세계대전 이후 수많은 우여곡절과 절망을 겪으면서도 포기하지 않았던 기록영화 촬영에 마침내 성공한 것이다. 현대 문명의 손길이 미치자마자 아프리카 누바족의 고유문화가 순식간에 사라져갔듯이, 점점 더 많은 인간의 손이 닿게 되면서 해저의 서식지도 서서히 파괴되어 가고 있었다. 수십 년간 지속된 스쿠버다이버 경험은 레니를 열렬한 환경보호주의자로 이끌면서 그린피스의 회원으로 활동하게 만들었다. 그녀의 나이 100세에 만들어진 이 〈수중의 인상〉은 레니 생전의 마지막 기록영화 작품이 되었다.

90대의 나이가 되어서도 레니는 변함없이 다이빙을 즐겼다. 어떤 시련에도 굴하지 않는 엄청난 추진력과 어떤 일에서든 자신의 모든 열정을 다해왔던 레니의 전적들을 상기해볼 때 '최고령의 다이버'라는 이 놀라운 타이틀은 그녀의 인생에서 그리 특기할 만한 일이 아닐지도 모른다. 레니는 열정적인 환경보호자로 활동하면서 자신이 선택한 일을 따라 충실히 살아갔다. 그와 동시에 나치의 프로파간다라는 불명예를 벗어던지지 못했던 탓에 여전히 과거의 망령과 싸워가야만 했던 레니는 독일 제3제국 시절에 만들었던 영화의 저작권을 되찾기 위해 약 50여 건의 법정 소송을 이어가고 있었다.

그러던 중 2003년 9월 8일 독일 남부 바바리아 주 푀킹Pöcking에 있는 자택에서 101세의 나이로 사망했다. 레니의 사망기사가 보도되자 이튿날부터 많은 언론들은 그녀에 대한 특집기사와 함께 전 생애에 대한 재조명이 시작되면서 또다시 존경과 비난의 논쟁에 불씨를 붙였다. 각계각층의 유명인사와 일반인들 500여 명이 참석한 그녀의 장례식은 레니가 여전히 세간에 주목을 받고 있는 인물이라는 사실을 증명해주고 있는 듯했다. 20세기의 가장 영향력 있는 100명의 예술가 중유일한 여성으로 선정된 리펜슈탈인 만큼 그녀가 가졌던 집념과 열정에 대한 이중의 평가는 쉽게 사라지지 않을 것으로 보인다. 무용수, 영화배우, 감독, 사진작가, 그리고 스쿠버다이버의 인생을 살아왔던 레니는 2000년에 출간된 그녀의 자서전《다섯 가지의 삶Five Lives》에서 과거 솔로 무대 공연을 이어가며 독일과 유럽을 여행했던 무용수 시절이 그녀의 전 인생을 통틀어 가장 행복한 시간이었다고 회상했다.

• •

1930년대의 기념비적인 다큐멘터리 영화 〈의지의 승리〉와 〈올림피아〉는 레니 리펜슈탈로 하여금 영광과 나락의 세계를 동시에 경험하게 만들었다. 레니의 다큐멘터리 영화에서 표현된 강력한 미학적 효과는 나치즘의 프로파간다와 상관없이 영웅의 힘과 군중의 심리를 묘사하는 뛰어난 미학적 기법들을 창안해냈다. 그리고 그것은 나중에 조지 루카스의 〈스타워즈: 에피소드 3〉(1977)와 앨런 파커의 〈핑크 플로이드의 벽Pink Floyd: The Wall〉(1982) 등과 같은 걸작에 차용될 정도로 그녀의 기술적·예술적 성취는 후대에 강력한 영향력을 미쳤다.[22] 그뿐만아니라 현재의 스포츠 중계와 상업영화에 사용되는 상당수의 촬영 기법이 레니의 영화에서 비롯되었다. 20세기의 가장 영향력 있는 100명의 예술가 명단에 레니가 포함되어 있는 것은 그녀의 미학이 갖고 있는 위대함에 대한 공적 동의의 반증일 것이다.

하지만 "히틀러를 만난 건 내 일생의 가장 큰 실수"였음을 공개적으로 자인했듯이 레니의 다큐멘터리 영화가 히틀러의 제3제국을 위한 강력한 프로파간다의 역할을 충실하게 수행했다는 사실은 부정할 수 없다. 그만큼 완벽한 나치 선전영화의 모범을 보여주었기 때문이다. 타의 추종을 불허하는 그녀의 위대한 도전의식과 집념이 결국은 존경과 비난의 생으로 마감될 수밖에 없었던 이유가 바로 여기에 있다. 쿠엔틴 타란티노 감독의 영화 〈바스터즈: 거친 녀석들Inglourious Basterds〉(2009)은 히틀러를 포함한 나치 고위 관료들을 영화관에 모아 놓고 한꺼번에 사살해버린다는 상상력을 그린 작품인데, 여기서 약간의 독일어를 할 수 있다는 이유로 히틀러 암살첩보작전에 투입된 영국군 히콕스 소위가 그의 어눌한 독일어 발음 때문에 게슈타포에게 의심을 받게 되자 자신이 과거 레니 리펜슈탈의 영화에 엑스트라로 출연한 적이 있다고 둘러댄다. 이 장면은 독일 제3제국에서 차지하고 있는 레니의 영화에 대한 감성을 매우 잘 드러내준 사례에 해당한다. 즉 당시 레니 리펜슈탈의 영화는 히틀러 정권의 프로파간다로서 강력한 동일성을 획득하고 있었던 것이다.

더욱이 〈올림피아〉에서 구현된 인간 육체의 미학을 아프리카 흑인 누바족의 육체 미학과 연결시키면서 그것을 파시스트 육체 미학의 심성이라고 규정했던 수전 손택의 유명한 평가는 레니의 원초적 예술에 내재된 정치적 성격을 규정하는 데 설득력을 더해주었다. 〈올림피아〉 전체를 관통하는 미학은 이 영화의 프롤로그에 잘 나타나 있다. 첫 장면에 등장하는 그리스 폴리스의 조각상은 '그리스'라는 역사적 민족이 견지해왔던 이상적인 육체미의 자취다. 이 시퀀스는 곧 에필로그에 등장하는 청동 조각상 '디스코볼로스Diskobolos(원반을 던지는 사람)'와 연결됨으로써 고전주의 비평가 빙켈만이 극찬했던 그리스인의 신체는 이상적인 아리아 인종의 신체로 화려하게 부활한다. 그리스의 조각상을 토대로 한 고전주의 미학이 간단한 기법으로 나치의 육체 미학으로 둔갑하는 것이다. 그런 의미에서 '디스코볼로스'라는 조각상을 슬쩍 독일인의 신체로 바꿔놓은 오버랩 기술은 신화를 현실로 둔갑시키는 파시스트적 이상을 일깨운다는 점에서 효과적인 이데올로기적 장치가 된다.[23]

나치 선전부장 괴벨스와 자주 충돌했던 일화는 매우 유명하지만 레니가 히틀러를 비롯한 나치 수뇌부와 긴밀한 친교를 맺었던 것도 사실이다. '나치의 헤드 치어리더', '히틀러의 정부', '나치의 마녀' 등과 같이 독일 제3제국의 이데올로기와 관련된 별명이 평생 그녀를 따라다녔던 것처럼 뉘른베르크 국제군사재판에서 끝내 무죄 판결을 받았음에도 나치의 부역자라는 낙인은 대중의 기억에서 지워지지 않았다.

패전 독일에서 세간의 차가운 시선을 받으며 끝내 영화감독으로 재기하지 못하면서 그렇게 세인의 기억 속에서 잊혔던 레니가 새롭게 예술계로 복귀한 계기가 된 것은 그로부터 약 20여 년 후 아프리카 누바족의 사진집 《누바족의 최후》를 출간한 이후였다. 이 사진집이 관통하고 있는 미학은 용맹스러운 바디페인팅이 보여주는 신비로운 육체의 매력과 햇빛에 비친 건강한 근육의 움직임, 그리고 역동적인 그들의 운동 에너지가 갖고 있는 누바족의 원시적 건강미였다. 이에 대해 수전 손택은 "육체적 기술과 용기의 시연, 약자에 대한 강자의 승리를 공동체 문화를 단합시키는 상징으로 여기는 사회를 찬미한다는 점에서, 리펜슈탈은 나치 영화를 만들 때에 갖고 있던 생각을 거의 수정하지 않은 것처럼 보인다"라며 과거 레니의 영화가 보여주었던 육체미학의 회귀를 문제 삼으며 그것을 나치 이데올로기에 대한 향수와 연결시키면서 신랄하게 비판했다. 레니는 나치 시대와 완전히 동일시할 수 있는 유일한 주요 예술가이며, 제3제국 몰락 이후 30년이 지난 후에도 파시스트 미학의 여러 주제를 꾸준히 보여주고 있는 유일한 예술가라는 것이다.[24]

　하지만 레니는 사라져가는 아프리카 원시부족 문화에 대한 갱생을 꿈꾸고 현대인들에게 경종을 울리면서 그들의 문화를 기록하는 데 중요한 의미를 강조함으로써 자신에게 쏟아진 나치 노스텔지어의 문제와는 아무런 연관이 없음을 보여주었다. 레니에 대한 전범재판이 모두 무혐의로 끝났듯이, 누바족의 사진을 둘러싼 이 미학적 재판도 그녀가 파시즘 이데올로기에서 유죄라는 명백한 증거는 발견되지 못한 것 같다. 레니가 누바족의 육체를 특별히 미학적으로 느꼈던 것은 그녀가 파시즘 이데올로기의 체현자였기 때문이라기보다는 항상 어떤 아름다움에 대해 병적으로 집착했기 때문이라는 수전 손택의 말처럼, 레니의 미학적 감성이 직접적으로 파시즘 이데올로기와 연관되어 있었다기보다는 그저 막연한 감성 차원의 '프로토 파시스트적 감성'에 가깝다는 견해가 지배적이기 때문이다.[25]

누바족과 함께 한 레니 리펜슈탈

프랑스에서 출간된 《에바 브라운의 내밀한 일기》에는 레니와 히틀러에 대한 근거 없는 가십거리가 잔뜩 실린 채 전 유럽으로 퍼져 나갔다.

나치의 홀로코스트. 레니는 강제수용소의 존재 자체는 알고 있었지만 그곳에서 얼마나 잔혹한 일들이 벌어지고 있었는지는 전혀 몰랐다고 진술했다.

히틀러와 에바 브라운

영화 〈저지대〉에서 열연하고 있는 레니 리펜슈탈. 레니가 영화 촬영을 개시한 지 약 20년 만에 개봉된 〈저지대〉는 전리품으로 간주한 프랑스의 영화인들에 의해 심각하게 훼손된 것을 재편집하여 1954년에 처음 개봉했다.

누바족의 모습

바닷속에서 촬영하고 있는 레니 리펜슈탈

제2부 국가와 예술, 그리고 전쟁의 브리콜라주

제8장

2002년 마를레네 디트리히,
독일 명예시민으로 추서되다

독일 베를린에서 태어났지만 히틀러의 독일 제3제국을 거부하고 미국
에 망명, 미국 국적을 취득하여 할리우드의 전설적인 은막스타로 살아
갔던 디트리히는 1979년 영화계를 은퇴했다. 미국 시민권을 취득한 지
약 40년 만의 일이었다. 그녀가 제2차 세계대전 중 독일과 극렬한 대
치 상태에 있었던 연합군의 프로파간다로 활동했다는 이유로 패전 독
일 국민은 그녀를 조국의 배신자로 간주했다. 그런 탓에 제2차 세계대
전이 끝난 이후에도 독일로 되돌아갈 수가 없었다. 할리우드 은퇴를
선언한 이후 그녀는 공식석상에 일체 모습을 드러내지 않고 모든 인터
뷰와 사진 촬영을 거부하며 프랑스 파리 몽테뉴에서 오랫동안 은둔생
활을 자처하던 끝에 1992년 5월 6일 90세의 나이로 사망했다.

 디트리히가 사망한 지 10년이 흐른 2002년 5월 16일 독일 정부는
조국을 등진 배신자로 낙인찍혔던 디트리히를 '독일 명예시민'으로 추

서하고 베를린의 중심가에 있는 그녀의 고향 쇤네베르크에 그녀의 이름을 딴 '마를레네 디트리히 광장'을 조성하는가 하면 생전의 바람대로 파리에 있던 그녀의 묘지를 베를린으로 이장할 수 있도록 허가했다. 이것은 제2차 세계대전 발발에 대한 책임과 나치의 홀로코스트와 같은 반인륜적 범죄에 대한 국가적 차원의 반성의 기운이 일어나자 역사적 과오에 대한 내부 성찰의 일환이자 미래의 평화와 민주주의 달성에 기여할 것을 전 세계에 호소하는 움직임에서 비롯된 것이었다.

그러나 제2차 세계대전 중 수많은 독일인들이 목숨을 잃어갔던 폐허의 상황에서 연합군 측에 서서 전쟁 프로파간다에 복무했던 디트리히의 행위를 패전 독일 국민이 용인해준다는 것은 그리 쉬운 일이 아니었다. 쇤네베르크 구의회는 '마를레네 디트리히 광장' 조성 안을 거절했고 수많은 독일 국민들이 일제히 거리로 나와 그에 반대하는 격렬한 피켓시위를 벌였으며, 또 언론사에는 디트리히의 행적을 비난하는 엄청난 양의 반대 투서가 쌓여갔다. 디트리히를 '독일 시민'으로 수용하는 일에 대해 맹렬히 반대한 투서의 대부분은 수많은 독일인들이 고통과 빈곤을 힘겹게 견디고 있는 동안 조국인 독일을 버리고 미국에서 호화로운 생활을 영위하면서 다수의 애인들과 염문을 뿌리는 등 자신이 취할 수 있는 최대한의 부와 명예를 누렸던 디트리히를 절대 용서할 수 없다는 내용이었다.

이 시기 '독일의 배신자'라고 야유하던 대중의 차가운 분위기에 대해 말년의 디트리히는 자신의 회고록에서 이렇게 말했다. "나는 독일 태생이며, 언제나 독일인으로 남아 있을 것이다. 내가 더 이상 조국이라고 부를 만한 것을 상실했을 때 미국은 나를 반겨주었다"라고. 디트리히는 자신이 독일인이라는 정체성을 분명히 하고 있었고 또 미국에

1973년의 디트리히

서 누렸던 분에 넘치는 명예를 스스로 인정했던 것이다. 훗날 전쟁의 한복판에서 독일을 떠나 유럽 각지로 간 결심을 한 이유에 대해 한 언론사 기자가 질문했을 때 디트리히는, "그것은 가슴 아픈 시간이었지만 그때 나의 행동은 옳았다고 생각한다. 나는 매사에 최선을 다했다"고 답변한 데 이어 자신의 반파쇼 의식은 '품위에 대한 감각'에서 기인한 것이었다고 답변했다. 전쟁의 참화 속에서 모진 고통을 견뎌간 경험을 잊을 수 없었던 독일 대중에게 디트리히의 태도는 매우 독선적이고 이기적으로 비쳤다. 그런 의미에서 그들은 자신들이 겪은 비참한 경험과 회한을 공유할 수 없다고 생각했다.

한편 전후 미국에서의 디트리히에 대한 평가는 독일과 달랐다. 디트리히가 독일 제3제국을 거부하고 미국 시민이 되는 것을 선택하기는 했지만 그의 사고방식이나 행동양식은 항상 나치 파시스트에 가까웠다는 식의 비난이 이어졌다. 가령 그녀의 오랜 동료이자 추종자이기도 했던 소설가 어니스트 헤밍웨이는 지나치게 독선적이고 자기중심적인 디트리히의 태도를 조롱하면서 '크라우트Kraut(독일놈)'[1]라고 부르며 강한 불신감을 표시했다. 또한 디트리히가 냉혹한 인종차별주의자이자 반유대주의였다는 증언은 자주 등장하고 있는데, 의상을 제외한 그 모든 검은색 자체를 싫어했을 정도로 흑인에 대한 경멸감을 자주 드러냈다고 한다. 실제로 그녀의 외동딸 마리아도 디트리히가 병원에 입원했을 때 흑인 간호사의 진료를 거부했을 정도로 공공연한 인종차별주의자였다는 사실을 증언한 바 있다. 그럼에도 조국 독일을 등진 배신자라는 세간의 비난이 쏟아질 때마다 디트리히는 "나는 유대인들을 위해 내 조국을 포기했다. 이제 와서 내가 얻은 것이 무엇이냐"라고 반문했다는 일화는 유명하며, 이러한 발언들은 그녀가 히틀러의 파쇼 정권에 극렬히 반대했던 정치적 올바름의 상징적인 인물로 각인되는 데 일조하기도 했다.

이와 함께 할리우드에서 전성기를 누리던 디트리히가 언젠가는 미국을 벗어나 유럽으로 탈출할 것이라는 의혹의 시선은 끊이지 않았고 또 할리우드의 영화사들은 그녀를 영화 흥행을 위한 수단으로 취급하는 것을 주저하지 않았다. 예컨대 그녀의 인기가 급상승하게 되면서 할리우드에서 가장 높은 금액의 출연료를 받고 있었음에도 관객몰이에 실패하자 그 이유를 디트리히에게 돌리면서 '흥행의 암'이라는 비난을 받았을 때 그녀는 미국에서 자신의 가치가 추락하게 될까 노심초사했다. 미국에서의 안착에 실패한다는 것은 더 이상 자신이 거처할 곳을 완전히 상실하게 된다는 것을 의미했기 때문이다.

제2차 세계대전 중 '미군위문협회USO'에 소속되어 독일군과 대치하고 있는 연합군을 공식적으로 원조했던 것 역시 독일에서 망명한 미국 시민권자의 역할을 과도한 방식으로 수행하고자 했던 의도로도 볼 수 있다. 이러한 공로는 곧 미국 시민 최고의 영예로 간주되는 '대통령 자유훈장'(1947) 수여로 보상되었고, 또 프랑스 정부는 그녀에게 '프랑스 명예군단훈장'(1950)을 수여하는 것으로 보답했다. 이것은 디트리히가 히틀러의 제3제국은 부정했지만 또 다른 차원에서 제국주의 전쟁에 참여했던 미국을 비롯한 연합군의 프로파간다를 충실히 수행했음을 공인받은 것이기도 했다.

그럼에도 훗날 독일의 지식인들은 디트리히를 제2차 세계대전 중의 수많은 독일 망명자들, 가령 토마스 만Tom Mann과 앨버트 아인슈타인Albert Einstein, 베르톨트 브레히트Bertolt Brecht 등과 동렬에 위치시키면서 히틀러의 제3제국에 반대하여 독일을 떠난 인물들에 대해 경건하게 추억해야 할 의무가 있다는 점을 피력했던 바 있다. 프랑스에 안장된 디트리히의 묘지를 베를린으로 이장할 당시에 문화업무 담당 책임자였던 울리히Ulrich Roloff-Momin는 수많은 독일인들의 거센 항의에도 불구하고, 생전의 디트리히가 모든 독일인들에게 감사의 표시를 전했다는 사실을 언급하면서 동시에 디트리히는 스스로 나치의 선전도구로 이용되는 것을 거부했다는 점을 분명히 보여주었다고 평가했다. 이에 대해 파스빈더Rainer Werner Fassbinder 감독의 페르소나로 잘 알려져 있는 독일의 영화배우 한나 쉬굴라Hanna Schygulla는 "우리는 전쟁이 끝난 다음에 태어난 사람들, 즉 전후세대로서 디트리히와 같은 사람들이 존재했었다는 것을 자랑스럽게 생각하고 있습니다. 히틀러의 제3제국 시기에 적의 편을 들었던 사람들에 대해 자랑스럽게 생각하는 것은 미래의 더 나은 독일에 대한 사랑 때문입니다. '마리아 막달레나 디트리히'는 죽었지만 '마를레네 디트리히'는 우리 마음속에 살아 있습니다"라고 공개적으로 말했다.

요컨대 마를레네 디트리히는 조국을 등지고 미국 시민권을 취득함으로써, 또한 제2차 세계대전 중 연합군을 위한 위문공연을 통해 전쟁 기금을 마련하고 또 연합군의 사기를 진작시켰다는 이유로 패전 독일 국민에게는 반역자라는 낙인이 찍혔지만, 결국 반나치주의적 태도를 분명히 했다는 사실에 대해서는 우호적인 평가로 선회되었다. 그리고 이 두 가지의 상반된 평가는 디트리히가 사망한 이후 현재까지 끊임없는 논란의 대상의 되고 있다.

베를린에서 열린 디트리히의 두 번째 장례식은 독일인들에게 환영받지 못했다. 독일 언론에 실린 수많은 항의 투서들은 디트리히를 공식적인 장례식의 주인공으로 다룰 가치가 없는 배신자라고 표현했다. 그럼에도 1998년 2월 독일 정부는 베를린의 쇤네베르크 지역에 '마를레네 디트리히 광장Marlene-Dietrich-Platz'을 조성한 데 이어 2001년 디트리히의 백 번째 생일을 기념하는 차원에서 독일 정부는 디트리히를 부정해왔던 과거의 오류에 대해 공식적으로 사과했다. 그리고 미국영화협회American Film Institute에서는 20세기의 가장 위대한 할리우드 여배우의 명단 9위에 올렸다.

그녀의 외동딸 마리아 라이바가 쓴 디트리히 평전은 '백만 불짜리 다리'를 가진 섹시하고 우아한 디트리히에 대한 찬미를 기대했던 독자들을 배반이라도 하듯 그녀의 다양하고도 파렴치한 스캔들과 특유의 결점 등 아마도 디트리히가 살아 있었다면 쉽게 승낙했을 것 같지 않은 사생활들을 남김없이 폭로하고 있다. 디트리히의 유일한 피붙이였던 딸이 자신의 어머니를 이렇게 묘사하기까지 저자는 자신의 사적 감정과 치열하게 싸워야 했을 것이다. 그러나 마리아가 자신의 어머니와 최대한의 거리감을 유지하면서 글을 써내려가고자 했던 것은 아마도 독일과 미국에서 발생한 수많은 논란들에 대해 정면 돌파를 시도하려고 했기 때문일 것이다. 근거 없는 디트리히에 대한 무조건적인 찬양은 오히려 사후의 평가에 해를 끼치게 될 것이라는 계산, 바로 그것이 디트리히에 대한 정직한 묘사를 가져올 수밖에 없었을 것이다. 그것은 한 시대를 열정적으로 살아가고 또 그 시간 속에서 자신을 불태우며 서서히 노년을 맞이하면서 사라져가는 모든 인간 존재의 나약함에 대한 경애의 표현이다.

• •

폐허가 된 독일 베를린의 한복판에서 살아남은 가족의 안부를 겨우 확인한 디트리히는 영화 산업이 주춤한 때를 틈타 장 가뱅과 연인 사이를 유지하면서 유럽과 독일을 왕래하고 있었다. 영화계에서의 활동이 불투명해진 가운데 할리우드에서의 활동을 재개할 수 있게 해준 것은 빌리 와일더Billy Wilder 감독이다.[2] 빌리 와일더는 영화 〈외교문제 A Foreign Affair〉(1948)에서 디트리히에게 나이트클럽 가수 역할을 제의했는데, 시나리오도 배역도 그다지 마음에 들어 하지 않았지만 당장에 필요한 생활비를 구하기 위해 디트리히는 1947년 할리우드로 향했다. 더욱이 오스트리아 출신의 유대인으로서 히틀러 정권을 피해 할리우드로 건너왔던 빌리 와일더에 대한 망명자 의식과 신뢰감도 있었기 때문에 곧바로 촬영 개시에 임했다. 현재 이 영화는 대중에게 잊힌 빌리 와일더의 필모그래피filmography가 되었지만, 영화가 공개된 당시에는 평론가들의 호평이 줄을 이었다. 이것은 디트리히가 할리우드에서 재기할 수 있는 하나의 기회가 되었다.

1947년 미군 장교들의 추천으로 디트리히는 미합중국이 일반 시민에게 수여하는 최고의 명예인 자유훈장 서훈자로 선택되었다. 제2차 세계대전 중 미합중국 군인들과 함께 전선을 누볐던 공로를 공식적으로 인정받은 디트리히는 이로써 진정한 미국 시민권자로서 공인을 받은 것이다. 할리우드의 인기 여배우라는 타이틀로 재기에 성공함과 동시에 제2차 세계대전 중의 공로를 국가적으로 인정받았다는 사실은 독일 출신의 디트리히가 미국에 안착할 수 있는 안정된 지위를 제공받은 셈이나 다름없었다.

그런 가운데 디트리히는 알프레드 히치콕Alfred Hitchcock의 영화 〈무대공포증Stage Fright〉(1950)의 촬영장에서 만난 상대역 마이클 와일딩Michael Wilding[3]과 연인 관계를 시작했다. 또다시 파리에서 레마르크와 재회했으며 이별한 지 얼마 안 된 장 가뱅과의 사랑에 애를 태우는가 하면 프랑스의 국민 여가수 에디트 피아프Edith Piaf와 동성애를 나누는 동시에 한 야구 선수와의 염문을 뿌리고 있었다. 이와 동시에 러시아 태생의 율 브리너Yul Brynner와 애틋한 사랑을 나누기도 했다. 물론 남편 루돌프 지버와의 부부 관계는 여전히 유지되고 있었다.

1950년 프랑스 정부는 제2차 세계대전 중 프랑스군을 위해 헌신한 보답으로 디트리히에게 '레지옹 도뇌르Legion d'Honneur' 훈장을 수여했다. 1802년 나폴레옹 1세가 제정한 '레지옹 도뇌르'는 전장에서 공적을 세운 군인들에게 수여할 목적으로 처음 제정된 것으로서, '명예와 조국'을 모토로 하여 프랑스의 가치를 지지하고 문화적 공적이나 군공軍功이 있는 사람에게 대통령이 직접 수여하는 프랑스의 훈장 가운데 가장 명예로운 권위에 속하기 때문에 훈장 수훈자는 각종 국가적 행사에서 특별한 예우를 받을 수 있었다. 당시 프랑스 정부의 서훈자로

디트리히는 프랑스의 국
민 가수 에디트 피아프와
1963년까지 긴밀한 관계
를 유지했다.

디트리히가 추대된 데 대해 훗날 마리아는 다소 과도한 조치였다는
개인적인 느낌을 술회하기도 했다.

이처럼 고위 서훈자의 일원으로 채택되었다는 것은 귀족 취향을 가진 어
머니의 생애에서 최고의 명예였다. 이것을 능가하는 것은 그로부터 1년
후, 당시 프랑스 공화국 대통령 조르주 퐁피두Georges Pompidou에 의해 레
지옹 도뇌르 오등훈작사五等勳爵士에서 사등훈작사로 승격되고 또 프랑수
아 미테랑Francois Mitterrand 대통령에 의해 삼등훈작사라는 최고의 영광
을 얻은 것밖에 없다. 나는 어머니의 이런 높은 명예를 질투하는 것이 아
니다. 그저 어머니는 프랑스 국가를 위해 그 정도까지 중요한 일을 했던
가 하고 이상하게 생각했다. 장 가뱅을 사랑한 것? 드골을 숭배한 것? 라
마르세예즈La Marseillaise의 가사를 암기하고 있었던 것? 아니면 종종 파리
에서 살았다는 것만으로는 아무래도 충분하지 않은 느낌이 들었다.[4]

1940년대 후반에서 1950년대 초 미국 사회에 처음으로 등장한 텔레비전이라는 새로운 미디어는 라디오와 영화가 지배했던 대중 매체의 지위를 대신하면서 엄청난 속도의 파급력을 선보이기 시작했다. 마셜 맥루한Marshall McLuhan이 지적한 바 있듯이, 전후의 미국 사회에 등장한 텔레비전은 20세기에 일어난 모든 변화들 가운데 대중에게 가장 큰 영향을 끼친 발명품이었다. 할리우드 영화 산업계에서 맹위를 떨쳤던 디트리히도 이 새로운 대중 매체 시스템에 참가하지 않으면 안 되는 시대에 직면한 것이다. 1920년대에 대중의 삶에 깊숙이 파고들었던 미국 영화의 전성기는 이제 막 태동한 텔레비전과 20세기 초에 급속한 발전을 이룬 전기·전자 기술에 의한 방송이 등장하면서 서서히 쇠퇴기를 맞이하고 있었다. 더욱이 1945년 이후 미국은 정치적으로 냉전 체제가 확립되는 시기였고 또 경제적으로는 전시경제에서 벗어나 경제적 성장과 소비 시장의 확대가 이루어지고 있었다. 1950년대에 시작된 텔레비전의 상업 방송은 풍족한 미국의 대중 소비문화를 이끄는 데 큰 영향력을 끼치고 있었다.

　　하지만 디트리히는 자신에게 그저 낯설기만 했던 텔레비전 방송 시스템을 저주하면서 언젠가는 사라져버릴 매체라는 것을 확신하며 신뢰하지 않았다. 그러나 1950년대 초 텔레비전 방송이 본격적인 대중화의 기틀을 마련한 이래 1955년 미국 가구의 67%가 텔레비전을 소유하게 되고 컬러 방송이 시작되면서 텔레비전은 대중의 관심을 끌 만한 흥미로운 소재라면 무엇이든지 흡수해가고 있었다. 당시 영화 〈왕과 나〉에 출연하면서 디트리히와 밀회를 나누고 있었던 율 브리너는 디트리히에게 텔레비전의 장래성을 무시하지 말라고 자주 조언해주었다. 디트리히는 여전히 마이클 와일딩을 만나기 위해 뉴욕에 가기도 하고, 율 브리너와 만날 때마다 그의 부인에게 질투를 느꼈으며, 헤밍웨이에게는 "더 이상, 더 깊게, 더 길게 할 수 없을 정도로 사랑한다"는 내용의 편지를 보내고 있었다.[5] 1952년 무렵 이제 50세가 넘은 디트리히는 여전히 다양한 파트너들과 공공연한 밀회를 즐기고 있었지만, 갱년기 장애로 인해 자주 병원 신세를 지고 있었다.

1953년 12월 디트리히는 라스베이거스의 첫 카바레 쇼 무대에서 피부색과 같은 누드 드레스를 입고 나와 센세이션을 불러일으키며 가수로 등장했다. 디트리히의 '라스베이거스 시대'가 시작된 것이다. 전 세계 엔터테인먼트의 중심지였던 라스베이거스에는 냇 킹 콜, 루이 암스트롱, 프랭크 시나트라 등 당대 최고의 뮤지션들의 무대가 줄을 잇고 있었다. 1930년대 할리우드의 섹시 심벌이자 20세기의 스모크 여신 디트리히가 가수로서 제2의 인생으로 도약한 순간이었다. 더 이상 할리우드 커뮤니티의 일원으로 살아가기를 원하지 않았던 그녀가 마침내 인생 최초로 미국 엔터테인먼트의 핵심 패밀리의 일원으로 받아들여진 것이다.[6] 매일 밤 그녀에게 열광하는 팬들의 박수갈채에 흡족해한 디트리히는 2년의 계약 기간 동안 활발하게 활동했고, 그녀의 가수인생은 세계에서 가장 큰 카바레 쇼 무대를 통해 1960년대까지 이어졌다.

이 무렵 디트리히는 원인을 알 수 없는 다리 통증으로 극심한 고통을 겪기 시작했는데, 이것은 훗날까지 오랫동안 고질적인 병이 되어 그녀를 괴롭혔다. 통증을 완화하는 데 샴페인이 효과가 있다고 느낀 그녀는 항상 핸드백에 샴페인 병을 넣어서 갖고 다녔다. 자신의 증상이

외부에 새어나가는 것을 극도로 꺼려했던 탓에 디트리히는 가족들에게도 비밀에 부칠 것을 강요했으며 남들에게 절대로 이야기하지 않았다. 설상가상으로 1954년 피아노 다리에 오른쪽 발을 부딪쳐 발가락 두 개가 부러졌다. 신경성 위염도 그녀의 일상생활을 침범했다.

1955년 디트리히는 율 브리너의 새 영화 〈십계〉 촬영을 준비하기 위해 캘리포니아에 한 은신처를 빌리는가 하면, 세계 최초로 원자폭탄 제작을 감독한 물리학자 오펜하이머Julius Robert Oppenheimer를 비롯하여 미국의 소설가이자 극작가 윌리엄 사로얀William Saroyan, 최초의 종군기자 에드워드 머로Edward Murrow, 미국의 가수 겸 배우 프랭크 시나트라Frank Sinatra와 새로운 로맨스에 빠졌다. 율 브리너의 전화를 몇 시간이나 애태우며 기다리다 히스테리를 부리는 일은 더 이상 사라졌지만, 그녀는 여전히 율을 그리워했고 새롭게 로맨스에 빠진 상대들에 대한 칭찬과 불평을 늘어놓고 있었다.

• •

미국의 1950년대는 이른바 '짐 크로우 법Jim Crow Laws'이라는 인종분리정책Racial segregation에 따라 생활공간과 공공시설 등에서 흑인과 백인의 공간 구별이 엄격히 지켜지고 있던 때였다. 흑인과 백인은 각각 법률로 정해진 학교를 인종 별로 따로 다녀야 했고 공원에 설치된 수도꼭지나 공공 화장실도 흑백이 분리되어 있었기 때문에 백인을 제외한 나머지 인종들은 '유색인종Colored'이라는 푯말이 붙어 있는 곳만 사용해야 했다. 심지어 흑인은 식당과 호텔 등의 출입이 제한되었을 뿐만 아니라 열차와 버스의 좌석 역시 인종에 따라 구획되어 있었다.

그런데 하나의 예기치 않은 작은 사건이 전례 없는 흑인민권운동에 불을 댕기기 시작하면서 마침내 1956년 '버스에서의 흑백 분리는 위헌'이라는 연방대법원의 판결을 이끌어냈다. 1955년 12월 1일 미국 앨라배마 주 몽고메리에서 백인 승객에게 좌석을 양보하라는 버스 기사의 지시를 거부했다는 이유로 경찰에 체포된 로자 팍스Rosa Lee Louise McCauley Parks 사건은 당시 흑인 사회가 품고 있었던 불만을 단번에 드러낸 기폭제가 되었다. 이 사건은 382일 동안 흑인들의 '몽고메리 버스 보이콧 운동'으로 이어졌고, 점차 인종분리정책에 저항하는 대규모의 흑인인권운동Civil Rights Movement의 확산을 이끌어내고 있었다.

1957년 디트리히가 카메오로 출연한 마이클 앤더슨Michael Anderson 감독의 〈80일간의 세계일주Around the World in 80 Days〉가 제29회 아카데미상 작품상을 비롯하여 촬영, 편집, 음악, 각본상의 5개 부문을 수상했다. 이 작품은 영화사상 최초로 '카메오cameo' 개념을 도입한 작품으로서, 마이클 앤더슨 감독은 디트리히 이외에도 프랭크 시나트라, 조지 라프트, 존 길구드, 로널드 콜먼 등 총 44명에 이르는 당시의 유명 배우들을 깜짝 출연시킨 것과 영국-스페인-인도-버마-홍콩-일본-미국 등의 올 로케이션 촬영으로 대규모 제작비를 투입한 것으로 유명하다.

1960년 60세가 된 디트리히는 여전히 가수로서의 성공가도를 이어가고 있었다. 이때부터는 세계 순회공연에 몰두했다. 남미와 유럽, 아프리카와 일본까지 그 어디에서나 팬들의 열렬한 환영을 받았다. 이스라엘 공연에서는 특유의 겸손한 태도를 곁들여 관객들을 설득해 독일어 노래를 프로그램에 넣을 수 있었지만, 독일 공연에서는 한 관객으로부터 달걀 투척을 받기도 했다. 독일에서는 디트리히에게 적대감을 드러내는 관중이 있기도 했지만 열화와 같은 박수를 쳐주면서 그녀의 행보를 응원해주는 관객도 적지 않았다. 이 공연에서 그녀는 실수로 무대에서 떨어져 왼쪽 어깨를 다쳤다. 고질적인 다리와 허리 통증이 점점 더 심해지자 샴페인과 마약 섭취량이 증가하면서 공연 전후나 공연 도중에 알코올을 들이켰던 것이 문제였다. 어깨 부상을 당하고도 씩씩하게 공연을 이어가는 그녀의 모습에 독일 관객들은 벅찬 응원으로 보답해주었다.

1961년 독일에 베를린 장벽Berlin Wall이 세워졌다. 제2차 세계대전 이후 미·영·프·소 4개국이 분할 통치하고 있었던 독일에서 수도 베를린은 지리상 소련의 관할지역인 동부에 있었기 때문에 소련이 관리하는 것이 마땅했지만, 과거 프로이센 시절부터 오랫동안 독일의 수도로 기능해온 만큼 베를린 전체를 소련의 공산정권의 관할하에 놓기에는 미·영·프 자유진영 3개국에게 위험 부담이 따랐다. 따라서 소련의 관할하에 있던 베를린 구역만 미·영·프 3개국과 소련이 일정 부분을 나누어 관리하는 것으로 협의한 끝에 독일의 수도 베를린은 소련 공산정부의 관리 구역 내에 존재하는 자유진영 정부의 땅으로 남게 되었다. 냉전 체제가 고조된 가운데 이렇게 자유주의 체제와 공산주의 체제의 이념으로 베를린을 분할했던 탓에 당시 베를린은 '육지의 섬'으로 불리기도 했다.

그런데 이후 동·서독의 분단이 완전히 고착화되면서 동독에서의 생활에 불만을 가진 사람들이 점차 서독으로 월경해 오기 시작했고 그 숫자는 나날이 증가했다. 월경하는 사람들 중에는 특히 청년 학생과 지식인, 기술자들이 많았기 때문에 동독은 한때 인구감소 위기에 빠졌다. 특히 동독을 탈출하는 중요한 인재들의 증가는 사회적으로 심각한 문제로 이어질 소지가 높았다. 궁여지책으로 동독정부는 동·서 베를린 사이에 약 40킬로미터에 이르는 콘크리트 벽을 쌓아 동독에서 서독으로 탈출하는 경로를 봉쇄해버렸는데, 이것은 훗날 동서 냉전의 상징물이 되었다. 베를린 장벽은 냉전 시기 미·영·프·소 4개국의 협의에 따라 서베를린과 동베를린을 구획하기 위한 의도로 설치되었지만, 그 후로 오랫동안 서독과 동독, 자본주의 진영과 사회주의 진영을 이념적으로 갈라놓는 결과를 초래했기 때문이다. 따라서 동독정부는 이 장벽을 공식적으로 '반파시즘 방어벽'이라고 불렀고, 서독정부는 '수치의 벽'이라고 일컬었다.

• •

원인을 알 수 없는 다리 통증이 지속되자 마약과 알코올 의존도가 높아진 디트리히는 1961년 여름 스텐리 크레이머Stanley Kramer 감독의 〈뉘른베르크 재판Judgment at Nuremberg〉에서 유죄 판결을 받은 나치 장교의 미망인 역할을 훌륭히 연기해냈다. 60세라는 나이가 무색할 정도로 그녀는 여전히 농염한 매력을 발산하고 있었다. 그러던 중 그해 5월 13일 과거 〈모로코〉에서 디트리히의 상대역을 맡았었던 게리 쿠퍼가 전립선암으로 사망했고, 이어서 7월 2일 오랫동안 연인이자 좋은 동료 관계를 유지해왔던 헤밍웨이가 엽총 자살을 했다.

병원 진료 결과 디트리히의 양쪽 다리의 하부대동맥에 혈액이 공급되지 않아 심각한 문제가 발생했다. 세계 최고의 각선미를 자랑하는 여배우로서는 매우 치명적인 진단이었다. 담당 의사는 당장 치료를 받지 않으면 최악의 경우 다리를 절단해야 할 가능성이 있다고 언급했지만, 디트리히는 인간적인 결함을 허락하지 않는 완전무결의 전설적인 여배우로 남기를 소망하면서 치료를 거부했다. 왼쪽 다리의 증상이 더 심해지자 짝짝이 다리를 위장하기 위해 특별히 고안한 스타킹과 붕대를 필요로 했고 또 다리를 감싸는 높은 부츠를 신었다. 그런 탓에 세계 순회공연이 있을 때마다 퉁퉁 부은 다리를 감추기 위해 사이즈가 각각 다른 롱부츠 수십 개를 가지고 다녀야만 했다. 당시 샤넬이 만든 쇼트 스커트 슈트에 롱부츠를 신은 디트리히의 패션은 새로운 스타일로 간주되면서 당대 최신 유행을 선도했다.

미국에서 순회공연을 이어가고 있던 1963년 10월 11일 디트리히가 잊을 수 없는 두 사람이 세상을 떠났다. 프랑스의 작가 장 콕토가 장티푸스로 사망하고, 디트리히의 공공연한 연인이었던 프랑스 샹송의 여왕 에디트 피아프가 심장마비로 사망했다. 알코올과 마약 중독 재활치료에 실패하고 일상생활이 힘들 정도로 건강이 악화되면서 1959년 가을 무대에서 탈진해 쓰러진 지 5년만의 일이었다.

오랫동안 축적된 다리와 허리 통증이 겹친 데다 이 해에 발병한 암은 디트리히의 운명을 서서히 재촉하고 있었다. 그는 제네바에서 암 치료를 받고 있었지만 사람들에게 자신의 병을 철저히 숨기는 데 급급했다. 여전히 디트리히는 마약과 알코올로 통증을 잠재우면서 새롭게 만난 오스트리아인 연인과 밀회를 즐겼고, 미국과 유럽의 순회공연에서 독보적인 인기를 구가하고 있었다. 금색 시스루 드레스와 화려한 모피코트는 농염하게 피워 올렸던 담배 연기를 대신하여 디트리히의 새로운 트레이드마크가 되었다. 그럼에도 그녀는 런던과 파리의 대형 나이트클럽에서 연이어 출연 계약을 맺었고, 1967년과 1968년 미국 브로드웨이에서 '연극의 아카데미상'으로 불리는 토니 상Tony Awards을 연속 수상하는 등 성공의 불길은 잦아들지 않고 있었다.

1968년 4월 4일 미국의 흑인 인권운동가 마틴 루터 킹Martin Luther King 목사가 테네시 주의 흑인 미화원 파업운동을 지원하는 자리에서 백인우월주의자의 흉탄을 맞고 암살당한 사건에 이어 디트리히의 오스트리아인 애인이 불의의 사고로 사망했다. 이와 함께 영화 〈오즈의 마법사〉(1939)에서 순수한 도로시Dorothy 역을 맡아 〈무지개 저편Over the Rainbow〉을 불러서 불후의 명장면을 선사했던 주디 갈랜드Judy Garland가 1969년 6월 22일 영국 런던에서 알코올 중독과 약물 과다복용으로 사망했다. 뛰어난 노래와 연기 실력을 갖추었던 주디 역시 5번의 결혼과 4번의 이혼, 신경쇠약과 약물 중독에 빠지면서 수차례의 자살 시도 끝에 47세의 나이로 암울한 운명을 마친 것이다.

1970년 9월에 일본에서 개최된 '오사카만국박람회'의 폐회식 쇼를 장식하기 위해 디트리히는 생애 최초로 일본을 방문했다. 퉁퉁 부은 다리에 주사를 연이어 맞아가면서 자신의 사이즈보다 좀 더 큰 부츠를 신고서 일본 공연을 마쳐야만 했다. 일본에서 돌아오자마자 레마르크의 사망 소식을 접한 그녀는 침통함을 주체하지 못해 상복을 입은 채 며칠 동안 집 밖으로 나가지 않았다. 그때까지 디트리히는 줄곧 미국의 TV 방송국에서 쇼 진행을 맡아오고 있었는데, 방송 관계자들은 이전부터 디트리히의 알코올 중독 사실을 공공연한 비밀로 지켜오느라 전전긍긍하고 있었다. 그러던 중 방송 중간 휴식 시간에 위스키를 마신 디트리히가 쇼 게스트에게 말다툼을 걸었고 그것이 마침내 소송까지 이어지는 사고가 발생했다. 쇼 무대나 방송 중에 디트리히가 일으킨 각종의 사고들로 인해 이제 그녀의 알코올 중독 비밀은 점차 봉인 해제되어가고 있었다.

•　•

　　1972년 6월 17일 미국 민주당 본부가 입주해 있는 워싱턴 DC의 워터게이트 호텔에 침입한 괴한 5명이 강도 미수와 불법 도청 혐의로 경찰에 체포되었다. 처음에 이 사건은 단순한 불법 침입 강도 사건의 일종으로 간주되었기 때문에 어느 누구도 공화당의 리처드 닉슨Richard Nixon 대통령 재선위원회와 연계되었을 가능성이 있으리라고는 전혀 생각하지 않았다. 이미 여론조사상에서 공화당 후보 닉슨이 압도적인 표 차이로 민주당의 대통령 후보를 누르고 재선이 확실한 상황에 놓여 있었기 때문이다. 하지만 경찰 수사가 진행될수록 백악관은 물론 CIA와 FBI까지 연루되어 있다는 사실이 밝혀지자 닉슨은 미국 역사상 가장 큰 표 차이로 재선되었음에도 불구하고 결국 1974년 8월 8일 대통령직을 사임했다.

　　이 무렵 미국과 영국에서 순회공연을 이어가고 있었던 디트리히는 다리와 허리 통증으로 인해 이따금 휠체어를 필요로 할 정도로 건강이 악화되고 있었다. 설상가상으로 극심한 탈모 증상이 겹쳐서 가발을 쓰고 무대에 오르기도 했다. 그럼에도 1973년 5월 17일 오랫동안 서로 떨어져 살고 있었던 남편 루돌프와의 금혼식을 치르는 일을 잊지 않았다. 하지만 그녀의 악화된 건강은 언제라도 큰 사고를 일으킬 조짐을 보이고 있었다. 1973년 11월 7일 메릴랜드 주 셰디 그로브Shady Grove 극장의 쇼 무대에서 앙코르 곡을 부른 뒤 관객에게 멋진 인사를 하는 순간 몸이 균형을 잃으면서 고꾸라진 것이다. 이 사건으로 관객에게 추한 모습을 보였다고 생각한 그녀는 큰 충격에 빠져서 헛소리를 해대곤 했다.

이후에도 몇 차례의 쇼 무대에 오르기도 했지만 더 이상 공연이 어렵다고 판단되자, 1974년 1월 26일 텍사스 주 휴스턴의 병원에 비밀리에 입원했다. 약 6주 후 병원에서 퇴원한 디트리히는 뉴욕의 아파트에 도착하자마자 또다시 위스키에 손을 대기 시작했다. 그러면서도 그해 4월부터 12월까지 뉴올리언스, 로스엔젤리스, 워싱턴, 호놀룰루, 애리조나, 오하이오, 미네소타, 시카고, 캘리포니아, 멕시코시티, 코네티컷 주와 일본에 이르기까지 순회공연을 무사히 치러냈다. 디트리히의 공식적인 마지막 쇼 무대는 1975년 9월 24일 호주 시드니에서였다. 이날의 공연에 대해 호주의 신문사 《데일리 텔레그래프The Daily Telegraph》는 다음과 같은 평을 실었다.

용감하게도 마를레네 디트리히라는 한 고령의 작은 체구를 가진 여인이, 과거 영화에서 여왕 역을 연기했던 것처럼 왕립극장의 무대를 비틀거리면서 활약하고 있었다. '용감하게도'라는 표현은 나의 진심을 말한 것이다. 의심의 여지없이 그녀의 쇼는 지금까지 내가 본 것들 가운데 가장 용감했고 가장 슬펐으며 가장 쓸쓸했다. (중략) 조명 장치와 화장품과 세련된 현대의 속옷 제조 기술의 도움을 빌어 그녀는 한 시간 이상이나 무대에 서서, 지금으로부터 약 30년 전에 전장에 있는 병사들의 등줄기를 오싹하게 만들었던 여자의 마술을 재현하려고 했다. 그녀의 팬들은 그녀를 찬양하고 있었다. 태엽 장치를 단 인형처럼 독일 태생의 전설적인 존재를 익살스럽게 흉내 내면서 〈나의 파란 하늘〉과 〈당신은 내 커피 속의 크림이야〉와 같은 노래를 부르면서 그녀는 당당하게 자신의 길을 나아갔다. (중략) 모피코트를 벗기 위해 종종걸음으로 무대 뒤로 빠져나갈 때 그녀는 자신의 몸을 지탱할 것이 없어서 휘청거렸다. (중략) 쇼가 끝났을 때 팬들이 보내는 갈채는 대단했다. (중략) 이 고령의 작은 체구를 가진 여인이 지금도 계속 노래를 부르는 이유를 이제 알 것 같다. 그것은 단순히 돈 때문만이 아니다. 돈 때문이었다면 그녀가 이렇게 열심히 노력하지는 않았을 것이다. (중략) 빨간 무대 막을 붙잡고 몸을 지탱하면서 그녀는 인사에 인사를 거듭했다. 우리가 객석을 떠나고 있을 때조차 그녀는 인사를 하고 손을 흔들며 그녀에 대한 찬미를 남김없이 흡입했다.[7]

이 통렬한 평가는 그녀의 몸이 더 이상 쇼 무대에 오르기에는 무리가 있다는 사실을 그녀 자신을 제외한 모든 사람들이 알고 있었다는 점을 말해주고 있었다. 스스로 서 있는 것이 무리가 될 정도로 자주 쓰러지고 그럴 때마다 다리 부상이 거듭되면서 디트리히는 더 이상 보행 보조기가 없이는 혼자서 걸을 수 없는 상태에 이르렀다. 자신이 걸음을 걸을 수 없다는 사실을 받아들이지 못했던 그녀는 종종 누군가가 뒤에서 자신의 발을 걸었기 때문에 무대에서 쓰러진 것이라고 거짓말을 꾸며대기도 했다. 심지어 요양사가 그녀의 상태에 대해 사실대로 설명하고 설득시키려는 내용을 받아들이기 거부했을 뿐만 아니라 치료를 하기 위해 치료사가 자신의 다리를 만지는 것도 극도로 싫어했다.

1976년 6월 24일 디트리히의 유일한 남편 루돌프 지버가 오랜 암 투병을 끝으로 캘리포니아에서 사망했다. 당시 파리의 아파트에 혼자 머물고 있었던 디트리히는 남편의 장례식을 촬영하기 위해 기자들이 몰려올 것이라고 확신하고는 자신의 초라한 모습을 보여주기 싫다는 핑계로 장례식에 참석하지 않고 파리에 그대로 남아 있었다. 같은 해 오랫동안 연인 사이를 유지하고 있었던 장 가뱅도 세상을 떠났다.

1978년 영국의 배우이자 감독이었던 데이빗 헤밍스David Hemmings가 독일 베를린을 배경으로 한 영화 〈Just A Gigolo〉에 디트리히의 출연을 제의했다. 당시 데이빗 헤밍스 감독의 친구였던 영국의 가수 데이빗 보위David Bowie가 마약 중독에서 벗어나기 위한 절실한 탈출구로 서 베를린행을 택한 것이었다. 디트리히는 데이빗 보위의 출연을 환대하면서 이 작품에 출연할 것을 결심했던 것으로 전해지고 있지만 실제로 두 사람이 촬영장에서 만난 적은 없었다. 데이빗 보위가 베를린에서 영화 촬영을 하고 있을 때 디트리히는 건강상의 이유로 그녀가 살고 있었던 파리에서 짧은 영상 분만 촬영한 뒤 나중에 필름을 편집했기 때문이다. 이 영화는 1978년 11월 16일 독일 베를린에서 개봉되었지만 평론가들의 혹평을 받으면서 현재는 대중의 기억 속에서 잊혀졌다. 결과적으로 79세의 디트리히가 청년 시절의 데이빗 보위와 호흡을 맞춘 영화가 된 〈Just A Gigolo〉는 디트리히의 마지막 필모그래피를 장식한 작품이 되었다.

이제 더 이상 혼자서는 거동할 수 없는 상태에 이른 것을 깨닫게 된 디트리히는 탄력이 사라진 주름투성이의 추한 모습을 비밀리에 간직하기 위해 뉴욕에 있는 모든 짐을 프랑스 파리로 옮겼다. 언제나 성스럽고 신비한 왕족처럼 살고 싶어 했던 디트리히의 비밀을 지키는 데는 뉴욕보다 파리가 더 유리할 것이라는 판단 때문이었다. 이것은 자신의 상태를 처음으로 깨달은 디트리히의 은퇴식과 다름없는 것이었다. 물론 자신이 원하지 않은 은퇴였다. 이후 바깥출입을 철저히 삼가며 살아갔던 디트리히는 1992년 5월 6일 파리 몽테뉴Montaigne 애비뉴 아파트에서 조용히 숨을 거뒀다.

디트리히는 숨을 거두기 직전 자신의 고향인 독일의 쇤네베르크에한 번 방문해보고 싶어 했다. 베를린 장벽이 무너진 1989년 이후에는

20세기 스모크의 여신 디트리히. 우아하게 긴 손가락 사이에 담배를 끼고 상대가 건네준 라이터 불을 양손으로 감싸면서 연기를 빨아들일 때 볼을 움푹 패게 하여 광대뼈를 돋보이게 하는 제스처는 디트리히의 대표적인 이미지 중의 하나이다.

늘 갈망했던 베를린에 있는 모친의 묘지를 방문하는 것도 가능했다. 마리아는 검은 가발로 변장을 해서 열차를 타고 다녀오라고 조언했지만 고향에 대한 자신의 미련 따위는 깨끗이 잘라버리겠다는 듯 단호하게 그 제의를 거절했다. 사후에라도 디트리히의 간절했던 소망을 이루게 하고 싶어서였을까. 마리아는 파리에 안장된 디트리히의 관을 독일 베를린으로 이장하기로 결정했다. 이장하기 직전 마리아는 디트리히의 관을 덮고 있던 프랑스 국기를 걷어내고 미국의 성조기를 덮었다. 이것은 디트리히가 당당한 미국 시민이었음을 세계에 알리기 위한 마리아의 조치였다. 훗날 마리아의 고백에 의하면 이것은 순전히 마리아 자신의 미래를 위한 이기적인 소망이기도 했다. 그러나 베를린의 장례식장에서 디트리히의 관 위에는 프랑스 국기와 제2차 세계대전 중에 받았던 공로 훈장들이 장식되었다. 현재 디트리히의 묘는 독일 베를린에 있는 모친의 묘 바로 옆자리에 위치해 있다.

●●

오늘날 우리가 볼 수 있는 마를레네 디트리히의 흑백 사진들은 하나같이 고혹적이고 농염하며 오묘한 매혹으로 빠져들게 만든다. 그녀가 평생 견지했던 '성스러운 왕족'의 자태에 견주어도 전혀 손색이 없을 정도다. 사진 속의 디트리히는 일평생 화려한 스크린 인생만을 살아갔던 것처럼 보이지만, '고국을 저버린 배신자'라는 불명예의 딱지도 영원히 그녀를 따라다녔다. 히틀러의 나치 정권을 벗어나기 위해 미국으로 망명하여 시민권을 취득한 뒤 제2차 세계대전이 발발한 전 기간 동안 독일과 대치하고 있는 연합군을 찾아다니며 수많은 위문활동에 참가한 결과로 제2차 세계대전이 끝나자 미국과 프랑스에서는 그의 공로를 공식적으로 찬사하면서 국가 훈장을 수여했다. 하지만 정작 그녀의 조국인 독일에서는 국가적 반역을 의미하는 '배신자'로 낙인찍어버렸다. 전후 독일 국민들은 히틀러의 파쇼 행위에 대해서는 절대로 용서할 수 없는 것이라는 데 공감을 했지만, 목숨을 걸고 전선에 나간 독일 장병들과 적대하고 있는 연합군 진영을 돌면서 그들을 지원했던 그녀의 '이적 행위' 역시 도저히 용납할 수 없었던 것이다. 이러한 역설을 우리는 어떻게 해석하고 평가해야 할까.

전 세계인들로부터 엄청난 찬사와 애증을 동시에 받으며 대중을 사로잡은 20세기 최고의 '할리우드 섹스 심벌' 마를레네 디트리히. 1930

영화 〈상하이 특급〉에서의 마를레네 디트리히의 고혹적인 모습

년대에 독일 제3제국의 총통 히틀러를 비롯하여 1960년대에 이르러 60세의 나이가 되어서도 당시 45세에 불과했던 존 F. 케네디 미국 대통령의 구애를 받았을 정도로 강력한 그녀의 매력에 매혹당한 남성들은 수도 없이 많았고 또 당대 최고의 여배우와 가수로서 평생 동안 전 세계 대중의 큰 사랑을 받으면서 살아갔다. 그와 동시에 마치 사랑하기 위해 태어난 사람이기라도 한 것처럼 당대의 수많은 명망가들을 상대로 한 로맨스의 주인공이기도 했다.

무성영화의 전성기에 독일에서 데뷔한 디트리히가 진정한 자신의 진가를 발휘할 수 있었던 곳은 미국의 할리우드였다. 유성영화의 시대의 할리우드에서 그녀 특유의 허스키한 목소리는 아름다운 여성미로 스크린을 수놓은 수많은 여배우들과 달랐다. 초점을 잃은 듯 흐릿한 눈빛과 당대 최고의 각선미를 소유하고는 있었지만 그 누구와 견주어도 독보적이었던 그녀의 관능적이고 퇴폐적인 매력은 20세기의 섹스 심벌이라는 찬사를 받기에 부족함이 없었다. 전쟁터로 떠난 연인을 그리워하는 마음을 그린 노래 〈릴리 마를렌〉은 그녀의 허스키한 목소리를 통해 제2차 세계대전 중 연합군과 독일군을 가리지 않고 모든 병사들의 심금을 애절하게 울려준 최고의 히트곡으로 자리했다.

다리와 허리의 극심한 통증과 암 투병의 상황에서도 디트리히는 늘 '성스러운 왕족'의 자태를 유지하면서 스스로 몸을 가누지 못할 때까지 영화배우와 쇼 무대의 가수로 최선을 다하고자 했다. 이러한 그녀의 빈틈없는 노력에도 불구하고 오늘날까지 마를레네 디트리히의 이미지는 흑백영화 시대 할리우드의 전설적인 팜므 파탈 혹은 섹시 심벌로서 히틀러의 제3제국을 거부하고 미국으로 망명한 의식 있는 여배우라는 인상으로 남아 있다. 인류 역사상 최악의 비극으로 기록된 나치 제국의 홀로코스트를 생각할 때 이러한 디트리히의 긍정적인 이미지는 배가되기에 충분하다.

그녀가 살아생전 자신의 조국인 독일로 귀환하지 못했다는 사실은 국가적 오류가 개인의 일상에 침범한 안타까움으로 작용한다. 그러나 조금만 시선을 달리 하면 디트리히는 히틀러의 나치 이념을 저버리는 대신 연합군의 전쟁 프로파간다를 매우 충실히 수행했다고 볼 수 있다. 즉 나치 독일을 거부한 디트리히에 대한 후대의 우호적인 평가에는 그녀가 냉전 시기 미국 할리우드의 섹시 심벌이 되어 자유민주주의의 이상을 수호하기 위해 미국의 프로파간다를 수행했다는 사실은 도외시되어 있는 것이다. 그가 히틀러의 후원을 저버리고 나치 제국의 이념을 거부했던 것은 사실이지만, 제2차 세계대전의 상황에서 연합군을 위한 프로파간다를 수행했던 행위 그 자체는 최승희와 리샹란의 경우와 다르지 않다.

더욱이 리샹란이 '야마구치 요시코'로 회귀하면서 자기 자신과 과거 일본 제국주의의 역사에 대한 참회의 차원에서 구식민지 문제 해결에 전념했을 때 그것이 곧바로 전후 일본 국가의 평화주의 이념을 실천하는 것으로 전이되었던 것처럼, 전후 독일이 디트리히를 용서하고자 했던 노력은 홀로코스트라는 과거 자신들의 악령과 화해함으로써 전후 독일의 평화주의를 실현해보고자 했던 노력의 일환이기도 했다. 즉 이들의 행위는 결국 문화의 외피를 입고 국가가 목표로 한 방향을 실현하는 사회적 행위자actor 또는 주체agent의 현현을 보여준 것이다.

그러나 오랜 시간이 흘러도 조국의 반역자를 용서하고 진정한 화해의 악수를 건네는 일이란 독일인들에게도 그리 녹록한 일은 아니었던 것처럼 보인다. 이안 부르마Ian Buruma의 다음과 같은 진술은 과거에 대해 반성하는 독일과 반성하지 않는 일본이라는 세간의 평가와 달리 독일인들 역시 역사적 과오를 참회하기 위해 조국의 반역자와 화해함으로써 진정으로 과거를 극복해가는 과정이 여전히 힘겨운 일이라는 사실을 잘 보여준다.

마를레네 디트리히는 유대인은 아니었지만 파괴된 베를린의 유대적 세계의 일부였다. 1992년 그녀가 죽었을 때 베를린에서 간소한 그녀의 장례식에 참석한 독일인들은 거의 모두 40세 이하였다. 이것은 이 여배우를 위해 공식적인 장례행사를 개최하기를 거부한 시 관리의 소심한 결정과 대조를 이루었다. 상당수의 독일인들은 독일의 도시들이 폭격을 당할 때 디트리히가 미군 제복을 입고 연합군 위문공연을 다닌 것을 결코 용서할 수 없었지만, 장례식에 참석한 젊은이들에게는 그녀가 그들이 동일시하고 싶어 하는 다른 독일의 대변자였다.[8]

베를린 쇤네베르크 지역에 조성된 '마를레네 디트리히 광장'

마를레네 디트리히 광장의 이정표

1967년의 디트리히

1976년의 디트리히

럭키 스트라이크(lucky stryke) 담배 광고의 디트리히

베를린에 위치한 디트리히의 묘비

그리고 남겨진 이야기

에드워드 사이드Edward Said가 말한 바 있듯이, 과거에 대한 연구는 현재를 해석하는 데 가장 보편적인 전략 중의 하나다. 과거에 대한 연구를 생동감 있게 해주는 것은 비단 과거가 무엇이었는지 또는 과거에 어떤 일이 일어났는지에 대한 의견의 불일치뿐만 아니라 그 과거가 정말로 끝났는지 아니면 다른 형태로 여전히 지속되고 있는지에 대해 불확실한 감정이 남아 있다는 그 사실 자체에 있다.[1] 그러한 탓에 불확실한 문제영역이 현재까지 남아 있는 과거에 대한 연구는 늘 현재적인 의의를 갖는다. 양차 세계대전과 냉전시대를 경유하는 동안 이 네 인물들에 대한 대중의 히스테릭한 반응과 평가는 이러한 사실을 잘 보여준다. 그리고 이 사실은 그러한 후대의 평가를 견인한 국가 이데올로기와 거기에 기반을 둔 문화 권력이 얼마나 자의적이며 또 연약한 기반 위에 성립되었는가를 확인케 해준다는 점에서 흥미롭다.

그만큼 20세기 초중반에 걸쳐 형성된 국제관계와 거기에 기반을 둔 신뢰란 단지 레토릭에 가까운 것이었다. 그리고 그렇게 연약한 기반을 봉인해주는 것이 바로 프로파간다다. 사실 프로파간다는 어디에나 존재한다. 전체주의의 지배하에서 선전선동이 강력한 효과를 갖고 있다는 것은 명백한 사실이지만 민주주의에서 그것은 좀 더 은밀한 방식으로 유통된다. 그것은 객관적인 대중 매체의 일부가 되어 좀 더 정교하고 자연스러워 보여야 하기 때문이다. 우리는 어떤 현상에 대해 부를 이름이 없으면 그것을 명확히 인식하지 못하는 경향이 있다. 그런 까닭에 눈에 보이지 않는 무수한 종류의 현대식 프로파간다는 자주 무시되곤 한다. 그러한 프로파간다들은 그저 객관적인 특성들을 매개할 때 정의 내려질 수 있기 때문이다. 그런 점에서 프로파간다는 단순한 의사 전달이 아니라 군중을 대상으로 한 '대중 암시'이다.

수많은 사람들이 지적하고 있듯이 현재의 우리는 제국이나 제국주의적 맥락을 무시할 수 없는 시점에 도달해 있다. 19세기를 관통한 제국주의적 지배방식은 21세기 신자유주의적 세계화의 기초가 되었기 때문이다. 즉 전자통신, 세계시장무역, 자원 보유, 여행, 기상도, 생태학적 변화 등에 대한 정보의 세계화는 전 지구를 연결해주었다. 이러한 패턴의 시작은 근대 제국에서 처음 시작된 것이다.[2] 국가와 자본을 희생해서라도 글로벌한 경쟁에 광분한다는 점에서 1990년대 이후의 세계화 및 신자유주의가 19세기 제국주의의 우승열패·적자생존과 같은 사회다위니즘의 재판에 지나지 않는다고 주장한 가라타니 고진柄谷行人이 현재의 사태를 자유주의보다는 제국주의라는 관점에서 보아야 한다고 조언한 것은 바로 이 때문이다.[3] 그러므로 현재의 시점에서 우리는 과거에 대한 망각과 부정을 거부하고 거기에 대항하면서 역사를 직시하려고 노력하는 사람들을 찾아내어 교류하며 연대하는 과정이 중요하다. 이들은 모든 종류의 신화화와 종교화를 거부하고 역사적 진실과 대면하기를 두려워하지 않는 자들이기 때문이다.

이 글은 일본과 독일 제국주의를 횡단하는 기억은 시간의 흐름에 따라 매우 유동적으로 변화해간다는 사실을 이해하기 위해 특정의 사례를 교차시킨 것이다. 개별 국민국가의 내셔널 히스토리를 횡단하는 작업은 그들 사이에서 보이는 상관성을 밝히는 일이다. 이러한 작업이 보여주는 통찰력은 하나의 내셔널 히스토리를 살펴보는 작업이란 다양한 국민국가에서 보이는 논의를 참조하지 않고서는 더 이상 유효한 내용을 조망할 수 없다는 사실이다. 이 글이 일본과 독일 제국주의를 문제의 소재로 삼고 있지만, 이것이 의도한 본의는 제국주의를 둘러싼 문제 상황에 관계된 모든 국가 이데올로기와 대중의 감수성이 공모하는 방식을 검토해보는 데 있다. 제국주의와 은막의 여성 스타들이 재현해낸 다양한 경험은 내셔널 히스토리에 대한 구체적인 통찰력을 제공해주고 있다고 판단하기 때문이다. 현재의 시점에서 제국주의에서 발견되는 문제가 끊임없이 호출되어야만 하는 이유는 바로 여기에 있다.

제1장 1935년 최승희, 제국 일본 무용계의 여왕으로 등극하다

1   최승희, 〈전선의 요화〉,《야담》제4권 제1호, 1938.

2   이시이 야에코, 〈기억이 날 때마다 만나고 싶은 최승희〉, 高嶋雄三郎,《崔承喜》, 學風書院, 東京, 1959.

3   〈무용계의 명성〉,《매일신보》, 1926.3.21.

4   최승희, 〈故土에서 형제에게 보내는 글〉,《삼천리》, 1935.12.

5   〈무용계에 도전한 숙명학교의 여교원: 경성역두에서 일어난 喜活劇〉,《매일신보》, 1926.3.27.

6   〈무용예술가의 눈에 띈 최승희 양〉,《매일신보》, 1926.3.26.

7   〈2등 비행사 이전희 양 석정막 무용연구소 입소〉,《매일신보》, 1929.7.18.

8   〈최승희 양 프로 예술가와 결혼: 장래론 프로 무용에 정진〉,《별건곤》, 1931.5. 29쪽.

9   정병호,《춤추는 최승희: 세계를 휘어잡은 조선 여자》, 뿌리깊은나무, 1995, 69~76쪽 참조.

10 이혜진, 〈추백 안막의 프롤레트쿨트론〉,《어문연구》제44집, 2016.

11 〈최승희 여사 가정 방문기〉,《별건곤》, 1931.10.

12 백철, 〈최승희의 주먹춤〉,《중앙일보》, 1978.1.20.

13 안막, 〈조선문학과 예술의 기본 임무〉,《문화전선》, 1946.7., 전승주 엮음,《안막선집》, 현대문학, 2010, 247~248쪽에서 재인용.

14 아르놀트 하우저,《문학과 예술의 사회사 4》, 백낙청 · 염무웅 옮김, 창작과비평사, 1999, 13~15쪽.

15 〈치안법 위반 송국(送局) 관계자 씨명〉,《매일신보》, 1931.10.6.

16 《아사히신문(朝日新聞)》, 1936.8.12.

17 최승희, 〈어머니 된 감상〉,《만국부인》, 1932.10.

18 정병호, 앞의 책, 75~76쪽.

19 川端康成, 〈舞姬 崔承喜〉, 《文藝》, 1939年 11月号.

20 동경의 한 기자, 〈동경에서의 최승희 제1회 발표회 인상기〉, 《신동아》, 1934년 12월 호, 정병호, 앞의 책, 86~87쪽에서 재인용.

21 위의 책, 89쪽.

22 김관, 〈최근 무용계 만평〉, 《동아일보》, 1937.7.25.

23 함대훈, 〈최승희 씨의 인상〉, 최승일 엮음, 《최승희 - 나의 자서전》, 이문당, 1937, 130쪽.

24 한설야, 〈무용사절 최승희에게 보내는 書〉, 《사해공론》, 1938.7., 《한국예술총집: 연극편 2》, 대한민국예술원, 1990, 527~528쪽에서 재인용.

25 정병호, 앞의 책.

26 이애순, 《최승희 무용예술연구》, 국학자료원, 2002.

27 박미영·오율자, 〈민족주의 무용가로서의 최승희 연구〉, 《대한무용학회》 제49호, 2006, 157쪽.

28 김연숙, 〈식민지 시기 대중문화영웅의 변모과정 고찰: 최승희를 중심으로〉, 《여성문학연구》 제25호, 2011.

29 노영희, 〈최승희 - 일본에 심은 '조선 혼': 일본의 문학과 언론의 반향을 중심으로〉, 《공연과리뷰》 제75호, 2011.12.

30 정웅수, 〈일본 문인들이 바라본 최승희: 기쿠오카 구리(菊岡久利)와 사이토 모키치 (斎藤茂吉)를 중심으로〉, 《남서울대학교 논문집》 제11권 제2호, 2005, 96쪽.

31 김채원, 〈최승희 춤 활동에 대한 한국과 일본의 반향〉, 《공연문화연구》 제21집, 2010.8.; 김채원, 〈최승희의 월북 후 춤 창작 활동〉, 《공연과리뷰》 제85호, 2014년 여름호.

32 이혜진, 〈전전-전후 내셔널리즘의 변용: 리샹란과 최승희의 경우〉, 《국제어문》 제67 집, 2015.12, 14~15쪽.

33 〈臺灣文學當面の諸問題 文聯東京支部座談會〉, 제3권 7.8 합본호, 1936.8.28.

34 장원쉰, 〈최승희와 타이완〉, 《플랫폼》, 2007년 7·8월, http://platform.ifac.or.kr/ webzine/view.php?cat=&sq=105&page=1&Q=&S=&sort=.

35 〈排日運動のデマに崔承喜か憤慨-紐育からの便り〉, 《二六新聞》, 1938.8.16., 강준식, 《최승희 평전》, 눈빛, 2012, 214~215쪽에서 재인용.

36 《報知新聞》, 1940.12.7.

37 최승희, 〈幾山河故國を想ふ〉, 《婦人朝日》, 1941년 2월호, 강준식, 앞의 책, 262쪽에서 재인용.

38 〈최승희 여사의 선물, 문협에 2천 원 기탁〉, 《매일신보》, 1941.4.9.

39 〈최승희 여사 2천 원 헌금〉, 《매일신보》, 1941.4.28.

40 〈최승희, 군사보급협회 위해 경성에〉,《매일신보》, 1942.2.4.

41 〈智識動員を言う〉,《국민문학》, 1942.1.

42 이혜진,《사상으로서의 조선문학》, 소명출판, 2013, 195~199쪽.

43 〈장지연, 총독부 기관지에 700여 편 기고〉,《서울신문》, 2009.11.9; 〈친일파 상징 비
　 행기 헌납, 김성수 동생 등 개인·단체 공개〉,《한겨레》, 2005.8.12. 1937년부터 1944
　 년까지 7만 5000원이 넘는 최승희의 헌납금의 세부내역은 다음과 같다. ① 1937년
　 2월 종로경찰서에 경성부 보호소 기금으로 100원, ② 같은 해 10월 국방기금 1500
　 원과 경성일보 도쿄지사에 황군위문금·조선방공기재기금으로 각각 100원씩, ③
　 같은 해 4월을 전후하여 군사령부에 국방헌금 2000원, ④ 같은 달 조선문인협회에
　 2000원, ⑤ 같은 달 조선군사후원연맹에 2000원, ⑥ 같은 해 12월 육군성 휼병부(恤
　 兵部)에 6396원, ⑦ 1944년 3월 경시청 내선과(內鮮課)에 도쿄협화회 연성도장 정
　 비기금으로 1000원, ⑧ 같은 해 11월 경성지방 해군인사부와 조선군애국부에 각각
　 2만 5000원씩, ⑨ 같은 해 12월 총독부 정보과에 1만 원, ⑩ 1942년 조선군사보급협
　 회 운영기금을 위한 공연수익금, ⑪ 1941년 2월 독일육군병원 부상병 위문기금으로
　 570마르크 등이다. 민족문제연구소 엮음,《친일인명사전》, 2009, 736쪽.

44 조정희, 〈최승희 트레일〉(1),《후아이엠》, 2017.8.1. 이후의 인용은 〈최승희 트레일〉
　 의 연재번호와 게재일 표기로 대신한다. 1939~1940년은 최승희가 전문 무용가로서
　 의 전성기를 구가했던 시기였음에도 불구하고 지금까지의 자료가 대부분 제한된 증
　 언에 의존해 있었던 탓에 최승희의 유럽 공연에 대해서는 자세히 알려져 있지 않았
　 다. 그런데 2016년 한겨레아리랑연합회 이사장 차길진이 최승희의 유럽 순회공연
　 에 대한 원본 자료와 신문 기사를 발굴하고, 또 그 뒤를 이어 최정희 PD가 2017년 5
　 월 13일에서 6월 12일까지 최승희의 궤적을 따라 현지조사와 취재를 통해 〈최승희
　 트레일〉을 인터넷 신문《후아이엠》에 연재하기 시작하면서 본격적으로 자료가 공
　 개되었다. 따라서 이 시기 최승희의 행방에 대한 내용은 이 자료에 크게 의지하기로
　 한다. https://www.whoim.kr

45 최승희, 〈나의 무용 15년〉,《조광》, 1940.9.;《매일신보》, 1938.12.26. "〈르아브르 동맹
　 통신〉 최승희 여사는 24일 트랜스 애틀란틱 사의 파리호로 뉴욕으로부터 프랑스 르
　 아브르항에 도착하였다."

46 〈최승희 트레일〉(3), 2017.8.8.

47 〈최승희 트레일〉(5), 2017.8.22.

48 〈승희 이야기〉,《여성》, 1939.7.

49 조정희, 〈최승희 트레일 (12): 남부 유럽에서의 공연 ④〉, 2018.3.9.; 〈최승희 트레일
　 (15): 마르세이유 공연 ③〉, 2018.5.1.

50 최승일 엮음,《최승희 - 나의 자서전》, 이문당, 1937.

51 이혜진, 〈제국의 형이상학과 식민지 공공성의 재구성〉,《민족문화논총》제60집, 2015.8, 7쪽.

52 이혜진, 앞의 글,《국제어문》제67집, 2015.12, 32~33쪽.

제2장 1941년 리샹란, 관객이 일본극장을 일곱 바퀴 반 에워싸다

1 〈내 父母 나도 모르오 李香蘭 自身의 身勢談: 내 딸이라는 半島人과 會見注目〉,《매일신보》, 1941.2.24.

2 〈李香蘭 · 金信哉會見記〉,《삼천리》, 1941.4, 180~182쪽.

3 Shelley Stephan, "The Occupied Screen: Star, Fan, and Nation in Shanghai Cinema, 1937~1945," Ph.D. diss., University of Chicago, 2000, chapter 6, 7.

4 최정호, 〈빼앗긴 들에도 봄은 왔었다〉,《계간 사상》, 1995년 여름호, 191~192쪽.

5 야마무로 신이치,《키메라: 만주국의 초상》, 윤대석 옮김, 소명출판, 2009, 132쪽.

6 위의 책, 271쪽.

7 김려실,《만주영화협회와 조선영화》, 한국영상자료원, 2011, 22~33쪽.

8 山口淑子,《'李香蘭'を生きて: 私の履歴書》, 日本経済新聞社, 2004, p. 50.

9 山口淑子 · 藤原作弥, 〈李香蘭 私の半生〉, 新潮社, 1987, pp. 137~138; 위의 책, pp. 58~60.

10 山口淑子, 위의 책, pp. 82~83.

11 〈(광고) 〈그대와 나〉〉,《영화순보》, 1941.10.21.,《일본어잡지로 본 조선영화 3》, 한국영상자료원, 2012, 89쪽에서 재인용.

12 〈《君と僕》를 말하는 좌담회〉,《삼천리》, 1941.9, 113쪽; 〈(광고) 〈君と僕〉〉,《영화순보》, 1941.11.1. 참조.

13 〈조선군보도부 작품 〈君と僕〉 좌담회〉,《영화순보》, 1941.10.21. 31~35쪽; 〈志願兵映畵《君と僕》: 朝鮮軍報導部에서 大規模로 製作〉,《매일신보》, 1941.7.5.

14 〈《君と僕》를 말하는 좌담회〉,《삼천리》, 1941.9, 113쪽.

15 정종화, 〈극영화 〈병정님〉 소개〉,《발굴된 과거 세 번째 〈병정님〉 해설서》, 한국영상자료원, 2006, 9~10쪽.

16 이혜진, 〈'올드 상하이'의 도시사회학과 식민지 조선인의 풍경〉,《우리문학연구》제51집, 2016.7, 137~139쪽.

17 松岡洋右,《세계 거두의 映畵觀》,《삼천리》, 13권 6호, 1941, 195쪽.

18 조선에서는 〈소식통: 李香蘭이는 日本人〉,《매일신보》, 1941.2.15.에 처음 기사화되었다.

19 니콜라스 잭슨 오쇼네시,《정치와 프로파간다》, 박순석 옮김, 한울, 2009, 15~22쪽.

20 포츠담 회담은 1945년 7월 17일부터 8월 2일까지 개최된 미·영·소 3국 정상회담
   이며, 포츠담 선언은 포츠담 회담 개최 기간 중인 7월 26일 미·중·영 정상들이 서
   명하여 공포한 문서다. 소련의 스탈린은 이 문서에 서명하지 않았는데, 8월 6일 히
   로시마에 원자폭탄이 투하된 후 8월 8일 소련이 일본에 선전포고를 하고 태평양전
   쟁에 참전하면서 포츠담 선언에 동참할 의사를 표명했다. 그러므로 포츠담 회담과
   포츠담 선언은 각각 별개의 내용으로 보아야 한다. 먼저 1945년 7월 17일 트루먼,
   처칠, 스탈린 등 미·영·소 3국 정상들이 포츠담에서 회동했다. 3국의 외무부장관,
   육군참모 총장, 그 외에 중요한 조언자들이 각국 정상들을 보좌하기 위해 회담에 동
   석했다. 회담은 8월 2일까지 계속되었으며 7월 27일과 28일 이틀 동안 정회 한 후 7
   월 29일 속개되었다. 회담이 이틀 동안 정회한 이유는 7월 26일 영국에서 총선이 열
   렸고 총선 결과를 확인하기 위해서 처칠이 런던에 가야만 했기 때문이었다. 그러나
   총선에서 보수당이 패배함으로써 7월 29일부터 속개된 회담에서는 영국의 새로운
   총리인 노동당의 애틀리(Clement Attlee)가 처칠을 대신하여 영국을 대표했다. 포츠
   담 회담의 정상회담에서 논의된 가장 중요한 안건들은 연합국과 패전한 추축국들과
   의 평화회담 체결을 위한 준비를 포함하여 유럽에서의 전후 평화 질서를 회복하는
   것이었다. 한국의 독립과 관련되어 있었던 동아시아의 전후처리 문제는 포츠담 회
   담의 공식 의제가 되지 못했고 또 태평양전쟁 문제 역시 포츠담 회담에서는 언급되
   지 않았다. 또한 포츠담 회담 기간 중인 7월 26일 트루먼(Harry S. Truman), 장제스
   (蔣介石), 처칠(Winston Churchill) 등 미국·중국·영국의 정상들은 포츠담 선언
   을 발표했다. 총 13개 조항으로 구성된 포츠담 선언의 8조는 한국의 독립에 대해 간
   접적으로 언급한 것인데, 그 내용은 일본의 항복 시 조선의 독립을 약속했던 카이로
   선언의 조건들이 이행되어야 하며, 따라서 일본의 주권은 혼슈, 홋카이도, 큐슈, 시
   코쿠와 연합국이 결정하는 부속 섬들로 제한됨을 명시했다. 그리고 9월 2일 도쿄 만
   에 정박하고 있던 미국 전함 미주리호(USS Missouri) 선상에서 연합국과 일본 사이
   에 서명된 일본의 항복문서 1조에서 일본은 포츠담 선언의 조항들을 수용한다는 사
   실을 공식적으로 인정했다. 이렇게 포츠담 선언이 국제법적 효력을 가진 이후 3년
   이 지난 1948년 포츠담 선언의 8조가 이행됨으로써 대한민국 정부가 수립될 수 있
   었다. 신종훈, 〈1945년 여름, 포츠담: 포츠담회담과 포츠담선언〉,《서양사학연구》제
   38집, 2016.3, 137~160쪽.
21 야마무로 신이치, 앞의 책, 263쪽.
22 야마자키 도모코,《경계에 선 여인들》, 김경원 옮김, 다사헌, 2013, 252쪽.
23 위의 책, 253~254쪽.
24 山口淑子·藤原作弥, 앞의 책, p. 395.

제3장 1935년 레니 리펜슈탈, 〈의지의 승리〉로 히틀러를 영웅화하다

1 제1차 세계대전 발발 이후인 1914년에 바이에른 근위보병연대가 프랑스의 바동빌레르(Badonviller)에서 승리한 것을 자축하는 의미로 만든 곡이기 때문에 처음에는 '바동빌레르 행진곡'으로 불렀다. 이후 나치 시대에 독일식 제목인 '바덴바일러 행진곡'으로 개명했는데, 히틀러가 정치 집회 때마다 이 곡을 자신이 입장할 때 사용하도록 하면서 하나의 관습처럼 굳어졌다. 이후 독일 주간뉴스에서도 히틀러의 등장 장면에서 배경음악으로 자주 사용했다. 처음에는 나치 이데올로기와 아무런 상관이 없는 곡이었으나 이렇게 히틀러 찬양을 상징하는 곡으로 간주되면서 제2차 세계대전 이후에는 연합국에 의해 금지곡으로 지정되었다.

2 오드리 설킬드, 《레니 리펜슈탈, 금지된 열정》, 허진 옮김, 마티, 2006, 40쪽.

3 위의 책, 77쪽.

4 〈〈노스페이스〉필립 슈톨츨 감독, "산악영화에서 중요한 건 기회다"〉, 《맥스무비》, 2010.6.4., http://news.maxmovie.com/69065#csidx04373168783e716a4bf4a20ebbba54c.

5 오드리 설킬드, 앞의 책, 85쪽.

6 위의 책, 93~110쪽.

7 위의 책, 87~89쪽.

8 위의 책, 89쪽.

9 위의 책, 91쪽.

10 Close Up, Vol. V, December 1929, No.6., 위의 책, 99~107쪽에서 재인용.

11 이 영화의 원제목은 〈구름 위에서(Über den Wolken)〉이지만, 〈눈사태(Avlanche)〉라고도 알려져 있다.

12 Film Culture, Spring 1973(Henry Jaworsky interviewed by Gordon Hitchens), 오드리 설킬드, 앞의 책, 134~135쪽에서 재인용.

13 로버트 O. 팩스턴, 《파시즘》, 손명희·최희영 옮김, 교양인, 2005, 55쪽.

14 안나 마리아 지크문트, 《히틀러의 여인들》, 홍은진 옮김, 청년정신, 2001, 259쪽.

15 로버트 O. 팩스턴, 앞의 책, 327쪽.

16 위의 책, 55쪽.

17 오드리 설킬드, 앞의 책, 358~360쪽.

18 위의 책, 430~433쪽.

19 1938년 2월 나치 독일의 외무장관이 된 요아힘 폰 리벤트로프(Joachim von Ribbentrop)는 오스트리아와 체코를 병합하고 독소불가침조약을 체결하여 제2차 세계대전 발발을 주도한 인물이다. 독일의 항복 후인 1945년 6월 함부르크에서 체

포되어 뉘른베르크 국제군사재판에서 교수형에 처해졌다.

20 오드리 설킬드, 앞의 책, 436~440쪽.

21 안나 마리아 지크문트, 앞의 책, 271쪽.

22 니콜라스 잭슨 오쇼네시, 앞의 책, 16~18쪽; 에드워드 사이드, 《문화와 제국주의》, 김성곤 · 정정호 옮김, 도서출판 창, 2002, 66쪽.

23 오드리 설킬드, 앞의 책, 455쪽 및 489쪽.

24 위의 책, 456~457쪽.

제4장 1939년 마를레네 디트리히, 미국으로의 망명을 감행하다

1 マリア・ライヴァ, 《ディートリッヒ》下, 幾野宏 譯, 新潮社, 1997, p. 124.

2 바이마르공화국은 독일 사회민주당(SPD), 가톨릭 중앙당(Zentrumspartei), 독일 민주당(구 진보당, DDP) 세 정당이 공화국 수립을 주도했다는 사실에서, 이때부터 독일 국기는 흑색(중앙), 적색(사민), 금색(민주)의 연합을 상징하게 되었다.

3 야마다 카즈오, 《영화가 시대를 말한다》, 박태옥 옮김, 한울, 1998, 89~95쪽.

4 영화 〈푸른 천사〉는 내용이 약간 다른 영어와 독일어의 두 가지 버전이 동시에 만들어졌다.

5 マリア・ライヴァ, 앞의 책, p. 152.

6 제프리 노웰-스미스 엮음, 《옥스퍼드 세계영화사》, 아순호 옮김, 열린책들, 2006, 273쪽.

7 マリア・ライヴァ, 앞의 책, pp. 230~239.

8 제프리 노웰-스미스, 앞의 책, 273~277쪽.

9 マリア・ライヴァ, 앞의 책, p. 71.

10 위의 책, p. 103.

11 위의 책, pp. 181~182.

12 위의 책, pp. 188~190.

13 'G.I. Joe'가 '미국 병사'를 뜻하는 데서 이와 유사한 발음으로 'G.I. Jo'로 부른 것인데, 이때 G.I란 Government Issue의 약자로, '미군 보병'을 뜻한다.

제5장 1955년 최승희, 북한 최고 인민배우 칭호를 받다

1 《조선예술》, 1956.11., 강준식, 《최승희 평전》, 눈빛, 2012, 396쪽에서 재인용.

2 최승희, 《생활과 무대》, 평양국립출판사, 1956, 42쪽.

3 《김일성 선집》 제4권, 조선노동당출판사, 1954, 568쪽.

4 일본무용 3편은 〈보현보살〉, 〈칠석의 밤〉, 〈희생(生贄)〉이고, 중국무용 3편은 〈명비곡〉, 〈양귀비 염무지도〉, 〈아미타여래영지도〉이며, 조선무용 7편은 〈석굴암의 벽조〉, 〈화랑춤〉, 〈초립동〉, 〈검무〉 등이었다. 강준식, 앞의 책, 291쪽.

5 《도쿄신문(東京新聞)》, 1943.8.8., 위의 책, 291쪽에서 재인용.

6 이혜진, 《사상으로서의 조선문학》, 소명출판, 2013, 21쪽.

7 '명단(名旦)'이란 중국 경극(京劇)에서 여배우 역을 맡는 국보급 여장남성 배우를 일컫는 용어로서, 1992년 중국 정부는 메이란팡을 비롯하여 상샤오윈(尚小云), 청옌치우(程硯秋), 쉰후이성(荀慧生)을 중국 경극을 발전시킨 '4대 명단'으로 선정했다.

8 최용권, 〈최승희와 매란방〉, 《한중인문학연구》 제36집, 2012, 247~249쪽에서 재인용(원문 수정은 인용자).

9 〈최승희 여사의 근황〉, 《자유신문》, 1946.11.18.

10 1929년 11월 최승일의 권유로 18세의 나이에 처음 경성 고시정(古市町) 19번지에 설립한 최승희 무용연구소는 1929년부터 1932년까지 운영되었다. 그러나 경제난으로 운영이 어렵게 되자 최승희는 무용연구소를 해산시키고 일본으로 건너가 다시 이시이 바쿠의 문하생으로 들어갔다. 두 번째로 설립한 최승희 무용연구소는 일본 도쿄 국정구(麴町區) 구단(九段) 이정목(二町木) 17번지 구단회관 2층을 빌려 1935년부터 1945년까지 운영되었다. 〈배구자의 무용전당, 신당리 문화촌의 무영연구소 방문기〉, 《삼천리》, 1929.4, 44쪽; 〈최승희 여사 무용연구소 설립, 석정막 씨와 분리하야〉, 《조선영화일보》, 1935.5.3.

11 〈평양 대동강변의 최승희무용학교 방문기〉, 《민성》, 1947.2., 《공연과리뷰》 제55집, 2006.12, 138~139쪽에서 발췌 정리.

12 한경자, 〈최승희와 북한 무용〉, 《공연과리뷰》 제54집, 2006.9, 36쪽.

13 서만일, 〈조선을 빛내고저 (4)〉, 《조선예술》, 1958년 1월호, 88쪽.

14 《조선중앙연감: 1950년 자료》, 조선중앙통신사, 평양, 1951, 강준식, 앞의 책, 360쪽에서 재인용.

15 임지현, 《오만과 편견》, 휴머니스트, 2005, 158쪽.

16 정병호, 《춤추는 최승희: 세계를 휘어잡은 조선 여자》, 뿌리깊은나무, 1995, 277쪽.

17 성기숙, 〈최승희의 월북과 그 이후의 무용행적 재조명〉, 《무용예술학연구》 제10집, 2002년 가을, 102쪽.

18 정병호, 앞의 책, 281~282쪽.

19 위의 책, 293~296쪽.

20 〈최승희 북경 활약(崔承喜北京活躍)〉, 《아사히신문》, 1952.7.3., 강준식, 앞의 책, 384쪽에서 재인용.

21 유미희,《20세기 마지막 페미니스트 최승희》, 민속원, 2006, 134쪽.

22 원작 및 무용 창작은 최승희, 각색 정준채, 미술 윤상렬, 작곡 최옥삼, 장치미술 오진환, 조명 박필훈, 해설은 유경애가 맡았다. 유미희, 〈모티프 표기법을 통해 본 최승희 춤 안무 스타일 분석〉,《한국무용기록학회》 제11권, 2006, 80쪽.

23 《한국민족문화대백과사전》, http://encykorea.aks.ac.kr/Contents/Index?contents_id=E0074352.

24 해방 이후 북한 사회주의 체제 건설 시기는 새민주조선건설시기(1945~1949), 조국해방전쟁시기(1950~1954), 전후복구건설과 사회주의기초건설시기(1955~1959), 사회주의전면적건설시기(1960~1969)의 총 네 시기로 구분된다. 동경원, 〈최승희 무용극 연구: 작품분석 및 공연예술사적 의의를 중심으로〉,《한국예술연구》, 2014.6, 156쪽.

25 성기숙, 앞의 글, 117~118쪽.

26 최승희, 〈로동당시대에 찬란히 꽃핀 무용예술〉,《조선예술》1965년 10월호, 25쪽.

27 최승희, 〈인민의 애국투쟁을 반영한 우리나라 무용예술〉,《조선예술》, 1961년 7월호, 17쪽.

28 성기숙, 앞의 글, 117쪽.

29 서만일, 〈최승희의 예술과 활동〉,《조선예술》, 1957년 10월호, 65쪽.

30 이 대본집에는 '민족무용극' 〈반야월성곡〉(3막 4장), 〈사도성 이야기〉(5막 6장), 〈맑은 하늘 아래〉(4막 9장), 〈운림과 옥란〉(4막 8장)의 4편이 실려 있다.

31 최승희, 〈인민의 애국투쟁을 반영한 우리나라 무용예술〉,《조선예술》1966년 11기.

32 김채원, 〈최승희의 월북 후 춤 창작 활동〉,《공연과리뷰》제85집, 2014.6, 115쪽.

33 서만일, 〈최승희의 예술과 활동 (1)〉,《조선예술》, 1957년 10월호, 65쪽.

34 김일성,《세기와 더불어》, 조선로동당출판사, 1980, 55쪽.

35 〈레오니드 일리이츠 브레쥬네브 동지의 축하 연설〉,《조선로동당대회자료집》제1집, 통일원, 1980, 547쪽.

36 이종석, 〈김일성의 '반종파투쟁'과 북한 권력구조의 형성〉,《역사비평》, 1989.8, 259~260쪽.

37 《로동신문》, 1956.9.5., 위의 글에서 재인용.

38 위의 글, 261~262쪽.

39 〈대동강의 증언 (8)〉,《경향신문》, 1974.5.2., 강준식, 앞의 책, 413쪽에서 재인용.

40 지금까지 기록된 북한에서 쓴 최승희의 무용 관련 평론 목록을 나열해 보면 다음과 같다. 〈뜻이 같으니 세상도 넓다〉,《문학신문》(1957.1.31), 〈통일적인 민족무용을 발전시키자〉,《문학신문》(1961.1.10), 〈황금의 대지 우에 핀 민족 무용예술의 새로운 정화〉,《문학신문》(1961.2.17), 〈무용과 문학: 무용극 원본 창작 문제를 중심으로〉,

《문학신문》(1961.6.20), 〈비약하는 농촌 무용 서클〉, 《문학신문》(1962.2.13), 〈천리마 조선의 혁명적 무용예술을 더욱 찬란히 빛내기 위하여〉, 《문학신문》(1965.2.2), 〈무용극 예술과 무용극 원본 (1)〉, 《문학신문》(1965.3.16), 〈무용극 원본은 행동의 문학 (2)〉, 《문학신문》(1965.3.26), 〈문학적 형상과 무용적 형상〉, 《문학신문》(1965.4.20), 〈무용극 원본 창작서의 기본문제 (4)〉, 《문학신문》(1965.4.23), 〈문학적 구성과 무용적 구성 (5)〉, 《문학신문》(1965.4.27), 〈조선무용 동작과 그 기법의 우수성 및 민족적 특성〉, 《문학신문》(1966.3.22, 25, 29, 4.1), 〈애국주의 정신으로 일관된 무용작품들: 전국 음악무용 축전 무용부문 공연을 보고〉, 《문학신문》(1966.9.9), 〈무용예술의 혁명성과 전투성을 높이기 위하여〉, 《문학신문》(1966.11.22).

41 이철주, 《북의 예술인》, 계몽사, 1966, 정병호, 앞의 책, 343쪽에서 재인용.

42 정병호, 위의 책, 343~344쪽.

43 〈崔承喜ら反金日成波追放か〉, 《아사히신문》, 1967.11.8.

44 강준식, 앞의 책, 421~422쪽.

45 《조선신보》, 2006.3.8., 한경자, 〈최승희와 북한무용〉, 《공연과리뷰》 제54집, 2006.9, 40~41쪽에서 재인용.

제6장 1974년 야마구치 요시코, 자민당 참의원에 당선되다

1 1975년 7월 5일 70%의 높은 지지율을 안고 출발한 다나카 내각은 이미 1973년부터 토건정책을 강력하게 밀어붙이고 있었다. 그런 탓에 세간에서는 물가와 부동산 가격 상승 문제가 대두되었는데, 10%대로 올라선 물가상승률이 다음 해 오일쇼크의 영향까지 겹쳐서 23%까지 오르게 되자 일본은행은 물가억제를 위해 모든 공공사업을 축소시켰다. 이 때문에 경제성장률은 마이너스로 떨어졌고, 다나카 가쿠에이의 지지도도 급속히 하락했다. 설상가상으로 다나카의 금권정치와 록히드 사건, 김대중 납치사건 연루 등 의혹을 제기하는 사건들이 발생하면서 여론이 급속히 악화되자 마침내 1974년 12월 9일 다나카는 총리를 사임했다.

2 山口淑子・藤原作弥, 〈李香蘭 私の半生〉, 新潮社, 1987, p. 270.

3 최학수, 《개선》, 평양: 문학예술출판사, 2002, 359쪽.

4 〈時代の証言者 55年体制: 田村元 (7)〉, 《読売新聞》, 2007.5.23.

5 四方田犬彦, 《李香蘭と東亞世亞》, 東京大学出版会, 2001, p. 198.

6 〈〈李香蘭〉の秘密ファイル〉, 《産経ニュース》, 2017.10.7., https://www.sankei.com/column/news/141007/clm1410070011-n2.html.

7 위의 기사.

8 이 영화는 일본에서 〈東は東〉이라는 제목으로 1952년에 개봉되었다.

9 야마자키 도모코, 《경계에 선 여인들》, 김경원 옮김, 다사헌, 2013, 256~257쪽.

10 大野裕之, 〈シャーリー・ヤマグチとチャップリン〉, 《キネマ旬報》, 2014年 11月号, p. 30.

11 四方田犬彦, 《日本の女優》, 岩波書店, 2000, p. 243.

12 山口淑子・藤原作弥, 앞의 책, p. 138.

13 사카이 나오키, 《일본, 영상, 미국》, 최정옥 옮김, 그린비, 2008, 68~70쪽.

14 당시 일본 항공의 '보잉 727'은 일본의 강 이름을 따서 명칭을 붙여놓았는데, 사고 여객기는 '요도(よど) 강'의 이름을 따라 '요도호(よど号)'라는 명칭으로 불렸다.

15 야마자키 도모코, 앞의 책, 259~260쪽.

16 〈일제 만주국의 톱스타·야래향의 가수, '위안부에 사죄' 큰 울림 남기고 떠나다〉, 《한국일보》, 2015.9.6; 〈아시아여성기금 대국민호소문 무슨 내용이길래 외무성이 삭제했나〉, 《아시아경제》, 2014.10.13.

17 山口淑子, 《'李香蘭'を生きて: 私の履歴書》, 日本経済新聞社, 2004, p. 133.

18 위의 책, p. 156.

19 위의 책, pp. 185~186.

20 한영혜, 〈일본의 내셔널 아이덴티티와 전후 민주주의의 이중성〉, 《역사비평》 제44집, 1998.8, 323쪽; 이혜진, 〈전전-전후 내셔널리즘의 변용〉, 《국제어문》 제67집, 2015.12, 32쪽; 나카노 도시오, 〈'전후 일본'에 저항하는 전후사상〉, 권혁태・차승기 엮음, 《'전후'의 탄생》, 그린비, 2013, 17~18쪽.

21 남기정, 〈냉전 이데올로기의 구조화와 내셔널 아이덴티티의 형성의 상관관계: 한일 비교〉, 《한국문화》 제41집, 2008, 241쪽.

22 Martin, Denis-Constant. "The Choices of Identity," *Social Identities* vol.1 issue 1, 1995, p. 13, 니라 유발-데이베스, 《젠더와 민족》, 박혜란 옮김, 그린비, 2012, 85쪽에서 재인용.

23 나카사마 마사키, 《왜 지금 한나 아렌트를 읽어야 하는가?》, 김경원 옮김, 갈라파고스, 2015, 127~125쪽.

제7장 1974년 레니 리펜슈탈, 《누바족의 최후》가 최고의 걸작으로 선정되다

1 수전 손택, 《사진에 관하여》, 이재원 옮김, 이후, 2005, 19~39쪽.

2 위의 책, 42쪽.

3 수전 손택, 《우울한 열정》, 홍한별 옮김, 이후, 2005, 46쪽.

4 오드리 설킬드, 《레니 리펜슈탈, 금지된 열정》, 허진 옮김, 마티, 2006, 520~524쪽.

5 패전 이후 독일 동프로이센의 동부지역(포메른 지방, 슈테텐 지방 등)은 소련과 폴

란드에 양도되었다. 4개국 연합국의 분할통치 가운데 영·미의 관할지역은 '베스트 초네(Westzone)', 프랑스 관할지역은 '트리초네(Trizone)', 소련 관할지역은 '오스트 초네(Ostzone)'라고 불렸다. 그런데 미국과 소련 양국의 합의하에 독일 문제를 해결하는 것이 불가능해지자 훗날 서방 연합국 점령지역인 '트리초네'를 미국의 자유 시장원칙에 의한 '독일연방공화국(서독)'으로 만들었고, 소련군 점령지역인 '오스트초네'에서는 소련의 계획경제를 고수하는 '독일민주공화국(동독)'을 탄생시켰다. 냉전시대의 독일 분단은 이렇게 성립되었다.

6   오드리 설킬드, 앞의 책, 476~477쪽.

7   위의 책, 479~480쪽.

8   정명섭·박지선, 《혁명의 여신들》, 책우리, 2010, 257쪽.

9   오드리 설킬드, 앞의 책, 482~487쪽.

10   처음 뉘른베르크 국제재판에 기소된 주요 전범은 총 24명이었다. 그러나 재판 직전인 1945년 10월 25일에 로버트 레이(Robert Ley)가 구금 중에 자살하고, 기업가였던 구스타프 크룹(Gustav Krupp von Bohlen und Halbach)은 중병으로 인해 심리에서 제외되어 실제로 기소된 나치 전범은 총 22명이다. 22명 중 19명은 유죄, 3명은 무죄가 선고되었다. 또한 여기서 주요 나치 집단인 나치당, SS, 게슈타포와 안전기획부가 전범 조직으로 인정되었다. 형이 확정된 후 10월 15일 나치의 2인자였던 괴링(Goering)이 자살하고, 나머지 사형수들은 다음날 교수형에 처해졌다. 연합군은 추후 나치의 추종자들이 이들을 숭배할 것을 우려하여 비밀리에 시체들을 화장하여 강에 뿌렸다. 이장희, 〈도쿄국제군사재판과 뉘른베르크 국제군사재판에 대한 국제법적 비교 연구〉, 《동북아역사논총》 제25호, 2009, 220~221쪽.

11   1945년 11월 20일부터 1949년 3월까지 403회에 걸쳐 실시된 '뉘른베르크 재판'의 기소 내용은 ① 평화에 대한 범죄, ② 인도에 대한 범죄, ③ 통상의 전쟁범죄, ④ 이상의 범죄를 공모·조직·실행한 범죄였다. 이때 당시 공군총사령관이었던 헤르만 괴링 제국원수와 외무장관이었던 요아힘 폰 리벤트로프 등 12명에게는 사형이 언도되었고, 부총통인 루돌프 헤스 등 3명에게는 종신금고형이 내려졌다. 그 외의 알베르트 슈페어, 콘스탄틴 폰 노이라트, 칼 되니츠 등의 기타 전범자들에게는 각각 20년, 15년, 10년 금고형이 언도되었고, 한스 프리체와 프란츠 폰 파펜, 얄마르 샤흐트는 무죄로 풀려났다. 기소된 전범 중 사형이 선고된 마르틴 보어만은 궐석재판으로 기소되었고, 로베르트 라이는 공판 전에 자살했으며, 구스타프 크루프 폰 볼렌은 질병을 사유로 출석이 연기되었지만 얼마 후 질병으로 사망했다.

12   이장희, 앞의 글, 197~198쪽 및 221쪽.

13   연합국에 의한 독일 분할통치는 형식적으로 1949년에 종료되었지만, '점령체제 (occupation regime)'가 완전히 종료된 기점은 1955년 파리조약 체결까지로 보는 것

이 일반적이다. 1955년 5월 5일에 발효된 '파리 조약'으로 인해 기존의 독일 점령규약이 완전히 폐지됨으로써 서독은 주권을 회복하고 재무장을 한 이후 서유럽동맹과 '북대서양조약기구(NATO)'에 가입했다. 약 10년 만에 패전 독일이 서방세계의 일원 자격을 회복한 것이다. 그러나 서독의 NATO 가입에 자극을 받은 소련과 동유럽의 공산권 국가들은 이에 대응하여 5월 17일 '바르샤바조약기구(WTO)'를 공식 출범시켰다. 이로써 서독과 동독은 각각 NATO와 WTO의 최전선이 되었고, 서유럽·미국의 군사동맹과 동유럽·소련의 군사동맹이 팽팽히 맞서는 냉전시대의 개막을 선언했다.

14 나치 독일의 반유대주의법은 '뉘른베르크법(Nürnberger Gesetze)'으로 총칭된다. '뉘른베르크법'은 1935년 9월 15일 뉘른베르크 전당대회에서 발표된 것으로서, '국가사회주의 독일노동자당(약칭 나치당 또는 NSDAP)' 정권하에서 제정된 두 개의 법률, 즉 '독일인의 피와 명예를 지키기 위한 법률(Gesetz zum Schutze des deutschen Blutes und der deutschen Ehre)'과 '국가시민법(Reichsbürgergesetz)'이 여기에 포함된다. 이것은 유대인의 권리 박탈을 법률로 제정한 것이라는 점에서 전 세계적으로 악명 높은 법으로 알려져 있다.

15 오드리 설킬드, 앞의 책, 488~489쪽.

16 위의 책, 489~490쪽.

17 위의 책, 488~493쪽.

18 위의 책, 492~509쪽.

19 수전 손택은 누바족의 육체 미학을 통해 레니가 추구하고자 했던 원시 미덕은 레비스트로스가 수행했던 인류학적 연구를 위한 고투가 아니었다고 주장한다. 수전에 의하면, 누바족이 씨름 경기의 육체적 고통 속에서 하나가 되는 방식을 찬미하는 장면에서 레니가 재사용하고 있는 파시스트적 수사는 그것을 강력하게 방증한다. 수전 손택, 《우울한 열정》, 44~46쪽 참조.

20 오드리 설킬드, 앞의 책, 510~520쪽.

21 수전 손택, 앞의 책, 27쪽.

22 정헌, 《영화 역사와 미학》, 커뮤니케이션북스, 2013, 99~100쪽.

23 진중권, 《미학에세이》, 씨네21북스, 2013, 140쪽.

24 수전 손택, 앞의 책, 46쪽.

25 진중권, 앞의 책, 2013, 144쪽.

제8장 2002년 마를레네 디트리히, 독일 명예시민으로 추서되다

1 '크라우트(Kraut)'란 양배추를 소금에 절여 발효시킨 음식인 '사우어크라우트

(Sauerkraut)'를 줄인 말로써, 가령 한국인을 '김치'에 비유하면서 폄하하려는 의도가 내포되어 있는 것과 같은 방식으로 독일인에 대한 비하 표현이라고 할 수 있다.

2 이하 마를레네 디트리히의 행적에 관련된 연도 등은 マリア・ライヴァ,《ディートリッヒ》下, 幾野宏 譯, 新潮社, 1997을 참조했다.

3 마이클 와일딩(Michael Wilding)은 훗날 엘리자베스 테일러(Elizabeth Taylor)의 두 번째 남편이 되어 1952~1957년까지 결혼 생활을 유지했다. 1950~1960년대 할리우드 미의 여신으로 군림했던 엘리자베스 테일러는 총 8번의 결혼을 한 것으로도 유명하다.

4 マリア・ライヴァ, 앞의 책, p. 327.

5 2003년 디트리히의 외동딸 마리아 라이바는 1949~1959년까지 어니스트 헤밍웨이와 마를레네 디트리히 사이를 왕래했던 서신 30여 점을 미국 매사추세츠 주 보스턴에 있는 '존 F. 케네디 도서관(John F. Kennedy Library)'에 기증했고, 이것은 2007년 4월 2일 일반에 처음으로 공개되었다.

6 マリア・ライヴァ, 앞의 책, p. 375.

7 위의 책, pp. 550~551.

8 이안 부루마,《아우슈비츠와 히로시마》, 정용환 옮김, 한겨레신문사, 2002, 332쪽.

에필로그: 그리고 남겨진 이야기

1 에드워드 사이드,《문화와 제국주의》, 김성곤 · 정정호 옮김, 도서출판 창, 2002, 47쪽.

2 위의 책, 50~51쪽.

3 가라타니 고진,《역사와 반복》, 조영일 옮김, 도서출판b, 2008, 14쪽.

단행본

가라타니 고진, 2008,《역사와 반복》, 조영일 옮김, 도서출판b.

강준식, 2012,《최승희 평전》, 눈빛.

김려실, 2011,《만주영화협회와 조선영화》, 한국영상자료원.

김일성, 1980,《세기와 더불어》, 조선로동당출판사.

나카사마 마사키, 2015,《왜 지금 한나 아렌트를 읽어야 하는가?》, 김경원 옮김, 갈라파
        고스.

니라 유발-데이베스, 2012,《젠더와 민족》, 박혜란 옮김, 그린비.

니콜라스 잭슨 오쇼네시, 2009,《정치와 프로파간다》, 박순석 옮김, 한울.

로버트 O. 팩스턴, 2005,《파시즘》, 손명희 · 최희영 옮김, 교양인.

민족문제연구소 엮음, 2009,《친일인명사전》, 민족문제연구소.

사카이 나오키, 2008,《일본, 영상, 미국》, 최정옥 옮김, 그린비.

수전 손택, 2005,《사진에 관하여》, 이재원 옮김, 이후.

수전 손택, 2005,《우울한 열정》, 홍한별 옮김, 이후.

아르놀트 하우저, 1999,《문학과 예술의 사회사 4》, 백낙청 · 염무웅 옮김, 창작과비평사.

안나 마리아 지크문트, 2001,《히틀러의 여인들》, 홍은정 옮김, 청년정신.

야마다 카즈오, 1998,《영화가 시대를 말한다》, 박태옥 옮김, 한울.

야마무로 신이치, 2009,《키메라: 만주국의 초상》, 윤대석 옮김, 소명출판.

야마자키 도모코, 2013,《경계에 선 여인들》, 김경원 옮김, 다사헌.

에드워드 사이드, 2002,《문화와 제국주의》, 김성곤 · 정정호 옮김, 도서출판 창.

오드리 설킬드, 2006,《레니 리펜슈탈, 금지된 열정》, 허진 옮김, 마티.

유미희, 2006,《20세기 마지막 페미니스트 최승희》, 민속원.

이안 부루마, 2002,《아우슈비츠와 히로시마》, 정용환 옮김, 한겨레신문사.

이애순, 2002,《최승희 무용예술연구》, 국학자료원.

이철주, 1966,《북의 예술인》, 계몽사.

이혜진, 2013,《사상으로서의 조선문학》, 소명출판.

임지현, 2005,《오만과 편견》, 휴머니스트.

전승주 엮음, 2010,《안막선집》, 현대문학.

정명섭 · 박지선, 2010,《혁명의 여신들》, 책우리.

정병호, 1995,《춤추는 최승희: 세계를 휘어잡은 조선 여자》, 뿌리깊은나무.

정헌, 2013,《영화 역사와 미학》, 커뮤니케이션북스.

제프리 노웰-스미스 엮음, 2006,《옥스퍼드 세계영화사》, 아순호 옮김, 열린책들.

진중권, 2013,《미학에세이》, 씨네21북스.

최승일 엮음, 1937,《최승희 – 나의 자서전》, 이문당.

최승희, 1956,《생활과 무대》, 평양국립출판사.

최학수, 2002,《개선》, 평양: 문학예술출판사.

《김일성 선집》제4권, 1954, 조선노동당출판사.

《일본어잡지로 본 조선영화 3》, 2012, 한국영상자료원.

《조선중앙연감: 1950년 자료》, 1951, 조선중앙통신사, 평양.

《한국예술총집: 연극편 2》, 1990, 대한민국예술원.

四方田犬彦, 2000,《日本の女優》, 岩波書店.

四方田犬彦, 2001,《李香蘭と東亞世亞》, 東京大学出版会.

山口淑子, 2004,《'李香蘭'を生きて: 私の履歴書》, 日本経済新聞社.

山口淑子 · 藤原作弥, 1987,《李香欄 · 私の半生》, 新潮社.

マリア · ライヴァ, 1997,《ディートリッヒ》下, 幾野宏 譯, 新潮社.

논문

김연숙, 2011, 〈식민지 시기 대중문화영웅의 변모과정 고찰: 최승희를 중심으로〉,《여성문학연구》제25호.

김채원, 2010.8, 〈최승희 춤 활동에 대한 한국과 일본의 반향〉,《공연문화연구》제21집.

김채원, 2014.6, 〈최승희의 월북 후 춤 창작 활동〉,《공연과리뷰》제85집.

나카노 도시오, 2013, 〈'전후 일본'에 저항하는 전후사상〉, 권혁태 · 차승기 엮음,《'전후'의 탄생》, 그린비.

남기정, 2008, 〈냉전 이데올로기의 구조화와 내셔널 아이덴티티의 형성의 상관관계: 한일비교〉,《한국문화》제41집.

노영희, 2011.12, 〈최승희 – 일본에 심은 '조선 혼': 일본의 문학과 언론의 반향을 중심으로〉,《공연과리뷰》제75호.

동경원, 2014.6, 〈최승희 무용극 연구: 작품분석 및 공연예술사적 의의를 중심으로〉, 《한국예술연구》.

박미영 · 오율자, 2006, 〈민족주의 무용가로서의 최승희 연구〉, 《대한무용학회》 제49호.

성기숙, 2002, 〈최승희의 월북과 그 이후의 무용행적 재조명〉, 《무용예술학연구》 제10집.

신종훈, 2016.3, 〈1945년 여름, 포츠담: 포츠담회담과 포츠담선언〉, 《서양사학연구》 제38집.

유미희, 2006, 〈모티프 표기법을 통해 본 최승희 춤 안무 스타일 분석〉, 《한국무용기록학회》 제11권.

이장희, 2009, 〈도쿄국제군사재판과 뉘른베르크 국제군사재판에 대한 국제법적 비교 연구〉, 《동북아역사논총》 제25호.

이종석, 1989.8, 〈김일성의 '반종파투쟁'과 북한 권력구조의 형성〉, 《역사비평》.

이혜진, 2015.12, 〈전전-전후 내셔널리즘의 변용: 리샹란과 최승희의 경우〉, 《국제어문》 제67집.

이혜진, 2015.8, 〈제국의 형이상학과 식민지 공공성의 재구성〉, 《민족문화논총》 제60집.

이혜진, 2016, 〈추백 안막의 프롤레트쿨트론〉, 《어문연구》 제44집.

이혜진, 2016.7, 〈'올드 상하이'의 도시사회학과 식민지 조선인의 풍경〉, 《우리문학연구》 제51집.

정응수, 2005, 〈일본 문인들이 바라본 최승희: 기쿠오카 구리(菊岡久利)와 사이토 모키치(斎藤茂吉)를 중심으로〉, 《남서울대학교 논문집》 제11권 제2호.

정종화, 2006, 〈극영화 〈병정님〉 소개〉, 《발굴된 과거 세 번째 〈병정님〉 해설서》, 한국영상자료원.

최웅권, 2012, 〈최승희와 매란방〉, 《한중인문학연구》 제36집.

최정호, 1995, 〈빼앗긴 들에도 봄은 왔었다〉, 《계간 사상》, 여름호.

한경자, 2006.9, 〈최승희와 북한 무용〉, 《공연과 리뷰》 제54집.

한영혜, 1998.8, 〈일본의 내셔널 아이덴티티와 전후 민주주의의 이중성〉, 《역사비평》 제44집.

Martin, Denis-Constant, 1995, "The Choices of Identity," *Social Identities* vol.1 issue 1.

Shelley Stephan, 2000, "The Occupied Screen: Star, Fan, and Nation in Shanghai Cinema, 1937-1945," Ph.D. diss., University of Chicago.

신문, 잡지, 기타 자료

김관, 1937.7.25., 〈최근 무용계 만평〉, 《동아일보》.

동경의 한 기자, 1934, 〈동경에서의 최승희 제1회 발표회 인상기〉, 《신동아》, 12월호.

백철, 1978.1.20., 〈최승희의 주먹춤〉, 《중앙일보》.

서만일, 1957, 〈최승희의 예술과 활동 (1)〉, 《조선예술》, 10월호.

서만일, 1958, 〈조선을 빛내고저 (4)〉, 《조선예술》, 1월호.

松岡洋右, 1941, 〈세계 거두의 映畵觀〉, 《삼천리》, 13권 6호.

안막, 1946.7., 〈조선문학과 예술의 기본 임무〉, 《문화전선》.

이시이 야에코, 1959, 〈기억이 날 때마다 만나고 싶은 최승희〉, 高嶋雄三郞, 《崔承喜》, 學風書院, 東京.

장원선, 2007년 7·8월, 〈최승희와 타이완〉, 《플랫폼》, http://platform.ifac.or.kr/webzine/view.php?cat=&sq=105&page=1&Q=&S=&sort=.

조정희, 2017.8.1, 〈최승희 트레일〉, 《후아이엠》, https://www.whoim.kr.

최승희, 1932.10, 〈어머니 된 감상〉, 《만국부인》.

최승희, 1935.12, 〈故土에서 형제에게 보내는 글〉, 《삼천리》.

최승희, 1938, 〈아하, 그리운 신부 시절〉, 《삼천리》, 10월호.

최승희, 1938, 〈전선의 요화〉, 《야담》 제4권 제1호.

최승희, 1940.9, 〈나의 무용 15년〉, 《조광》.

최승희, 1941, 〈幾山河故國を想ふ〉, 《婦人朝日》, 2월호.

최승희, 1961, 〈인민의 애국투쟁을 반영한 우리나라 무용예술〉, 《조선예술》, 7월호.

최승희, 1965, 〈로동당시대에 찬란히 꽃핀 무용예술〉, 《조선예술》, 10월호.

한설야, 1938.7, 〈무용사절 최승희에게 보내는 書〉, 《사해공론》.

함대훈, 1937, 〈최승희 씨의 인상〉, 최승희, 《나의 자서전》, 이문당.

大野裕之, 2014, 〈シャーリー・ヤマグチとチャップリン〉, 《キネマ旬報》, 11月号.

川端康成, 1939, 〈舞姬 崔承喜〉, 《文藝》, 11月号.

〈(광고) 〈그대와 나〉〉, 1941.10.21, 《영화순보》.

〈〈君と僕〉를 말하는 좌담회〉, 1941.9, 《삼천리》.

〈〈李香蘭〉の秘密ファイル〉, 2017.10.7., 《産經ニュース》, https://www.sankei.com/column/news/141007/clm1410070011-n2.html.

〈〈노스페이스〉 필립 슈톨츨 감독, "산악영화에서 중요한 건 기회다"〉, 2010.6.4., 《맥스무비》, http://news.maxmovie.com/69065#csidx04373168783e716a4bf4a20ebbba54c.

〈2등 비행사 이전희 양 석정막 무용연구소 입소〉, 1929.7.18., 《매일신보》.

〈내 父母 나도 모르오 李香蘭 自身의 身勢談: 내 딸이라는 半島人과 會見注目〉, 1941.2.24., 《매일신보》.

〈대동강의 증언 (8)〉, 1974.5.2., 《경향신문》.

〈臺灣文學當面の諸問題 文聯東京支部座談會〉, 1936.8.28., 제3권 7.8 합본호.

〈뜻이 같으니 세상도 넓다〉, 1957.1.31.,《문학신문》.

〈레오니드 일리이츠 브레쥬네브 동지의 축하 연설〉, 1980,《조선로동당대회자료집》제1
집, 통일원.

〈李香蘭·金信哉會見記〉, 1941.4,《삼천리》.

〈무용계에 도전한 숙명학교의 여교원: 경성역두에서 일어난 喜活劇〉, 1926.3.27.,《매일
신보》.

〈무용계의 명성〉, 1926.3.21.,《매일신보》.

〈무용과 문학: 무용극 원본 창작 문제를 중심으로〉, 1961.6.20.,《문학신문》.

〈무용극 예술과 무용극 원본 (1)〉, 1965.3.16.,《문학신문》.

〈무용극 원본 창작서의 기본문제 (4)〉, 1965.4.23.,《문학신문》.

〈무용극 원본은 행동의 문학 (2)〉, 1965.3.26.,《문학신문》.

〈무용예술가의 눈에 띈 최승희 양〉, 1926.3.26.,《매일신보》.

〈무용예술의 혁명성과 전투성을 높이기 위하여〉, 1966.11.22.,《문학신문》.

〈문학적 구성과 무용적 구성 (5)〉, 1965.4.27.,《문학신문》.

〈문학적 형상과 무용적 형상〉, 1965.4.20.,《문학신문》.

〈배구자의 무용전당, 신당리 문화촌의 무영연구소 방문기〉, 1929.4,《삼천리》.

〈排日運動のデマに崔承喜が憤慨−紐育からの便り〉, 1938.8.16.,《二六新聞》.

〈비약하는 농촌 무용 서클〉, 1962.2.13.,《문학신문》.

〈소식통: 李香蘭이는 日本人〉, 1941.2.15.,《매일신보》.

〈時代の証言者 55年体制: 田村元(7)〉, 2007.5.23.,《読売新聞》.

〈아시아여성기금 대국민호소문 무슨 내용이길래 외무성이 삭제했나〉, 2014.10.13.,《아
시아경제》.

〈애국주의 정신으로 일관된 무용작품들: 전국 음악무용 축전 무용부문 공연을 보고〉,
1966.9.9.,《문학신문》.

〈일제 만주국의 톱스타·야래향의 가수, '위안부에 사죄' 큰 울림 남기고 떠나다〉,
2015.9.6.,《한국일보》.

〈장지연, 총독부 기관지에 700여 편 기고〉, 2009.11.9.,《서울신문》.

〈조선군보도부 작품〈君と僕〉좌담회〉, 1941.10.21.,《영화순보》.

〈조선무용 동작과 그 기법의 우수성 및 민족적 특성〉, 1966.3.22., 25, 29, 4.1.,《문학신
문》.

〈智識動員を言う〉, 1942.1,《국민문학》.

〈志願兵映畵〈君と僕〉: 朝鮮軍報導部에서 大規模로 製作〉, 1941.7.5.,《매일신보》.

〈천리마 조선의 혁명적 무용예술을 더욱 찬란히 빛내기 위하여〉, 1965.2.2.,《문학신문》.

〈최승희 북경 활약(崔承喜北京活躍)〉, 1952.7.3.,《아사히신문》.

〈최승희 양 프로 예술가와 결혼: 장래론 프로 무용에 정진〉, 1931.5.,《별건곤》.

〈최승희 여사 2천 원 헌금〉, 1941.4.28.,《매일신보》.

〈최승희 여사 가정 방문기〉, 1931.10.,《별건곤》.

〈최승희 여사 무용연구소 설립, 석정막 씨와 분리하야〉, 1935.5.3.,《조선영화일보》.

〈최승희 여사의 근황〉, 1946.11.18.,《자유신문》.

〈최승희 여사의 선물, 문협에 2천 원 기탁〉, 1941.4.9.,《매일신보》.

〈최승희, 군사보급협회 위해 경성에〉, 1942.2.4.,《매일신보》.

〈崔承喜ら反金日成波追放か〉, 1967.11.8.,《아사히신문》.

〈치안법 위반 송국(送局) 관계자 씨명〉, 1931.10.6.,《매일신보》.

〈친일파 상징 비행기 헌납, 김성수 동생 등 개인·단체 공개〉, 2005.8.12.,《한겨레》.

〈통일적인 민족무용을 발전시키자〉, 1961.1.10.,《문학신문》.

〈평양 대동강변의 최승희무용학교 방문기〉, 1947.2,《민성》.

〈황금의 대지 우에 핀 민족 무용예술의 새로운 정화〉, 1961.2.17.,《문학신문》.

《도쿄신문(東京新聞)》, 1943.8.8.

《로동신문》, 1956.9.5.

《매일신보》, 1938.12.26.

《報知新聞》, 1940.12.7.

《아사히신문(朝日新聞)》, 1936.8.12.

《조선예술》, 1956.11.

《한국민족문화대백과사전》, http://encykorea.aks.ac.kr/Contents/Index?contents_
id=E0074352.

제국의 아이돌

제국의 시대를 살아간 네 명의 여성 예술가

1판 1쇄 2020년 2월 28일

지은이 | 이혜진

펴낸이 | 류종필
책임편집 | 김현대
편집 | 이정우, 정큰별
마케팅 | 김연일, 김유리
표지 디자인 | 박미정
본문 디자인 | 김성인

펴낸곳 | (주) 도서출판 책과함께
　　　　주소 (04022) 서울시 마포구 동교로 70 소와소빌딩 2층
　　　　전화 (02) 335-1982
　　　　팩스 (02) 335-1316
　　　　전자우편 prpub@hanmail.net
　　　　블로그 blog.naver.com/prpub
　　　　등록 2003년 4월 3일 제25100-2003-392호

ISBN 979-11-88990-68-9　93900

이 도서의 국립중앙도서관 출판시도서목록(CIP)은
서지정보유통지원시스템 홈페이지(http://seoji.nl.go.kr)와
국가자료종합목록 구축시스템(http://kolis-net.nl.go.kr)에서 이용하실 수 있습니다.
(CIP제어번호 : CIP2020006082)

* 이 책은 아모레퍼시픽재단의 지원을 받아 저술 · 출판되었습니다.